"十四五"职业教育国家规划教材

新编 21 世纪高等开放教育系列教材

新编21世纪高等职业教育精品教材

智慧财经系列

税收理论与实务

（第六版）

主编◎张　莹

中国人民大学出版社

·北京·

图书在版编目（CIP）数据

税收理论与实务/张莹主编 . -- 6 版 . -- 北京：
中国人民大学出版社，2024.8. -- (新编 21 世纪高等开
放教育系列教材). -- ISBN 978-7-300-33164-5

Ⅰ. F812.42

中国国家版本馆 CIP 数据核字第 20244KK828 号

"十四五"职业教育国家规划教材
新编 21 世纪高等开放教育系列教材
新编 21 世纪高等职业教育精品教材·智慧财经系列

税收理论与实务（第六版）
主 编 张 莹
Shuishou Lilun yu Shiwu

出版发行	中国人民大学出版社		
社　　址	北京中关村大街 31 号	邮政编码	100080
电　　话	010 - 62511242（总编室）	010 - 62511770（质管部）	
	010 - 82501766（邮购部）	010 - 62514148（门市部）	
	010 - 62515195（发行公司）	010 - 62515275（盗版举报）	
网　　址	http://www.crup.com.cn		
经　　销	新华书店		
印　　刷	北京七色印务有限公司	版　　次	2010 年 9 月第 1 版
开　　本	787 mm×1092 mm　1/16		2024 年 8 月第 6 版
印　　张	18.5	印　　次	2025 年 6 月第 2 次印刷
字　　数	445 000	定　　价	48.00 元

前　言

党的二十大报告指出，"加快构建新发展格局，着力推动高质量发展。""健全现代预算制度，优化税制结构，完善财政转移支付体系。""增进民生福祉，提高人民生活品质。""加大税收、社会保障、转移支付等的调节力度。"本教材以党的二十大精神作为根本遵循，体现税制改革的最新成果。

本教材自 2010 年出版以来，已经过多次修订，并入选"十四五"职业教育国家规划教材。

近年来我国的税收政策随着经济发展不断调整，本教材根据最新政策及时进行修订。本次修订以截至 2024 年 6 月发布的税收法律、法规和制度为依据，力求反映最新的内容。我国的税制改革还在继续，希望读者能理解国家不断完善税制改革的初衷，不囿于教材的内容，通过学习掌握各税种的基本要素，学会计算各税种的应纳税额，并能理性思考，会填报纳税申报表。

本教材有以下特点：

1. 落实立德树人根本任务。本教材根据章节特点，融入习近平新时代中国特色社会主义思想和党的二十大精神，注重引导学生在学习税收专业知识的同时，自觉坚守会计人员的职业道德和职业操守，树立正确的价值观和职业观念，为未来的职业发展奠定坚实的基础。

2. 注重培养学生解决问题的能力。"授人以鱼不如授人以渔"，本教材注重培养学生的思考能力，设有"练一练""想一想""比一比""知识链接""小提示"等板块，引导学生主动思考。

3. 配套资源丰富。本教材配有精品课、教学大纲、PPT、习题及答案、即评即测和微课等形式多样的学习资源。配套资源可以在中国人民大学出版社网站上查看；微课资源在教材中扫码即可观看，教材提供了100 多个微课单元，涵盖了课程主要的知识点。

根据教材制作的网络课《税费申报与管理》，分别上线智慧职教和智慧树，欢迎读者注册学习。由于我国税法近几年变化较快，因此我们会把更新的内容发布在每期课程中。强烈推荐教材使用者跟随网络课程学习，学习完成后可以获得平台提供的证书。

本次修订由云南开放大学张莹老师负责设计框架和总纂。第一章、第二章、第三章、第五章、第六章和第十章由张莹老师修订；第四章由上海开放大学王冠凤老师修订；第七章由湖南开放大学夏惠老师修订；第八章由江西现代职业技术学院谢真孺老师修订；云南云天化联合商务有限公司供应链金融事业部副总经理王雅丹修订第九章，并与张莹老师共同修订了教材中相关纳税申报案例。

感谢之了课堂初级会计教研组对教材修订提出的宝贵意见。教材配套的微课由之了课堂提供，微课针对初级会计专业技术资格考试，由实践和教学经验都很丰富的马勇老师主讲，教材的学习者通过视频学习既可以掌握课程的相关知识和技能，还有助于初级会计专业技术资格备考。

在教材的修订过程中，我们得到了中国人民大学出版社编辑们的大力支持，尤其感谢教材策划编辑李丽虹老师给予的支持与指导。

为了使教材的编写能反映最新的成果，我们还参考了相关资料，在此一并表示感谢。

近年来我国经济发展较快，税法的变动也是常态，在本书的修订过程中我们虽然已经竭尽全力，力求使教材内容及时反映最新的变化，但是由于税收法律、法规变化较快，加之编者水平有限，难免挂一漏万。书中的疏漏、错误之处，恳请读者指正，以使教材再版时更加完善。我们的联系方式是：872172467@qq.com，读者可通过邮箱与本书编者进行交流。

张莹

2024 年 7 月

目 录

第一章
税收总论

学习目标

知识目标：

1. 掌握税收的概念、特征；

2. 了解税收分类；

3. 掌握税收实体法要素包含的内容；

4. 理解税收原则。

能力目标：

1. 知道我国的税种有哪些；

2. 理解税收对于国家财政的重要性。

素养目标：

1. 理解中国税收"取之于民，用之于民，造福于民"，认识到税收在改善民生、保障社会福利中的作用，增强对国家和社会的责任感；

2. 国以税为本，人以信为先，在日常生活中树立诚信为本的价值观念，培养知法守法的法治精神；

3. 理解税收和税法的概念，树立法治观念，尊重和维护税收法律法规。

学习导航

税收事业是党和国家事业的重要组成部分。党的十八大以来，以习近平同志为核心的党中央高度重视税收工作。习近平总书记多次做出重要指示，强调要发挥税收在国家治理中的基础性、支柱性、保障性作用，为推动税收改革发展提供了根本遵循。科学的财税体制是优化资源配置、维护市场统一、促进社会公平、实现国家长治久安的制度保障。

税收，是指国家为了实现其公共职能，凭借其政治权力，根据法律法规，利用税收工具的无偿性、强制性、固定性的特征，参与社会剩余产品分配和再分配，并且取得财政收入的一种方式。国家征税必须按照一定的程序和条件，这些程序和条件统称为课税要素。纳税人和税务机关是税法的主体要素，征税对象是税法的客体要素，是区分不同税种的主要标志。计税依据是合理负担税收的重要标志。税目是课税对象的具体化，代表征税的广度。税率是指应纳税额与计税金额之间的比例。税率的高低直接关系到国家财政收入的多少和纳税人的负担程度。税收基本原则是税收立法、执法、司法和守法的灵魂。亚当·斯密在他的《国富论》中首次提出了税收四原则。《中华人民共和国立法法》明确提出：税种的设立、税率的确定和税收征收管理等税收基本制度只能制定法律，这标志着我国向税收法定原则迈出了重要一步。

税收，这个与国家密不可分，与社会发展休戚与共，与国民生活息息相关，然而又总是在幕后默默奉献的英雄，却常常被人们所忽视……让我们一起走近税收，解读税收，关注税收，展望税收。

【案例导入】苏珊大学毕业后应聘到一家食品生产企业做会计，为了做好这份工作，她需要掌握税收相关知识。请你帮她设计一下，需要了解哪些知识。

知识框架图

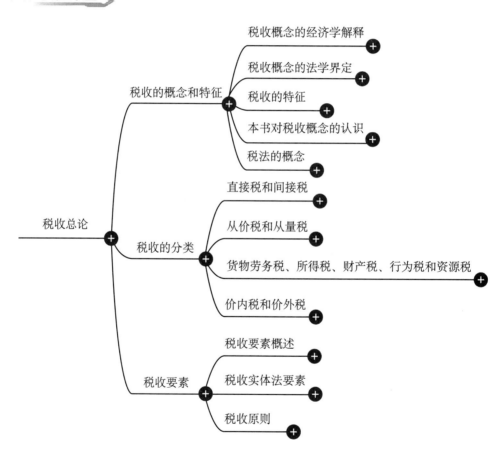

第一节 税收的概念和特征

一般认为，税收存在的必要性在于它是满足公共欲望、提供公共物品最有效、最重要的手段。它能够在一定程度上缓解在公共物品领域存在的市场失灵问题，并且通过对收入的分配和再分配，进而成为宏观调控、保障经济与社会稳定的政策工具。

税收历史悠久，因而关于其概念的表述也是莫衷一是。税收是税法产生、存在和发展的基础，是决定税法性质和内容的主要因素。税法是税收的法律形式，是国家凭借其政治权力，利用税收工具的强制性、无偿性、固定性特征参与社会产品和国民收入分配的法律规范的总称。从权利及义务关系上看，税法也是国家制定的用以调整国家与纳税人在征纳税方面的权利及义务关系的法律规范的总称。[①]

税收概念及特征

税收的概念既是税收学的逻辑起点，也是税法学的研究前提。

【想一想】

税收和税法是什么关系？

 一、税收概念的经济学解释

马克思曾说过，国家存在的经济体现就是捐税。美国经济学家塞利格曼（E. R. Seligman）认为，"税收是政府为了满足公共利益的需要而向人民强制征收的费用，它与被征收者能否因其而得到的特殊利益无关"[②]。英国学者道尔顿（Dalton）认为，"税收是公共团体强制课征的捐输，不论是否对纳税人予以报偿，都无关紧要"[③]。日本学者汐见三郎认为，"税收是国家及公共团体为了支付其一般经费，依财政权向纳税人强制征收之资财"[④]。德国学者海因里森·劳认为，"税收是政府根据一般市民的标准而向其课征的资财，它并不是市民对政府的回报"[⑤]。

上述学者因其各自所处的时代和国家不同，所以对税收概念的认识也不尽相同，但可以概括出以下几点共识：第一，税收是代表国家的政府来征收的；第二，政府征税的目的是满足公共利益的需要；第三，政府征税是强制的；第四，政府征税是无偿的，不是也不需要对"纳税人予以报偿"，或者"与被征收者能否因其而得到的特殊利益无关"；第五，

① 中国注册会计师协会. 税法. 北京：经济科学出版社，2023.
② 徐孟洲. 税法原理. 北京：中国人民大学出版社，2008.
③ 高培勇. 西方税收：理论与政策. 北京：中国财政经济出版社，1993.
④ 国家税务总局税收科学研究所. 西方税收理论. 北京：中国财政经济出版社，1997.
⑤ 徐孟洲. 税法原理. 北京：中国人民大学出版社，2008.

政府征税依靠的是财政权——一种法律赋予的政治权力。

我国学者对于税收概念的概括也是众说纷纭，但是已经形成了许多共识。现择其要者，列举如下：

王传纶、高培勇认为：税收是政府为实现其职能的需要，凭借其政治权力，并依照特定的标准，强制、无偿地取得公共收入的一种形式。①

刘剑文认为：税收是指国家为了实现其职能的需要，按照法律规定，以国家政权体现者身份，强制地向纳税人征取货币或者实物所形成的特定的分配关系。②

张守文认为：税收是国家或公共团体为实现其公共职能，而按照预定的标准，强制地、无偿地从私人部门向公共部门转移的资源，它是国家参与社会产品分配和再分配的重要手段，是财政收入的主要形式。③

严振生认为：税收是为了满足一般的社会公共需要，凭借政治权力，按照国家法律规定的标准，强制地、无偿地取得财政收入的一种分配关系。在这种分配关系中，其权利主体是国家，客体是人民创造的国民收入和积累的社会财富，分配的目的是满足一般的社会公共需要。④

徐孟洲认为：税收是以实现国家公共财政职能为目的，基于政治权力和法律规定，由政府专门机构向居民和非居民就其财产或者特定行为实施的强制、非罚与不直接偿还的金钱课征，是一种财政收入的形式。⑤

从上面的分析可以看出：人们对税收概念的认识很难形成一致意见，但是有一点是相同的。对政府而言，税收是国家财政收入的主要来源，是发挥其国家职能的重要经济基础。正如美国法学家奥利弗·W. 霍姆斯（O. W. Holmes）所说："税收是我们为文明社会付出的代价。"对纳税人来说，依法纳税是其应尽的法定义务。

税收是但不仅仅是一种个人对国家所做出的牺牲，更是一种享用国家提供的公共物品的代价。正如法国杰出的启蒙思想家孟德斯鸠在《论法的精神》中所说："国家的收入是每个公民所付出的自己财产的一部分，以确保他所余财产的安全或快乐地享用这些财产。"⑥

 【想一想】

1. 结合所学经济学的知识，谈谈你是如何理解税收的。

2. 你如何理解"税收取之于民，用之于民"的税收政策？

 税收概念的法学界定

对于税收的概念，不但可以从税收经济学的角度来讨论，而且还可以从税收法学的视

---

① 王传纶，高培勇 . 当代西方财政经济理论 . 北京：商务印书馆，1995.

② 刘剑文，熊伟 . 财政税收法 . 北京：法律出版社，2009.

③ 张守文，于雷 . 市场经济与新经济法 . 北京：北京大学出版社，1993.

④ 严振生 . 税法 . 北京：中国政法大学出版社，1999.

⑤ 徐孟洲 . 税法原理 . 北京：中国人民大学出版社，2008.

⑥ 孟德斯鸠 . 论法的精神：上卷 . 张雁深，译 . 北京：商务印书馆，2005.

角来界定。

陈刚认为：法律上税的概念，是指作为法律上的权利与义务主体的纳税者（公民），以自己的履行纳税义务作为其享有宪法规定的各项权利的前提，并在此范围内，依照遵从宪法制定的税法为依据，承担的物质性给付义务。[①]

日本学者金子宏认为：捐税乃是国家或者地方公共团体，基于其课税权，以获得其财政收入为目的，而无对待给付的，对于一切具备法定课税要件的人，所课征的一种金钱给付。[②]

刘剑文、熊伟认为：税收是国家或者其他公法团体为财政收入或其他附带目的，对满足法定构成要件的人强制课予的无对价金钱给付义务。[③]

很显然，法学意义上的税收更多是从权利和义务关系上来界定的。

【想一想】

　　经济学意义上和法学意义上的税收概念有什么区别？在当前的市场经济条件下，各自有什么样的时代意义？

三、税收的特征

税收的特征，亦称为"税收的形式特征"，是指税收分配形式区别于其他财政分配形式的质的规定性。我国学者一般把税收的特征概括为"税收三性"，即无偿性、强制性和固定性。其中无偿性是核心，强制性是其基本保障。[④]

（一）无偿性

税收的无偿性，是指国家征税以后对具体纳税人既不需要直接偿还，也不需要付出任何直接形式的报酬，纳税人从政府支付所获得利益通常与其支付的税款不完全成一一对应的比例关系。

无偿性是税收的关键特征，它使税收明显区别于国债等财政收入形式，从而决定了税收是国家筹集财政收入的主要手段，并由此成为调节经济和矫正社会分配不公的有力工具。

（二）强制性

税收的强制性，是指税收是国家凭借其政治权力，通过法律形式对社会产品进行的强制性分配，而非纳税人的一种自愿缴纳。纳税人必须依法纳税，否则会受到法律制裁。

强制性是国家权力在税收上的法律体现，是国家取得税收收入的根本前提。正因为税

① 陈刚. 税的法律思考与纳税者基本权利的保障. 现代法学, 1995（5）.
② 金子宏. 日本税法. 战宪斌, 郑林根, 等, 译. 北京：法律出版社, 2004.
③ 刘剑文, 熊伟. 税法基础理论. 北京：北京大学出版社, 2004.
④ 中国注册会计师协会. 税法. 北京：经济科学出版社, 2023.

收具有无偿性，才需要通过税收法律的形式规范征纳双方的权利和义务。

（三） 固定性

税收的固定性，是指国家通过法律形式预先规定了对什么征税及征税比例等税制要素，并保持其相对的连续性和稳定性。即使税制要素的具体内容会因经济发展水平、国家经济政策的变化而进行必要的改革和调整，但这种改革和调整也要通过法律形式事先规定，而且改革调整后要保持一定时期的相对稳定。

税收固定性对国家和纳税人都具有十分重要的意义。对国家来说，税收的相对固定可以保证财政收入的及时、稳定和可靠实现，可以防止国家不顾客观经济条件和纳税人的负担能力，滥用税法权力。对于纳税人来说，税收的相对固定可以保护其合法权益不受非法侵犯，增强其依法纳税的税收意识，同时也有利于纳税人通过税收筹划选择合理的经营规模、经营方式和经营结构等，降低经营成本，从而提高单位的经济效益。

 【想一想】

为什么强调税收的固定性可以更好地保护纳税人的合法权益不受侵犯？

四、 本书对税收概念的认识

通过对税收的经济学解释、法学界定以及税收特征的考察和综述，本书认为：税收，是指国家为了实现其公共职能，凭借其政治权力，根据法律法规，利用税收工具的无偿性、强制性、固定性的特征，参与社会剩余产品分配和再分配，取得财政收入的一种方式。

理解税收的概念，需要注意以下几方面。

（一） 税收的本质是国家参与剩余产品分配、 取得财政收入的方式

税收是财政收入的主要来源，是国家参与国民收入分配最主要、最规范的形式。获得财政收入是税收最原始、最基本的职能。当代各国主要通过征税来筹集财政资金，以提供公共物品，满足公共需求。

我国自 1994 年税制改革以来，税收收入在财政收入的比重基本维持在 85% 左右。我国税收收入与财政收入占比情况，如表 1 - 1 所示。

表 1 - 1　我国税收收入与财政收入占比情况[①]　　　　　　单位：亿元

年度	税收收入	财政收入	税收占财政收入比重
2023	181 129	216 784	83.55%
2022	166 614	203 703	81.79%

---

① 数据来源：中华人民共和国财政部网站．

续表

年度	税收收入	财政收入	税收占财政收入比重
2021	172 731	202 539	85.28%
2020	154 310	182 895	84.37%
2019	157 992	190 382	82.99%

（二）　国家征税的依据是政治权力和法律规定

税收分配与一般的社会分配不同。税收分配是以国家为主体进行的分配，是国家凭借政治权力，依照法律规定进行的分配。政治权力是税收分配最根本的依据。税法是税收的存在形式，税收之所以必须采用法的形式，是由税收和法的本质与特性决定的。

（三）　征税的目的主要是满足社会公共需要

国家运用税收筹集财政收入，通过预算安排财政支出，为社会提供公共产品和公共服务，发展科学、技术、教育、文化、卫生、环境保护和社会保障等事业，改善人民生活，加强国防和公共安全，为国家的经济发展、社会稳定和人民生活提供强大的物质保障。

2023年，我国政府一般公共预算支出情况如下：教育支出41 242亿元，同比增长4.5%；科学技术支出10 823亿元，同比增长7.9%；文化旅游体育与传媒支出3 960亿元，同比增长1.2%；社会保障和就业支出39 883亿元，同比增长8.9%；卫生健康支出22 393亿元，同比下降0.6%；节能环保支出5 633亿元，同比增长4.1%；城乡社区支出20 530亿元，同比增长5.7%；农林水支出23 967亿元，同比增长6.5%；交通运输支出12 206亿元，同比增长1.3%；债务付息支出11 829亿元，同比增长4.2%。

从我国政府财政支出可以看到，政府的财政支出中优先保障民生工程。

（四）　税收具有无偿性、强制性、固定性的形式特征

从形式上来看，税收属性可以概括为"三性"，但从税收的内涵来看，税收的本质属性应该是三个统一，即"无偿性和有偿性的统一""强制性和自觉性的统一""固定性和适变性的统一"。

即评即测

税收的概念和特征

1. 无偿性和有偿性的统一

如果仅仅只考虑税款征收这一环节，税收确实是无偿性的。代表国家行使征税职责的国家机关（国家各级税务机关、海关等）向纳税人征收税款时，没有直接向纳税人支付任何报酬。国家征税以后，税款即成为国家财政收入的一部分，不再归还纳税人。但纳税人缴税，实质上是在购买公共产品和公共服务。这些公共产品和公共服务都是每个纳税人所需要的，公共产品和服务与税收间反映的是一种特殊的供求关系和有偿交换规则，不同于一般民法、合同法里的等价有偿，这也正是税收存在的合法依据。

纳税人缴纳的税款与获得的社会福利之间不是也不可能形成一一对等的比例关系，这种不均衡是必然的，也是税收本身所固有的属性。

2. 强制性和自觉性的统一

税收的强制性主要表现在法律上。税法是对人们的行为在税收方面的强制性规范，依其合理性和一定的立法程序制定以后，每个人都应遵守。

基于公共物品既无排他性也无竞争性的特征，总有人想"搭便车"，免费享用公共物品，违反税法规定逃避纳税。对这些过于"理性化的经济人"，以法律的形式采取强制性措施加以控制和惩罚是完全必要的。而对于多数人，则要唤起他们的自觉性，形成自觉纳税的意识，这应当是现代税款征收的主流趋向。

3. 固定性和适变性的统一

税收政策具有固定性，税收制度在一定时期内要保持稳定，不能朝令夕改，但税收制度也不是一成不变的。税收的固定性是相对的，税收的适变性则是绝对的。税收政策调整的周期随着社会经济发展的节奏而变化。

我国社会正处在快速变革的时期和社会主义法律体系的形成过程中，税收领域的调整、变化比较频繁是正常的，这是社会发展的需要。关键是这种改革和调整要通过法律形式事先规定，而且改革调整后要保持一定时期的相对稳定，必要时应制定相应的过渡措施和办法。2013 年 11 月，中国共产党十八届三中全会明确提出要落实税收法定原则。《中华人民共和国立法法》明确提出：税种的设立、税率的确定和税收征收管理等税收基本制度只能制定法律，这标志着我国向税收法定原则迈出了重要一步。

五、 税法的概念

税法，是指有权的国家机关制定的有关调整税收分配过程中形成的权利义务关系的法律规范总和。

税法的概念

税法可以有广义和狭义之分。从广义上讲，税法是各种税收法律规范形式的总和。从立法层次上划分，则包括由全国人大及其常委会正式立法制定的税收法律，由国务院制定的税收法规或由省级人民代表大会制定的地方性税收法规，由有规章制定权的单位制定的税务部门规章。从狭义上讲，税法指的是经过全国人大及其常委会正式立法的税收法律，如《中华人民共和国个人所得税法》《中华人民共和国企业所得税法》《中华人民共和国税收征收管理法》等。

第二节　税收的分类

一、 直接税和间接税

根据税负能否转嫁，税收可以分为直接税和间接税。这种分类方法最早由法国重农学派的代表人物魁奈提出，后由英国学者穆勒加以完善。

直接税是指由纳税人直接负担，不易转嫁的税种，如所得税类、财产税类等。直接税的税源比较固定，较易适用累进税率，对经济能起到重要的调节作用。间接税是指纳税人能将税负转嫁给他人负担的税种，一般情况下，各种商品的课税均属于间接税。间接税的征税对象广泛，其税基宽，税收收入随经济的发展而不断增加。

这种分类的意义在于：在存在税负转嫁的情况下，会出现纳税人和负税人不一致的情况。这种情况对于税款征管不会造成影响，但是对于研究税收归宿、税法实效以及对宏观经济的影响等方面具有重要的意义。立法者必须考虑税收的转嫁效果，否则就可能达不到预期的征税目的。

二、 从价税和从量税

根据计税依据的不同，税收可分为从价税和从量税。

从价税，也称为"从价计征"，是以征税对象价格为计税依据，其应纳税额随商品价格的变化而变化，能充分体现合理负担的税收政策，因而大部分税种均采用这一计税方法。从量税，也称为"从量计征"，是以征税对象的数量、重量、体积等计量单位作为计税依据，其课税数额与征税对象数量相关而与价格无关，如消费税中的啤酒。我国现行税制以从价税为主。

这种分类的意义在于：从价税受价格变动的影响明显，与征税对象的数量也有紧密关系。从价税与差别比例税率配合，可以调节产品利润，调节产品结构，影响价格水平，以间接调节消费方向与结构，最终调节产业结构。在通货膨胀时期，从价税收入随价格上涨而增加，不会像从量税那样，造成税收的明显损失。从价税的计税价格，有含税价与不含税价之分。计税价格不同，税收对经济产生的影响也不同。

三、 货物劳务税、所得税、财产税、行为税和资源税

根据征税对象的性质和作用不同，税收可分为货物劳务税、所得税、财产税、行为税、资源税五大类型。

货物劳务税，是指以商品交换和提供劳务为前提，以商品流转额和非商品流转额为征税对象的税种，包括增值税、消费税、关税。货物劳务税是我国税制体系中的主体税种。

所得税，是指以纳税人的所得或收益额为纳税对象的税种，包括企业所得税和个人所得税，主要是在国民收入形成后，对生产经营者的利润和个人的纯收入发挥调节作用。

财产税，主要是对各种财产征税，包括房产税、车船税。

行为税，主要是通过税法对某些特定的行为征税从而达到不同的立法目的，如印花税、土地增值税、契税、车辆购置税、城市维护建设税及教育费附加。

资源税，是指以占有和开发国有自然资源获得的收入为征税对象的税种，包括资源税、城镇土地使用税、耕地占用税、烟叶税、环境保护税，主要是对因开发和利用自然资源差异而形成的级差收入发挥调节作用。

四、 价内税和价外税

根据计税价格中是否包含税款，从价计征的税种可以分为价内税和价外税。

凡在征税对象的价格之中包含税款的税，为价内税。凡税款独立于征税对象的价格之外的税为价外税，增值税是典型的价外税，其他从价计征的税种均属于价内税。价内税的税款是作为征税对象的商品或者劳务的价格的有机组成部分，该税款随商品交换价值或者服务的实现方可收回，随着商品的流转会有重复征税的可能。而价外税一般不存在重复征税，税负比价内税更容易转嫁。

【比一比】

　请举例说明价内税和价外税在计算上有什么区别。

第三节　税收要素

一、 税收要素概述

税收要素，又称为课税要素（或要件），是指国家征税必不可少的构成元素，是国家有效征税必须具备的条件。只有符合法定的税收要素，才可以征税。税收要素有助于实现税法理论的自足性。税收要素对纳税人权利的保护与征税权的制约同样重要，可以保证税法主体间利益的公平、有效与合理分配。

（一） 实体法要素和程序法要素

实体法要素，即税收实体法规定的内容，是确定相关主体实体纳税义务成立所必须具备的要件。实体法要素还可以进一步分为基本要素和例外要素。基本要素主要包括税收主体、征税对象、计税依据、税率等，表示征税主体和客体的范围、税收的广度和深度。例外要素主要包括税收优惠措施和重课措施。

程序法要素是税收程序法必须规定的内容，是指在税收征管中，如何保障征税机关和纳税人行使各自的权力（利）以及履行各自的义务的程序条件。

📥 知识链接

实体法和程序法

法律法规按照其规定的内容是反映事实关系的权利和义务，还是保障这种权利义务关系得以实现的程序，可以分为实体法和程序法。实体法规定人与人或者人与组织之间的实体权利、义务关系，如《民法典》规定平等主体之间的权利义务关系。程序法则主要是指诉讼法，即规定如何实现实体法有关权利等程序方面的法律，如《民事诉讼法》《刑事诉讼法》《行政诉讼法》等。

在税法领域，通常按照税法的功能作用的不同，将税法分为税收实体法和税收程序法。税收实体法是指确定的税种立法，具体规定了税种的征收对象、征收范围、税目、税率、纳税地点等内容，如《企业所得税法》《个人所得税法》等。税收程序法是指税务管理方面的法律，具体规定了税收征收管理、纳税程序、发票管理、税务争议处理等内容，如《税收征收管理法》等。

（二） 定义性要素、 规范性要素和原则性要素[①]

税收的定义性要素，是指税收的法律术语，包括税收的概念、税收的名词等。税收的规则性要素，即税法的行为规范，指国家具体规定税法主体的权利和义务以及具体法律后果的一种逻辑上周全的、具有普遍约束力的准则。从内容上看，主要包括纳税人、征税对象、税率、纳税环节、纳税期限、纳税地点、税收优惠、征收方法、法律责任等。所谓税收的原则性要素，即税收的基本原则，"就是指导一国有关税收的立法、执法、司法和守法诸环节的基础性法律理念"[②]。

二、 税收实体法要素

税法实体法要素一般包括总则、纳税义务人、征税对象、税目、税率、纳税环节、纳税期限、纳税地点、减税免税、罚则、附则等项目。

（一） 税收主体

税收主体包括征税主体和纳税主体。征税主体是指税收法律关系中享有征税权利的一方当事人，即税务行政执法机关，包括各级税务机关、海关等。纳税主体是指税收法律关系中负有纳税义务的一方当事人，包括法人、自然人和其他组织。对这种权利主体的确定，我国采取属地兼属人原则。

纳税义务人，简称纳税人，即纳税主体，是税法规定的直接负有纳税义务的单位和个人，包括自然人（包括个体经营者）、法人和其他组织。

负税人，是最终承担税款的单位和个人，是承担纳税义务的经济主体。纳税人是承担纳税义务的法律主体。税收负担不能转嫁时，纳税人就是负税人，如所得税、财产税；税收负担能转嫁时，纳税人与负税人

纳税义务人

---

① 徐孟洲 . 税法原理 . 北京：中国人民大学出版社，2008.

② 刘剑文 . 税法学 . 4 版 . 北京：北京大学出版社，2010.

就是分离的, 如货物劳务税。

扣缴义务人, 是税法规定负有扣缴税款义务的单位和个人。扣缴义务人的扣缴义务是税法规定的, 不论自身是否负有纳税义务, 都有义务扣缴纳税人的税款, 并及时将代扣税款缴到税务机关。税法规定扣缴义务人的目的是实行源泉控制, 防止税款流失, 保证国家收入。

⬇ 知识链接 ///

属地兼属人原则

属地兼属人原则是一种对纳税主体范围的确定采取的原则。属地, 是指只要是在我国领域范围内的主体, 就应当纳税。属人, 是指只要是我国的自然人或其他法人和组织, 就应当纳税。比如我国的《个人所得税法》规定, 如果是《个人所得税法》规定的居民纳税人, 其所取得的应纳税所得, 无论是来源于中国境内还是中国境外任何地方, 都要在中国缴纳个人所得税, 这是属人原则的体现。同时规定, 对非居民纳税人 (主要是外国人) 来华从我国境内取得的所得, 符合条件的, 也要缴纳个人所得税, 这就是属地原则的体现。

(二) 征税对象、 计税依据 (税基) 和税目

征税对象及税目

1. 征税对象

征税对象, 又称为"课税对象", 在实际工作中也笼统地称之为征税范围, 它是指税收法律关系中权利义务所指向的对象, 即对什么征税。

如我国增值税的课税对象是货物和应税劳务在生产、流通过程中的增值额。征税对象是区分税种的主要标志。

计税依据

2. 计税依据

计税依据, 又称为"税基", 是指税法中规定的据以计算各种应征税款的依据或标准。正确掌握计税依据, 是税务机关贯彻执行税收政策、法令, 保证国家财政收入的重要方面, 也是纳税人正确履行纳税义务、合理负担税收的重要标志。不同税种的计税依据是不同的。如我国增值税的计税依据一般都是货物和应税劳务的增值额; 所得税的计税依据是企业和个人的利润、工资或薪金所得额等。

课税对象与计税依据的关系是: 课税对象是指征税的目的物, 计税依据则是在目的物已经确定的前提下, 对目的物据以计算税款的依据或标准; 课税对象是从质的方面对征税所做的规定, 而计税依据则是从量的方面对征税所做的规定, 是课税对象量的表现。

3. 税目

税目是课税对象的具体化, 反映具体的征税范围, 代表征税的广度。一般来说, 只有通过划分税目才能够明确本税种内部哪些项目征税、哪些项目不征税, 并且只有通过划分税目, 才能对课税对象进行归类并按不同类别和项目设计高低不同的税率, 平衡纳税人负担的情况。

在实际工作中, 确定税目同确定税率是同步考虑的, 并以"税目税率表"的形式将税目和税率统一表示出来。例如: 消费税税目税率表、资源税税目税率表等。

（三）税率

税率

税率是指应纳税额与计税金额（或数量单位）之间的比率，它是计算税额的尺度。税率的高低直接体现国家的政策要求，直接关系到国家财政收入的多少和纳税人的负担程度。

理论上，税率有名义税率与实际税率之分。名义税率是指税法规定的税率，是应纳税额与计税金额（或数量单位）的比率。实际税率是实际缴纳税额与实际计税金额（或数量单位）的比率。由于减免税等原因，名义税率与实际税率可能不一致。区分名义税率和实际税率，确定纳税人的实际负担水平和税负结构，为设计合理可行的税制提供依据是十分必要的。

税率还有边际税率和平均税率之分。边际税率是指再增加一些收入时，增加这部分收入所纳税额同增加收入之间的比率。平均税率是相对于边际税率而言的，它是指全部税额与全部收入之比。在比例税率条件下，边际税率等于平均税率。在累进税率条件下，边际税率往往要大于平均税率。边际税率的提高还会带动平均税率的上升。边际税率上升的幅度越大，平均税率提高得就越多，调节收入的能力也就越强，但对纳税人的反激励作用也就越大。因此，通过两者的比较，易于表明税率的累进程度和税负的变化情况。

我国现行税法规定的税率有以下几个。

1. 比例税率

比例税率是指对同一征税对象或同一税目，不论其数额大小，均按同一个比例征税的税率。我国的增值税、城市维护建设税、企业所得税、车辆购置税、房产税、契税等采用的都是比例税率。比例税率的基本特点是税率不随课税对象数额的变动而变动。在具体应用上，比率税率可以分为产品比例税率、行业比例税率、地区差别比例税率、有幅度的比例税率等。

2. 累进税率

累进税率是根据征税对象数额的大小，规定不同等级的税率，即征税对象数额越大，税率越高，包括最低税率、最高税率和若干等级的中间税率。一般多在收益课税中使用。它可以更有效地调节纳税人的收入，正确处理税收负担的纵向公平问题。

按照税率的累进依据的性质，累进税率分为"额累"和"率累"两种。额累是按课税对象数量的绝对额分级累进。率累是按与课税对象有关的某一比率分级累进。额累和率累按累进依据的构成又可分为"全累"和"超累"。全累是对课税对象的全部数额，都按照相应等级的累进税率征税。超累是对课税对象数额超过前级数额的部分，分别按照各自对应的累进税率计征税款。两种方式相比，全累的计算方法比较简单，但在累进分界点上税负呈跳跃式递增，不够合理。超累的计算方法复杂一些，但累进程度比较缓和，因而比较合理。

全额累进税率，是以课税对象的全部数额为基础计征税款的累进税率。它有两个特点：一是对具体纳税人来说，在应税所得额确定以后，相当于按照比例税率计征，计算方法简单；二是税收负担不合理，特别是在各级征税对象数额的分界处负担相差悬殊，甚至会出现增加的税额超过增加的课税对象数额的现象，不利于鼓励纳税人增加收入。

超额累进税率，是分别以课税对象数额超过前级的部分为基础计算应纳税额的累进税率。采用超额累进税率征税的特点是：

（1）计算方法比较复杂，征税对象数量越大，包括等级越多，计算步骤也越多。

（2）累进幅度比较缓和，税收负担较为合理。特别在征税对象级次分界点上下，只就超过部分按高一级税率计算，一般不会发生增加的税额超过增加的征税对象数额的不合理现象，有利于鼓励纳税人增产增收。

（3）边际税率和平均税率不一致，税收负担的透明度较差。如《个人所得税法》中，将工资、薪金所得划分为七个等级，并规定了3‰～45‰的七级超额累进税率。

超额累进税率是各国普遍采用的一种税率。为解决超额累进税率计算税款比较复杂的问题，在实际工作中引进了"速算扣除数" 这个概念，通过预先计算出的速算扣除数，即可直接计算应纳税额，不必再分级分段计算。采用速算扣除数计算应纳税额的公式是：

应纳税额＝应纳税所得额×适用税率－速算扣除数

超率累进税率，是指以课税对象数额的相对率为累进依据，按超累方式计算应纳税额的税率。采用超率累进税率，首先需要确定课税对象数额的相对率。计税时，先按各级相对率计算出应税的课税对象数额，再按对应的税率分别计算各级税款，最后汇总求出全部应纳税额。如《土地增值税暂行条例》中，按土地增值额和扣除项目金额的比例的不同，规定了四级超率累进税率。

【比一比】

试举例说明超额累进税率和全额累进税率有什么区别。

3. 定额税率

定额税率又称为固定税额，是根据课税对象计量单位直接规定固定的征税数额。课税对象的计量单位可以是重量、数量、面积、体积等自然单位，也可以是专门规定的复合单位。目前，采用定额税率的有城镇土地使用税、车船税等。

定额税率的基本特点是：税额的多少只同课税对象的数量有关，同价格无关。定额税率适用于从量计征的税种。

（四）税收减免

减免税是国家对某些纳税人或征税对象给予鼓励和照顾的一种特殊规定。减税是指对

起征点及免征额

应征税款减少征收一部分。免税是对按规定应征收的税款全部免除。制定这种特殊规定，是对按税制规定的税率征税时不能解决的具体问题而采取的一种补充措施，同时体现国家鼓励和支持某些行业或项目发展的税收政策，发挥税收调节经济的杠杆作用。我国现行的税收减免权限集中于国务院，任何地区、部门不得规定减免税项目。

---

① 速算扣除数是为简化计税程序而按全额累进税率计算超额累进税额时所使用的扣除数额。反映的具体内容是按全额累进税率和超额累进税率计算的应纳税额的差额。采用速算扣除数方法计算的应纳税额同分级分段计算的应纳税额，其结果完全一样，但方法简便得多。通常情况下，速算扣除数事先计算出来后，附在税率表中，并与税率表一同颁布。

1. 减免税的基本形式

减免税主要包括税基式减免、税率式减免和税额式减免。

（1）税基式减免，是指直接通过缩小计税依据的方式实现的减税、免税。具体包括起征点、免征额、项目扣除和跨期结转等。起征点也称为征税起点，是指对征税对象开始征税的数额界限。征税对象的数额没有达到规定起征点的不征税；达到或超过起征点的，就其全部数额征税。免征额，是指对征税对象总额中免予征税的数额，即将纳税对象中的一部分给予减免，只就减除后的剩余部分计征税款。项目扣除，是指在征税对象中扣除一定项目的数额，以剩余数额作为计税依据计算应纳税额。跨期结转，是指将以前纳税年度的经营亏损等在本纳税年度经营利润中扣除，相应缩小了计税依据。

例 1-1

假设某税种起征点为 5 000 元，某纳税人取得收入 6 000 元，假设税率为 3%。请计算纳税人的应纳税额。

解析：

因为，5 000 元是起征点，超过起征点后全额征税，所以，计税依据是 6 000 元。

应纳税额＝6 000×3%＝180（元）

例 1-2

假设某税种免征额为 5 000 元，某纳税人取得收入 6 000 元，假设税率为 3%。请计算纳税人应纳税额。

解析：

因为，5 000 元是免征额，超过免征额的部分才需要征税，所以，计税依据是 1 000 元。

应纳税额＝1 000×3%＝30（元）

【比一比】

请举例说明起征点和免征额之间的关系。

（2）税率式减免，是指通过直接降低税率的方式实现的减税、免税。具体包括低税率、零税率等。

（3）税额式减免，是指通过直接减少应纳税额的方式实现的减税、免税。具体包括全部免征、减半征收、核定减免率、抵免税额以及另定减征税额等。

2. 减免税的分类

减免可分为法定减免、特定减免、临时减免。

（1）法定减免，是指由各种税的基本法规定的减税、免税。它体现了该种税减免的基本原则规定，具有长期的适用性。

（2）特定减免，是指根据社会经济情况发展变化和发挥税收调节作用的需要而规定的减税、免税。特定减免可分为无限期的和有限期的两种。大多数特定减免都是有限期的，减免税到了规定的期限，就应该按规定恢复征税。

（3）临时减免，又称为"困难减免"，是指除法定减免和特定减免以外的其他临时性减税、免税，主要是为了照顾纳税人的某些特殊的暂时的困难而临时批准的一些减税、免税，如财政部、海关总署、国家税务总局《关于支持汶川地震灾后恢复重建有关税收政策问题的通知》（财税〔2008〕104号）规定的减免税。

【小提示】

应纳税额＝计税依据×适用税率

应纳税额的减免就是税额式减免；计税依据减免就是税基式减免；适用税率减免就是税率式减免。

纳税环节、
期限及地点

（五）　纳税环节、纳税期限、纳税地点

纳税环节是指税法规定的征税对象在从生产到消费的流转过程中应当缴纳税款的环节。如货物劳务税在生产和流通环节纳税、所得税在分配环节纳税等。纳税期限主要是指纳税人按照税法规定缴纳税款的期限。纳税地点主要是指根据各个税种纳税对象的纳税环节和有利于对税款的源泉控制而规定的纳税人（包括代征、代扣、代缴义务人）的具体纳税地点。

（六）　总则、罚则和附则

总则主要包括立法依据、立法目的、适用原则等。罚则主要是指对纳税人违反税法的行为采取的处罚措施。附则一般都规定与该法紧密相关的内容，比如该法的解释权、生效时间等。

三、税收原则

税收的基本原则是决定于税收分配规律和国家意志，调整税收关系的法律基本准则，它对各项税法的制定和全部税法规范起统率作用，使众多的税法规范成为一个有机的整体。

（一）　亚当·斯密的税收原则

根据目前的文献资料，将税收原则提到理论高度，进行系统阐述的第一人应该是古典政治经济学派的创始人亚当·斯密。亚当·斯密在他的《国民财富的性质和原因的研究》（又译《国富论》）一书中，首次明确提出了"税收四原则"[①]。

亚当·斯密的税收原则具体包括四项内容：

（1）平等原则。"一国国民，都需在可能的范围内，按照各自能力的比例，即按各自在国家保护下享得的收入的比例，缴纳国赋，维持政府。"

（2）确实原则。"各国民应当完纳的税赋，必须是确定的，不得随意变更。完税的日

---

① 亚当·斯密.国民财富的性质和原因的研究：下卷.郭大力，王亚南，译.北京：商务印书馆，1974：384-385.

期、完税的方法、完税的额数，都应当让一切纳税者及其他的人了解得十分清楚明白。"

（3）便利原则。"各种赋税完纳的日期及完纳的方法须予纳税者以最大便利。"这就是说，税收的征纳手续应尽量从简，在纳税的时间、地点、方式等方面给纳税人以最大的便利。

（4）最少征收费用原则。"一切赋税的征收，须设法使人民所付出的，尽可能等于国家所收入的。"

（二）我国学者对税收基本原则的研究

当前税收和税法学界的研究成果，对税收基本原则可以概括为税收法律主义原则、税收公平主义原则、税收合作信赖主义原则、实质课税原则和税收效率原则。

1. 税收法律主义原则

税收法律主义原则也称为"税收法定主义原则"，是指税法主体的权利义务必须由法律加以规定，税法的各类构成要素也必须且只能由法律予以明确规定，征纳主体的权力（利）义务只以法律规定为依据，没有法律依据，任何主体不得征税或减免税收。

税收法律主义原则的要求是双向的：一方面，要求纳税人必须依法纳税；另一方面，课税只能在法律的授权下进行，超越法律规定的课征是违法和无效的。

2. 税收公平主义原则

税收公平主义原则，是指税收负担必须根据纳税人的负担能力分配，负担能力相等，税负相同；负担能力不等，税负不同。

税收公平主义原则包含税收负担的横向公平与纵向公平。税收负担的横向公平也称为"水平公平"，是指经济能力或纳税能力相同的人应当缴纳数额相同的税收。税收负担的纵向公平也称为"垂直公平"，是指经济能力或纳税能力不同的人应当缴纳数额不同的税收。

3. 税收合作信赖主义原则

税收合作信赖主义原则，或称为"公众信任原则"，其认为税收征纳双方的关系就其主流来看是相互信赖、相互合作的，而不是对抗性的。

一方面，纳税人应按照税务机关的决定及时缴纳税款，税务机关有责任向纳税人提供完整的税收信息资料，征纳双方应建立起密切的税收信息联系和沟通渠道；另一方面，没有充足的依据，税务机关不能提出对纳税人是否依法纳税有所怀疑，纳税人有权利要求税务机关予以信任，纳税人也应信赖税务机关的决定是公正和准确的，税务机关做出的法律解释和事先裁定，可以作为纳税人缴税的根据，当这种解释或裁定存在错误时，纳税人并不承担法律责任，甚至纳税人因此而少缴的税款也不必再补缴。

4. 实质课税原则

实质课税原则，是指应根据纳税人的真实负担能力决定纳税人的税负，不能仅考核其表面上是否符合课税要件。也就是说，在判断某个具体的人或事件是否满足课税要件，是否应承担纳税义务时，不能仅受其外在形式的蒙蔽，而要深入探求其实质，如果实质条件满足了课税要件，就应按实质条件的指向确认纳税义务。反之，如果仅仅是形式上符合课税要件，而实质上并不满足时则不能确定其负有纳税义务。

之所以提出这一原则，是因为纳税人是否满足课税要件，其外在形式与内在真实之间往往会因一些客观因素或纳税人的刻意伪装而产生差异。例如，《企业所得税法》规定，纳税人通过转让定价等手段减少应税所得的，税务机关核定应纳税所得额，并据以计算应纳税额。实质课税原则的意义在于防止纳税人逃避税收，以增强税法适用的公正性。

5. 税收效率原则

所谓税收效率原则，是指政府征税要有利于资源的有效配置和经济机制的运行，提高税务行政管理效率。① 税收效率原则具体包括经济效率和行政效率两个方面的内容。

税收的经济效率，是从税收与经济关系角度，将税收置于经济运行过程之中，考察税收对社会资源和经济运行机制的影响状况。检验税收经济效率的标准，是使税收的额外负担最小化和额外收益最大化。税收作为政府强制、无偿地占有一部分社会产品的再分配形式，对于纳税人的经济行为总会存在程度不同的影响。如果征税对市场经济运行产生了不良影响，干扰了私人消费和生产的正常决策，同时改变了相对价格和个人行为，就产生了税收在经济机制运行方面的额外负担。

即评即测

税收要素

税收中性是降低税收额外负担的根本途径。税收中性是指国家征税使社会所付出的代价应以征税数额为限，不要干扰市场经济的有效运行。提出税收中性原则的积极意义在于，尽可能地减少税收对经济的干扰，将纳税人所承受的额外负担降到最低限度。

税收的行政效率，也称为"税收本身的效率"，它通过一定时期税收成本与税收收入的对比加以衡量。提高税收效率的关键，一是力求税制简明、易懂，尽量降低纳税人的履行成本；二是建立健全先进、科学的税收管理体系，不仅要有一套针对纳税人而设计的强有力的税务稽查系统，而且也应具备对于税务人员行之有效的管理、监督机制。

📊 本章小结 »»»

税收概念		税收是指国家为了实现其经济调节和社会管理等公共职能，凭借其政治权力，根据法律法规，利用税收工具的无偿性、强制性、固定性的特征，参与社会剩余产品分配和再分配，并且取得财政收入的一种活动或者方式
税收分类	根据税负能否转嫁或者最终归宿的不同	直接税和间接税
	根据计税依据的不同	从价税和从量税
	根据征税对象的性质和作用不同	货物劳务税类、资源税类、所得税类、财产税类和行为税类
	计税价格中是否包含税款	价内税和价外税

---

① 王传纶，高培勇．当代西方财政经济理论．北京：商务印书馆，1995.

续表

税收要素	税收要素概述	实体法要素和程序法要素
		定义性要素、规范性要素和原则性要素
	税收实体法要素	总则、纳税义务人、征税对象、税目、税率、纳税环节、纳税期限、纳税地点、减税免税、罚则、附则
	税收原则	亚当·斯密在他的《国富论》一书中，首次明确提出了"税收四原则"。从法理学的角度分析，税收基本原则可以概括为税收法律主义原则、税收公平主义原则、税收合作信赖主义原则、实质课税原则和税收效率原则

第二章
增值税

◎ 学习目标

知识目标:

1. 理解增值税的概念、分类和特点;

2. 掌握增值税的纳税人、征税范围和税率;

3. 掌握增值税一般纳税人和小规模纳税人应纳税额的计算方法;

4. 了解增值税出口退税;

5. 了解增值税的征收管理规定;

6. 熟悉增值税的税收优惠政策。

能力目标:

1. 正确区分增值税的一般纳税人、小规模纳税人;

2. 正确判断业务属于增值税哪个征收范围,适用哪个税率;

3. 正确计算增值税应纳税额;

4. 会开增值税发票;

5. 会填写增值税纳税申报表。

素养目标:

1. 通过学习增值税制度的改革,了解我国经济发展状况,正确认识社会发展规律、税制改革方向,增强"四个自信";

2. 通过学习农产品进项税额抵扣政策,了解党和国家的"三农政策",深刻领悟党和国家对农业、农村、农民的深厚情怀,树立服务农村、植根农村、振兴农村的理念和信念;

3. 通过学习小规模纳税人税收优惠政策,理解税收优惠政策在维护企业公平竞争中的作用,培养国家认同感和爱国情怀;

4. 通过学习数电发票,看到科技创新对社会发展和国家治理的重要作用,认识到依法纳税的重要性;

5. 通过学习先进制造业等的加计抵减,认识到国家科技创新和产业升级的重要性;

6. 树立诚信为本、操守为重、坚持准则、不做假账的职业道德意识。

📘 学习导航

　　增值税是我国的第一大税种，是所有企业都会涉及的一个大税种，也是本教材的重点章节。

　　近十年来，我国政府连续实施并不断加大减税降费的力度，包括：增值税小规模纳税人税收减免、增值税留抵退税，这些政策都是助企纾困最公平、最直接、最有效的举措。党的十八大以来，党中央、国务院审时度势、科学决策，出台一系列退税减税降费政策，为减轻市场主体负担、应对经济下行压力提供了有力支持。

　　增值税是指对从事销售货物，加工、修理修配劳务（以下简称"应税劳务"）、服务（以下简称"应税服务"）、无形资产和不动产，及进口货物的单位和个人取得的增值额为计税依据征收的一种货物劳务税。

　　增值税是价外税，具有税收中性的特征。

　　学习本章后应当掌握增值税纳税人、征税范围、税率等基本问题；重点掌握一般纳税人和小规模纳税人增值税应纳税额的计算；了解增值税转型改革；理解、增值税征管以及增值税专用发票管理制度。

　　【案例导入】绿洲公司为增值税一般纳税人，纳税期限为一个月，202×年9月留抵扣税额为5 000元，10月份主要经济业务有：

　　（1）销售糖果取得销售收入700 000元，开具防伪税控增值税专用发票10张。

　　（2）销售牛奶500 000元，其中开具防伪税控增值税专用发票5张。

　　（3）销售饼干300 000元，其中开具普通发票10张，不含税销售额为200 000元；开具防伪税控增值税专用发票2张，不含税销售额为100 000元。

　　（4）按简易办法3%征收的货物销售额为100 000元（不含税），开具增值税专用发票4张。

　　（5）购进货物一批，取得防伪税控增值税专用发票4张（本期发票已认证），专用发票上注明的价款为246 153.85元，进项税额为32 000元。

　　（6）支付运输费88 888.88元（不含税），取得防伪税控增值税专用发票4张（本期发票已认证），税款8 000元。

　　（7）购进免税农产品一批，取得收购发票5张，支付的收购价款为100 000元。

　　（8）前期认证相符，且本期申报抵扣2张，金额为60 000元，进项税额7 800元。

　　绿洲公司销售糖果、牛奶、饼干适用的税率是多少？购进免税农产品可以抵扣进项税额吗？该公司10月应纳增值税额如何计算？公司应该什么时候缴纳税款？

📢 知识框架图 ➤

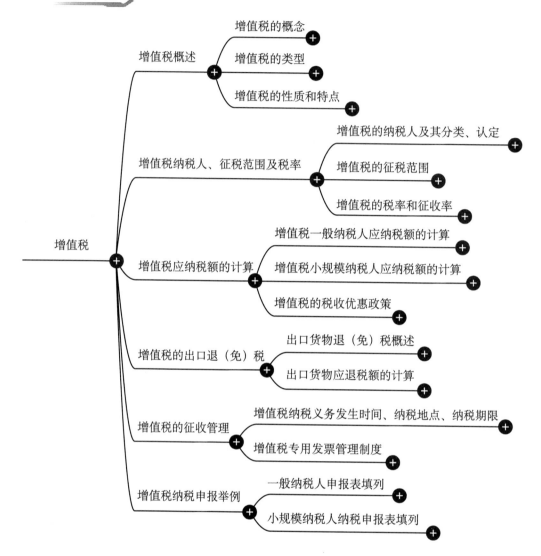

第一节　增值税概述

一、　增值税的概念

（一）增值税的基本概念

增值税是指对从事销售货物，加工、修理修配劳务，服务，无形资产和不动产，以及进口货物的单位和个人取得的增值额为计税依据征收的一种货物劳务税。

（二）增值额分析

增值税的征税对象

所谓增值额，是指从事工业制造、商业经营以及提供劳务过程中新创造的那部分价值。

1. 理论增值额

根据马克思的劳动价值理论，增值额是指人类通过劳动新创造的价值额，相当于商品价值 $C+V+M$ 中的 $V+M$ 部分，包括工资、利息、利润。

2. 法定增值额

实行增值税的国家，征税的增值额并非理论上的增值额，而是法定增值额。法定增值额，是指各国政府根据各自的国情、政策要求，在增值税制度中人为地确定的增值额。

3. 法定增值额与理论增值额的关系

法定增值额可以等于理论增值额，也可以大于或小于理论增值额。

造成法定增值额与理论增值额不一致的一个重要原因是各国在规定扣除范围时，对外购固定资产所含增值税的处理办法不同。一般来说，各国在确定征税的增值额时，对外购流动资产价款都允许从货物总价值中扣除。但是，对外购固定资产的价款各国处理办法则不尽相同。

【想一想】

什么是增值税？什么是增值额？为什么会产生理论增值额和法定增值额的不一致？如何理解这种不一致？

二、增值税的类型

增值税分类

（一）增值税的三种类型

正是由于各国对外购固定资产所含增值税处理方式的不同，形成了三种增值税类型，即生产型增值税、收入型增值税和消费型增值税。

1. 生产型增值税

生产型增值税，是指计算增值税时，不允许扣除任何外购固定资产的价款。作为课税基数的法定增值额除包括纳税人新创造的价值外，还包括当期计入成本的外购固定资产价款部分，即法定增值额相当于当期工资、利息、租金、利润等理论增值额和折旧额之和。从整个国民经济来看，这一课税基数大体相当于国民生产总值的统计口径，故称为生产型增值税。生产型增值税属于一种不彻底的增值税。

由于生产型增值税的税基中包含了外购固定资产所含的增值税，使其税基较大，对于增加财政收入发挥了重要的作用。经济欠发达的一些国家多选择生产型增值税。与此同时，也产生了对这部分价值重复征税的问题，客观上抑制了企业固定资产投资。这对资本构成低的行业或者劳动密集型的行业有利。

2. 收入型增值税

收入型增值税，是指计算增值税时，对外购固定资产价款只允许扣除当期计入产品价值的折旧费部分。作为课税基数的法定增值额相当于当期工资、利息、租金和利润等各增值项目之和。从整个国民经济来看，这一课税基数相当于国民收入部分，故被称为收入型增值税。

收入型增值税从理论上讲是一种标准的增值税。但由于外购固定资产价款是以计提折旧的方式分期转入产品价值或者当期损益的，而且转入部分没有逐笔对应的外购凭证，故给凭发票扣税的计算方法带来困难，从而影响了这种方法的采用。

3. 消费型增值税

消费型增值税，是指计算增值税时，允许将当期购入的固定资产价款一次全部扣除。作为课税基数的法定增值额相当于纳税人当期的全部销售额扣除外购的全部生产资料价款后的余额。从整个国民经济来看，这一课税基数仅限于消费资料价值的部分，故被称为消费型增值税。

消费型增值税在购进固定资产的当期因扣除额大大增加，税基缩小，因而会减少当期财政收入。但这种方法可以彻底消除重复征税问题，有利于促进技术进步，而且因为凭固定资产的外购发票可以一次性将其已纳税款全部扣除，这种方法最宜规范凭发票扣税的计算，操作性强，所以消费型增值税是三种类型中最简便、最能体现增值税优越性的一种类型。在目前世界上 140 多个实行增值税的国家中，绝大多数国家实行的是消费型增值税（见表 2-1），我国实行消费型增值税。

表 2-1　增值税类型的比较

项目类型	对外购固定资产所含增值税的处理	优点	缺点
生产型增值税	不允许纳税人在计算增值税时扣除外购固定资产所含的增值税	税基相当于国民生产总值，税基最大	重复征税，抑制投资
收入型增值税	允许扣除固定资产当期折旧所含的增值税	税基相当于国民收入，是理论上最标准的增值税	凭票扣税制度实施困难
消费型增值税	允许纳税人在计算增值税时，将外购固定资产所含的增值税一次性全部扣除	税基相当于最终消费，彻底消除重复征税，有利于技术进步和发票抵扣制度	税基最小，影响税收收入

【练一练】

单项选择题：按照对外购固定资产价值的处理方式，可以将增值税划分为不同类型。目前我国实行的增值税属于（　　）。

A. 消费型增值税　　　　　　　　B. 收入型增值税

C. 生产型增值税　　　　　　　　D. 实耗型增值税

（二） 我国的增值税转型改革及 "营改增"①

1994 年税制改革，我国选择采用了生产型增值税，不允许企业抵扣购进固定资产所含的进项税额。当时主要出于两方面的考虑：一方面是为了增加财政收入，另一方面则是为了抑制投资膨胀。因为生产型增值税存在着重复征税问题，在一定程度上制约了企业技术改进的积极性。

随着我国社会主义市场经济体制的逐步完善和经济全球化向纵深发展，推进增值税转型改革的必要性日益突出，各界要求增值税由生产型向消费型转变的呼声很高。党的十六届三中全会明确提出适时实施增值税转型改革，"十一五"规划明确在十一五期间完成这一改革。

自 2004 年 7 月 1 日起，经国务院批准，东北、中部等部分地区已先后进行改革试点，获得了成功经验。2008 年 11 月 5 日，国务院第 34 次常务会议决定自 2009 年 1 月 1 日起在全国范围内实施增值税转型改革。增值税转型改革的核心是在企业计算应缴增值税时，允许扣除购入机器设备所含的增值税。增值税转型改革将消除我国当前生产型增值税制产生的重复征税因素，降低企业设备投资的税收负担，在维持现行税率不变的前提下，是一项重大的减税政策。由于它可以避免企业设备购置的重复征税，因此有利于鼓励投资和扩大内需，促进企业技术进步、产业结构调整和经济增长方式的转变。与此同时，增值税转型改革规范和完善了我国当前的增值税制度，使税收制度更加符合科学发展观的要求，并为最终完善增值税制、完成全国人民代表大会常务委员会要求 5 年内制定增值税法的任务创造条件。

2011 年，经国务院批准，财政部、国家税务总局联合下发营业税改征增值税试点方案。从 2012 年 1 月 1 日起，在上海交通运输业和部分现代服务业开展营业税改征增值税试点。至此，货物劳务税收制度的改革拉开序幕。自 2012 年 8 月 1 日起至年底，国务院扩大 "营改增" 试点至 10 省市，截至 2013 年 8 月 1 日，"营改增" 范围已推广到全国试行，从 2014 年 1 月 1 日起，将铁路运输和邮政服务业纳入营业税改征增值税试点，至此交通运输业已全部纳入 "营改增" 范围。自 2014 年 6 月 1 日起，将电信业纳入营业税改征增值税试点范围。经国务院批准，自 2014 年 7 月 1 日起，决定简并和统一增值税征收率，将 6％和 4％的增值税征收率统一调整为 3％。

2016 年 3 月 23 日，财政部、国家税务总局发布的《关于全面推开营业税改征增值税试点的通知》（财税〔2016〕36 号）指出：经国务院批准，自 2016 年 5 月 1 日起，在全国范围内全面推开营业税改征增值税试点，建筑业、房地产业、金融业、生活服务业等全部营业税纳税人，纳入试点范围，由缴纳营业税改为缴纳增值税。这也意味着新中国税制中营业税正式退出历史舞台。

三、 增值税的性质和特点

增值税 "链条式" 的征纳方式

（一） 增值税的性质

增值税是以增值额为课税对象，以流转额为计税依据，同时实行税款抵扣的计税方式，这一计税方式决定了增值税属于货物劳务税的一种。

---

① 本节内容主要涉及增值税转型改革的发展历程，学生自学了解即可，教师可以不作讲授内容。

　　增值税实行价外计征，是一种间接税，具有明显的转嫁性。各环节的经营者作为纳税人只是把从买方收取的税款转缴给政府，而经营者本身实际上并没有承担增值税税款。这样，随着各环节交易活动的进行，经营者在出售货物的同时也出售了该货物所承担的增值税税款，直到货物卖给最终消费者时，货物在以前环节已纳的税款连同本环节的税款也一同转给了最终消费者。实际承担增值税全部税款的其实是最终的消费者。

（二）　增值税的特点

　　1. 较好地避免了重复征税，具有中性税收的特征

　　这是增值税最本质的特点，即增值税只对增值额部分征税。一方面，增值税只对货物或劳务销售额中没有征过税的那部分增值额征税，对销售额中属于转移过来的、以前环节已征过税的那部分销售额则不再征税，从而有效地排除了重叠征税因素。另一方面，增值税税率档次少，一些国家只采取一档税率，即使采取二档或三档税率的，其绝大部分货物一般也都是按一个统一的基本税率征税。这不仅使得绝大部分货物的税负是一样的，而且同一货物在经历的所有生产和流通的各环节的整体税负也是一样的。这种情况使增值税对生产经营活动以及消费行为基本上不产生影响。

增值税的价内税与价外税

　　2. 道道征税，普遍课税，价外征税，环环扣税

　　所谓"道道征税，普遍课税"，是指从生产经营的横向关系看，无论工业、商业或者劳务服务（主要指加工、修理修配劳务）活动，只要有增值收入就要纳税。从生产经营的纵向关系看，每一货物或者劳务无论经过多少生产经营环节，都要按各道环节上发生的增值额逐次征税。

即评即测

增值税概述

　　所谓"价外征税，环环扣税"，是指作为价外税的增值税，税金不包含在销售价格里面，把税款和价格分开，使企业的成本核算不受增值税的影响。对货物或者劳务的增值税税款，由纳税人向购买方或者接受劳务方收取，鲜明地体现了增值税的转嫁性质。同时，实行价外计征，为增值税专用发票抵扣制度的顺利实施奠定了基础。

> 【想一想】
>
> 增值税的纳税人和负税人是否一致？

第二节　增值税纳税人、征税范围及税率

一、　增值税的纳税人及其分类、认定

（一）　增值税的纳税人

　　根据《中华人民共和国增值税暂行条例》（以下简称《增值税暂行条例》）、《中华人民

共和国增值税暂行条例实施细则》（以下简称《增值税暂行条例实施细则》）以及《关于全面推开营业税改征增值税试点的通知》（财税〔2016〕36号）的规定，在中华人民共和国境内（以下简称"境内"）从事销售货物、加工或者修理修配劳务，销售服务、无形资产或者不动产（以下简称"应税行为"）的单位和个人，为增值税纳税人。单位，是指企业、行政单位、事业单位、军事单位、社会团体及其他单位。个人，是指个体工商户和其他个人。

增值税纳税人
及扣缴义务人

单位以承包、承租、挂靠方式经营的，承包人、承租人、挂靠人（以下统称"承包人"）以发包人、出租人、被挂靠人（以下统称"发包人"）名义对外经营并由发包人承担相关法律责任的，以该发包人为纳税人。否则，以承包人为纳税人。

对报关进口的货物，以进口货物的收货人或办理报关手续的单位和个人为进口货物的纳税人。对代理进口货物，以海关开具的完税凭证上的纳税人为增值税纳税人。即对报关进口货物，凡是海关的完税凭证开具给委托方的，对代理方不征增值税；凡是海关的完税凭证开具给代理方的，对代理方应按规定征收增值税。中华人民共和国境外（以下简称"境外"）的单位或个人在境内提供应税劳务，在境内未设有经营机构的，其应纳税款以境内代理人为扣缴义务人；在境内没有代理人的，以购买者为扣缴义务人。

境外单位或个人在境内销售服务、无形资产或者不动产，在境内未设有经营机构的，以购买方为增值税扣缴义务人。财政部和国家税务总局另有规定的除外。

纳税人应当按照国家统一的会计制度进行增值税会计核算。

（二）增值税纳税人的分类

1. 增值税纳税人分类的依据

现行增值税制度是以纳税人年应税销售额的大小和会计核算是否健全这两个标准为依据来划分一般纳税人和小规模纳税人的。其中"会计核算健全"，是指能够按照国家统一的会计制度规定设置账簿，根据合法、有效的凭证核算。

2. 划分一般纳税人与小规模纳税人的意义

对增值税纳税人进行分类的意义主要在于配合增值税专用发票的管理。增值税实施面广、情况复杂、纳税人多且核算水平差距很大，为保证对专用发票的正确使用和安全管理，有必要对增值税纳税人进行分类。

两类纳税人在税款计算方法、适用税率以及管理办法上均有所不同。一般纳税人可以领购和使用增值税专用发票，实行凭发票扣税的计税方法，基本税率为13%、9%和6%。按照规定，在一些特殊的情况下，一般纳税人也会按照简易办法来计算缴纳增值税；而小规模纳税人只能采用简便易行的计税方法和征收管理办法，增值税的征收率为3%。

（三）一般纳税人的认定

一般纳税人是指年应征增值税销售额（以下简称"年应税销售额"，包括一个公历年度内的全部应税销售额）超过规定标准的企业和企业性单位（以下简称"企业"）。

下列纳税人不属于一般纳税人：

（1）年应税销售额未超过小规模纳税人标准的企业（以下简称"小规模企业"）。

（2）个人（除个体经营者以外的其他个人）。

（3）非企业性单位。

（4）不经常发生增值税应税行为的企业。

除国家税务总局另有规定外，纳税人一经认定为一般纳税人后，不得转为小规模纳税人。

《增值税暂行条例实施细则》规定，有下列情形之一者，应按销售额依照增值税税率计算应纳税额，不得抵扣进项税额，也不得使用增值税专用发票：

（1）一般纳税人会计核算不健全或者不能够提供准确税务资料的。

（2）除"年应税销售额超过小规模纳税人标准的其他个人按小规模纳税人纳税；非企业性单位、不经常发生应税行为的企业可选择按小规模纳税人纳税"的规定外，纳税人销售额超过小规模纳税人标准，未申请办理一般纳税人认定手续的。

【练一练】

　　判断题：除个体经营外，其他个人不属于增值税一般纳税人。（　　　）

📥 知识链接

2015 年 3 月 30 日，国家税务总局发布《关于调整增值税一般纳税人管理有关事项的公告》（国家税务总局公告 2015 年第 18 号），按照《国务院关于取消和调整一批行政审批项目等事项的决定》（国发〔2015〕11 号）精神，国家税务总局对增值税一般纳税人管理有关事项进行了调整，其中最大的变化是：增值税一般纳税人资格实行登记制，登记事项由增值税纳税人向其主管税务机关办理。换句话说，对一般纳税人资格认定取消了审批，实行登记制。改为登记后，主管税务机关在对纳税人递交的登记资料信息进行核对确认后，纳税人即可取得一般纳税人资格。

（四）小规模纳税人的认定

增值税小规模纳税人（以下简称"小规模纳税人"），是指经营规模较小，销售额在规定标准以下，并且会计核算不健全的纳税人。其中"会计核算不健全"，是指不能正确核算增值税的销项税额、进项税额和应纳税额。

根据《增值税暂行条例》《增值税暂行条例实施细则》《营业税改征增值税试点实施办法》《关于统一增值税小规模纳税人标准的通知》的规定，小规模纳税人的认定标准为：

增值税小规模纳税人标准为年应征增值税销售额500 万元及以下。

【比一比】

　　小规模纳税人和一般纳税人之间有什么区别？

【练一练】

单项选择题：下列各项中，属于增值税一般纳税人的是（　　）。

A. 非企业性单位

B. 除个体经营者以外的其他个人

C. 不经常发生增值税应税行为的企业

D. 年应税销售额超过小规模纳税人标准的企业

二、增值税的征税范围

增值税征税范围
及税率一（13%）

（一）增值税征税范围的一般规定

1. 销售货物

货物是指除土地、房屋和其他建筑物等一切不动产之外的有形动产，包括电力、热力和气体在内。

销售货物是指有偿转让货物的所有权。有偿是指从购买方取得货币、货物或者其他经济利益。

2. 销售劳务

销售劳务是指提供加工和修理修配劳务，加工是指受托加工货物，即委托方提供原料及主要材料，受托方按照委托方的要求，制造货物并收取加工费的业务。

修理修配是指受托对损伤和丧失功能的货物进行修复，使其恢复原状和功能的业务。但单位或个体经营者聘用的员工为本单位或雇主提供加工、修理修配劳务则不包括在内。

3. 进口货物

进口货物是指申报进入我国海关境内的货物。确定一项货物是否属于进口货物，必须看其是否办理了报关进口手续。

4. 销售服务、无形资产或者不动产

（1）销售服务、无形资产或者不动产，是指有偿提供服务、有偿转让无形资产或者不动产，但属于下列非经营活动的情形除外：

1）行政单位收取的同时满足以下条件的政府性基金或者行政事业性收费：

增值税征税范围
及税率二（6%）

a. 由国务院或者财政部批准设立的政府性基金，由国务院或者省级人民政府及其财政、价格主管部门批准设立的行政事业性收费；

b. 收取时开具省级以上（含省级）财政部门监（印）制的财政票据；

c. 所收款项全额上缴财政。

2）单位或者个体工商户聘用的员工为本单位或者雇主提供取得工资的服务。

3）单位或者个体工商户为聘用的员工提供服务。

4）财政部和国家税务总局规定的其他情形。

提供应税服务，是指有偿提供应税服务（包括提供交通运输服务、邮政服务、电信服务、建筑服务、金融服务、现代服务、生活服务），但不包括非营业活动中提供的应税服务。有偿，是指取得货币、货物或者其他经济利益。

非营业活动，是指：

a. 非企业性单位按照法律和行政法规的规定，为履行国家行政管理和公共服务职能收取政府性基金或者行政事业性收费的活动。

b. 单位或者个体工商户聘用的员工为本单位或者雇主提供应税服务。

c. 单位或者个体工商户为聘用的员工提供服务。

d. 财政部和国家税务总局规定的其他情形。

（2）关于"境内"的界定。

1）在境内销售服务、无形资产或者不动产，是指：

a. 服务（租赁不动产除外）或者无形资产（自然资源使用权除外）的销售方或者购买方在境内。

b. 所销售或者租赁的不动产在境内。

c. 所销售自然资源使用权的自然资源在境内。

d. 财政部和国家税务总局规定的其他情形。

2）下列情形不属于在境内销售服务或者无形资产：

a. 境外单位或者个人向境内单位或者个人销售完全在境外发生的服务。

b. 境外单位或者个人向境内单位或者个人销售完全在境外使用的无形资产。

c. 境外单位或者个人向境内单位或者个人出租完全在境外使用的有形动产。

d. 财政部和国家税务总局规定的其他情形。

知识链接

销售服务、销售无形资产、销售不动产注释

一、销售服务

销售服务，是指提供交通运输服务、邮政服务、电信服务、建筑服务、金融服务、现代服务、生活服务。

（一）交通运输服务（税率9%）

增值税征税范围及税率三（9%）

交通运输服务，是指利用运输工具将货物或者旅客送达目的地，使其空间位置得到转移的业务活动。包括陆路运输服务、水路运输服务、航空运输服务和管道运输服务。

1. 陆路运输服务

陆路运输服务，是指通过陆路（地上或者地下）运送货物或者旅客的运输业务活动，包括铁路运输服务和其他陆路运输服务。

（1）铁路运输服务，是指通过铁路运送货物或者旅客的运输业务活动。

（2）其他陆路运输服务，是指铁路运输以外的陆路运输业务活动。包括公路运输、缆车运输、索道运输、地铁运输、城市轻轨运输等。

出租车公司向使用本公司自有出租车的出租车司机收取的管理费用，按照陆路运输服

务缴纳增值税。

2. 水路运输服务

水路运输服务，是指通过江、河、湖、川等天然、人工水道或者海洋航道运送货物或者旅客的运输业务活动。

水路运输的程租、期租业务，属于水路运输服务。

程租业务，是指运输企业为租船人完成某一特定航次的运输任务并收取租赁费的业务。

期租业务，是指运输企业将配备有操作人员的船舶承租给他人使用一定期限，承租期内听候承租方调遣，不论是否经营，均按天向承租方收取租赁费，发生的固定费用均由船东负担的业务。

3. 航空运输服务

航空运输服务，是指通过空中航线运送货物或者旅客的运输业务活动。

航空运输的湿租业务，属于航空运输服务。

湿租业务，是指航空运输企业将配备有机组人员的飞机承租给他人使用一定期限，承租期内听候承租方调遣，不论是否经营，均按一定标准向承租方收取租赁费，发生的固定费用均由承租方承担的业务。

航天运输服务，按照航空运输服务缴纳增值税。

航天运输服务，是指利用火箭等载体将卫星、空间探测器等空间飞行器发射到空间轨道的业务活动。

4. 管道运输服务

管道运输服务，是指通过管道设施输送气体、液体、固体物质的运输业务活动。

无运输工具承运业务，按照交通运输服务缴纳增值税。

无运输工具承运业务，是指经营者以承运人身份与托运人签订运输服务合同，收取运费并承担承运人责任，然后委托实际承运人完成运输服务的经营活动。

（二）邮政服务（税率9%）

邮政服务，是指中国邮政集团公司及其所属邮政企业提供邮件寄递、邮政汇兑和机要通信等邮政基本服务的业务活动。包括邮政普遍服务、邮政特殊服务和其他邮政服务。

1. 邮政普遍服务

邮政普遍服务，是指函件、包裹等邮件寄递，以及邮票发行、报刊发行和邮政汇兑等业务活动。

函件，是指信函、印刷品、邮资封片卡、无名址函件和邮政小包等。

包裹，是指按照封装上的名址递送给特定个人或者单位的独立封装的物品，其重量不超过50千克，任何一边的尺寸不超过150厘米，长、宽、高合计不超过300厘米。

2. 邮政特殊服务

邮政特殊服务，是指义务兵平常信函、机要通信、盲人读物和革命烈士遗物的寄递等业务活动。

3. 其他邮政服务

其他邮政服务，是指邮册等邮品销售、邮政代理等业务活动。

（三）电信服务

电信服务，是指利用有线、无线的电磁系统或者光电系统等各种通信网络资源，提供语音通话服务，传送、发射、接收或者应用图像、短信等电子数据和信息的业务活动。包括基础电信服务和增值电信服务。

1. 基础电信服务（税率9%）

基础电信服务，是指利用固网、移动网、卫星、互联网，提供语音通话服务的业务活动，以及出租或者出售带宽、波长等网络元素的业务活动。

2. 增值电信服务（税率6%）

增值电信服务，是指利用固网、移动网、卫星、互联网、有线电视网络，提供短信和彩信服务、电子数据和信息的传输及应用服务、互联网接入服务等业务活动。

卫星电视信号落地转接服务，按照增值电信服务缴纳增值税。

（四）建筑服务（税率9%）

建筑服务，是指各类建筑物、构筑物及其附属设施的建造、修缮、装饰，线路、管道、设备、设施等的安装以及其他工程作业的业务活动。包括工程服务、安装服务、修缮服务、装饰服务和其他建筑服务。

1. 工程服务

工程服务，是指新建、改建各种建筑物、构筑物的工程作业，包括与建筑物相连的各种设备或者支柱、操作平台的安装或者装设工程作业，以及各种窑炉和金属结构工程作业。

2. 安装服务

安装服务，是指生产设备、动力设备、起重设备、运输设备、传动设备、医疗实验设备以及其他各种设备、设施的装配、安置工程作业，包括与被安装设备相连的工作台、梯子、栏杆的装设工程作业，以及被安装设备的绝缘、防腐、保温、油漆等工程作业。

固定电话、有线电视、宽带、水、电、燃气、暖气等经营者向用户收取的安装费、初装费、开户费、扩容费以及类似收费，按照安装服务缴纳增值税。

3. 修缮服务

修缮服务，是指对建筑物、构筑物进行修补、加固、养护、改善，使之恢复原来的使用价值或者延长其使用期限的工程作业。

4. 装饰服务

装饰服务，是指对建筑物、构筑物进行修饰装修，使之美观或者具有特定用途的工程作业。

5. 其他建筑服务

其他建筑服务，是指上列工程作业之外的各种工程作业服务，如钻井（打井）、拆除建筑物或者构筑物、平整土地、园林绿化、疏浚（不包括航道疏浚）、建筑物平移、搭脚手架、爆破、矿山穿孔、表面附着物（包括岩层、土层、沙层等）剥离和清理等工程作业。

（五）金融服务（税率6%）

金融服务，是指经营金融保险的业务活动。包括贷款服务、直接收费金融服务、保险服务和金融商品转让。

1. 贷款服务

贷款，是指将资金贷与他人使用而取得利息收入的业务活动。

各种占用、拆借资金取得的收入，包括金融商品持有期间（含到期）利息（保本收益、报酬、资金占用费、补偿金等）收入、信用卡透支利息收入、买入返售金融商品利息收入、融资融券收取的利息收入，以及融资性售后回租、押汇、罚息、票据贴现、转贷等业务取得的利息及利息性质的收入，按照贷款服务缴纳增值税。

融资性售后回租，是指承租方以融资为目的，将资产出售给从事融资性售后回租业务的企业后，从事融资性售后回租业务的企业将该资产出租给承租方的业务活动。

以货币资金投资收取的固定利润或者保底利润，按照贷款服务缴纳增值税。

2. 直接收费金融服务

直接收费金融服务，是指为货币资金融通及其他金融业务提供相关服务并且收取费用的业务活动。包括提供货币兑换、账户管理、电子银行、信用卡、信用证、财务担保、资产管理、信托管理、基金管理、金融交易场所（平台）管理、资金结算、资金清算、金融支付等服务。

3. 保险服务

保险服务，是指投保人根据合同约定，向保险人支付保险费，保险人对于合同约定的可能发生的事故因其发生所造成的财产损失承担赔偿保险金责任，或者当被保险人死亡、伤残、疾病或者达到合同约定的年龄、期限等条件时承担给付保险金责任的商业保险行为。包括人身保险服务和财产保险服务。

人身保险服务，是指以人的寿命和身体为保险标的的保险业务活动。

财产保险服务，是指以财产及其有关利益为保险标的的保险业务活动。

4. 金融商品转让

金融商品转让，是指转让外汇、有价证券、非货物期货和其他金融商品所有权的业务活动。

其他金融商品转让包括基金、信托、理财产品等各类资产管理产品和各种金融衍生品的转让。

（六）现代服务（税率6%）

现代服务，是指围绕制造业、文化产业、现代物流产业等提供技术性、知识性服务的业务活动。包括研发和技术服务、信息技术服务、文化创意服务、物流辅助服务、租赁服务、鉴证咨询服务、广播影视服务、商务辅助服务和其他现代服务。

1. 研发和技术服务

研发和技术服务，包括研发服务、合同能源管理服务、工程勘察勘探服务、专业技术服务。

（1）研发服务，也称技术开发服务，是指就新技术、新产品、新工艺或者新材料及其系统进行研究与试验开发的业务活动。

（2）合同能源管理服务，是指节能服务公司与用能单位以契约形式约定节能目标，节能服务公司提供必要的服务，用能单位以节能效果支付节能服务公司投入及其合理报酬的业务活动。

（3）工程勘察勘探服务，是指在采矿、工程施工前后，对地形、地质构造、地下资源蕴藏情况进行实地调查的业务活动。

（4）专业技术服务，是指气象服务、地震服务、海洋服务、测绘服务、城市规划、环境与生态监测服务等专项技术服务。

2. 信息技术服务

信息技术服务，是指利用计算机、通信网络等技术对信息进行生产、收集、处理、加工、存储、运输、检索和利用，并提供信息服务的业务活动。包括软件服务、电路设计及测试服务、信息系统服务、业务流程管理服务和信息系统增值服务。

(1) 软件服务，是指提供软件开发服务、软件维护服务、软件测试服务的业务活动。

(2) 电路设计及测试服务，是指提供集成电路和电子电路产品设计、测试及相关技术支持服务的业务活动。

(3) 信息系统服务，是指提供信息系统集成、网络管理、网站内容维护、桌面管理与维护、信息系统应用、基础信息技术管理平台整合、信息技术基础设施管理、数据中心、托管中心、信息安全服务、在线杀毒、虚拟主机等业务活动。包括网站对非自有的网络游戏提供的网络运营服务。

(4) 业务流程管理服务，是指依托信息技术提供的人力资源管理、财务经济管理、审计管理、税务管理、物流信息管理、经营信息管理和呼叫中心等服务。

(5) 信息系统增值服务，是指利用信息系统资源为用户附加提供的信息技术服务。包括数据处理、分析和整合，数据库管理，数据备份，数据存储，容灾服务，电子商务平台等。

3. 文化创意服务

文化创意服务，包括设计服务、知识产权服务、广告服务和会议展览服务。

(1) 设计服务，是指把计划、规划、设想通过文字、语言、图画、声音、视觉等形式传递出来的业务活动。包括工业设计、内部管理设计、业务运作设计、供应链设计、造型设计、服装设计、环境设计、平面设计、包装设计、动漫设计、网游设计、展示设计、网站设计、机械设计、工程设计、广告设计、创意策划、文印晒图等。

(2) 知识产权服务，是指处理知识产权事务的业务活动。包括对专利、商标、著作权、软件、集成电路布图设计的登记、鉴定、评估、认证、检索服务。

(3) 广告服务，是指利用图书、报纸、杂志、广播、电视、电影、幻灯、路牌、招贴、橱窗、霓虹灯、灯箱、互联网等各种形式为客户的商品、经营服务项目、文体节目或者通告、声明等委托事项进行宣传和提供相关服务的业务活动。包括广告代理和广告的发布、播映、宣传、展示等。

(4) 会议展览服务，是指为商品流通、促销、展示、经贸洽谈、民间交流、企业沟通、国际往来等举办或者组织安排的各类展览和会议的业务活动。

4. 物流辅助服务

物流辅助服务，包括航空服务、港口码头服务、货运客运场站服务、打捞救助服务、装卸搬运服务、仓储服务和收派服务。

(1) 航空服务，包括航空地面服务和通用航空服务。

航空地面服务，是指航空公司、飞机场、民航管理局、航站等向在境内航行或者在境内机场停留的境内外飞机或者其他飞行器提供的导航等劳务性地面服务的业务活动。包括旅客安全检查服务、停机坪管理服务、机场候机厅管理服务、飞机清洗消毒服务、空中飞行管理服务、飞机起降服务、飞行通信服务、地面信号服务、飞机安全服务、飞机跑道管理服务、空中交通管理服务等。

通用航空服务，是指为专业工作提供飞行服务的业务活动，包括航空摄影、航空培训、航空测量、航空勘探、航空护林、航空吊挂播洒、航空降雨、航空气象探测、航空海洋监测、航空科学实验等。

（2）港口码头服务，是指港务船舶调度服务、船舶通信服务、航道管理服务、航道疏浚服务、灯塔管理服务、航标管理服务、船舶引航服务、理货服务、系解缆服务、停泊和移泊服务、海上船舶溢油清除服务、水上交通管理服务、船只专业清洗消毒检测服务和防止船只漏油服务等为船只提供服务的业务活动。

港口设施经营人收取的港口设施保安费按照港口码头服务缴纳增值税。

（3）货运客运场站服务，是指货运客运场站提供货物配载服务、运输组织服务、中转换乘服务、车辆调度服务、票务服务、货物打包整理、铁路线路使用服务、加挂铁路客车服务、铁路行包专列发送服务、铁路到达和中转服务、铁路车辆编解服务、车辆挂运服务、铁路接触网服务、铁路机车牵引服务等业务活动。

（4）打捞救助服务，是指提供船舶人员救助、船舶财产救助、水上救助和沉船沉物打捞服务的业务活动。

（5）装卸搬运服务，是指使用装卸搬运工具或者人力、畜力将货物在运输工具之间、装卸现场之间或者运输工具与装卸现场之间进行装卸和搬运的业务活动。

（6）仓储服务，是指利用仓库、货场或者其他场所代客贮放、保管货物的业务活动。

（7）收派服务，是指接受寄件人委托，在承诺的时限内完成函件和包裹的收件、分拣、派送服务的业务活动。

收件服务，是指从寄件人收取函件和包裹，并运送到服务提供方同城的集散中心的业务活动。

分拣服务，是指服务提供方在其集散中心对函件和包裹进行归类、分发的业务活动。

派送服务，是指服务提供方从其集散中心将函件和包裹送达同城的收件人的业务活动。

5. 租赁服务

租赁服务，包括融资租赁服务和经营租赁服务。

（1）融资租赁服务，是指具有融资性质和所有权转移特点的租赁活动。即出租人根据承租人所要求的规格、型号、性能等条件购入有形动产或者不动产租赁给承租人，合同期内租赁物所有权属于出租人，承租人只拥有使用权，合同期满付清租金后，承租人有权按照残值购入租赁物，以拥有其所有权。不论出租人是否将租赁物销售给承租人，均属于融资租赁。

按照标的物的不同，融资租赁服务可分为有形动产融资租赁服务和不动产融资租赁服务。

融资性售后回租不按照本税目缴纳增值税。

（2）经营租赁服务，是指在约定时间内将有形动产或者不动产转让他人使用且租赁物所有权不变更的业务活动。

按照标的物的不同，经营租赁服务可分为有形动产经营租赁服务和不动产经营租赁服务。

将建筑物、构筑物等不动产或者飞机、车辆等有形动产的广告位出租给其他单位或者个人用于发布广告，按照经营租赁服务缴纳增值税。

车辆停放服务、道路通行服务（包括过路费、过桥费、过闸费等）等按照不动产经营租赁服务缴纳增值税。

水路运输的光租业务、航空运输的干租业务，属于经营租赁。

光租业务，是指运输企业将船舶在约定的时间内出租给他人使用，不配备操作人员，不承担运输过程中发生的各项费用，只收取固定租赁费的业务活动。

干租业务，是指航空运输企业将飞机在约定的时间内出租给他人使用，不配备机组人员，不承担运输过程中发生的各项费用，只收取固定租赁费的业务活动。

【小提示】

　　有形动产租赁服务的增值税税率为13%，不动产租赁服务的增值税税率为9%。

6. 鉴证咨询服务

鉴证咨询服务，包括认证服务、鉴证服务和咨询服务。

（1）认证服务，是指具有专业资质的单位利用检测、检验、计量等技术，证明产品、服务、管理体系符合相关技术规范、相关技术规范的强制性要求或者标准的业务活动。

（2）鉴证服务，是指具有专业资质的单位受托对相关事项进行鉴证，发表具有证明力的意见的业务活动。包括会计鉴证、税务鉴证、法律鉴证、职业技能鉴定、工程造价鉴证、工程监理、资产评估、环境评估、房地产土地评估、建筑图纸审核、医疗事故鉴定等。

（3）咨询服务，是指提供信息、建议、策划、顾问等服务的活动。包括金融、软件、技术、财务、税收、法律、内部管理、业务运作、流程管理、健康等方面的咨询。

翻译服务和市场调查服务按照咨询服务缴纳增值税。

7. 广播影视服务

广播影视服务，包括广播影视节目（作品）的制作服务、发行服务和播映（含放映，下同）服务。

（1）广播影视节目（作品）制作服务，是指进行专题（特别节目）、专栏、综艺、体育、动画片、广播剧、电视剧、电影等广播影视节目和作品制作的服务。具体包括与广播影视节目和作品相关的策划、采编、拍摄、录音、音视频文字图片素材制作，场景布置，后期的剪辑，翻译（编译）字幕制作，片头、片尾、片花制作，特效制作，影片修复，编目和确权等业务活动。

（2）广播影视节目（作品）发行服务，是指以分账、买断、委托等方式，向影院、电台、电视台、网站等单位和个人发行广播影视节目（作品）以及转让体育赛事等活动的报道及播映权的业务活动。

（3）广播影视节目（作品）播映服务，是指在影院、剧院、录像厅及其他场所播映广播影视节目（作品），以及通过电台、电视台、卫星通信、互联网、有线电视等无线或者有线装置播映广播影视节目（作品）的业务活动。

8. 商务辅助服务

商务辅助服务，包括企业管理服务、经纪代理服务、人力资源服务、安全保护服务。

（1）企业管理服务，是指提供总部管理、投资与资产管理、市场管理、物业管理、日常综合管理等服务的业务活动。

（2）经纪代理服务，是指各类经纪、中介、代理服务。包括金融代理、知识产权代理、货物运输代理、代理报关、法律代理、房地产中介、职业中介、婚姻中介、代理记账、拍卖等。

货物运输代理服务，是指接受货物收货人、发货人、船舶所有人、船舶承租人或者船舶经营人的委托，以委托人的名义，为委托人办理货物运输、装卸、仓储和船舶进出港口、引航、靠泊等相关手续的业务活动。

代理报关服务，是指接受进出口货物的收、发货人委托，代为办理报关手续的业务活动。

（3）人力资源服务，是指提供公共就业、劳务派遣、人才委托招聘、劳动力外包等服务的业务活动。

（4）安全保护服务，是指提供保护人身安全和财产安全，维护社会治安等的业务活动。包括场所住宅保安、特种保安、安全系统监控以及其他安保服务。

9. 其他现代服务

其他现代服务，是指除研发和技术服务、信息技术服务、文化创意服务、物流辅助服务、租赁服务、鉴证咨询服务、广播影视服务和商务辅助服务以外的现代服务。

（七）生活服务（税率6%）

生活服务，是指为满足城乡居民日常生活需求提供的各类服务活动。包括文化体育服务、教育医疗服务、旅游娱乐服务、餐饮住宿服务、居民日常服务和其他生活服务。

1. 文化体育服务

文化体育服务，包括文化服务和体育服务。

（1）文化服务，是指为满足社会公众文化生活需求提供的各种服务。包括文艺创作、文艺表演、文化比赛，图书馆的图书和资料借阅，档案馆的档案管理，文物及非物质文化遗产保护，组织举办宗教活动、科技活动、文化活动，提供游览场所。

（2）体育服务，是指组织举办体育比赛、体育表演、体育活动，以及提供体育训练、体育指导、体育管理的业务活动。

2. 教育医疗服务

教育医疗服务，包括教育服务和医疗服务。

（1）教育服务，是指提供学历教育服务、非学历教育服务、教育辅助服务的业务活动。

学历教育服务，是指根据教育行政管理部门确定或者认可的招生和教学计划组织教学，并颁发相应学历证书的业务活动。包括初等教育、初级中等教育、高级中等教育、高等教育等。

非学历教育服务，包括学前教育、各类培训、演讲、讲座、报告会等。

教育辅助服务，包括教育测评、考试、招生等服务。

（2）医疗服务，是指提供医学检查、诊断、治疗、康复、预防、保健、接生、计划生育、防疫服务等方面的服务，以及与这些服务有关的提供药品、医用材料器具、救护车、病房住宿和伙食的业务。

3. 旅游娱乐服务

旅游娱乐服务,包括旅游服务和娱乐服务。

(1) 旅游服务,是指根据旅游者的要求,组织安排交通、游览、住宿、餐饮、购物、文娱、商务等服务的业务活动。

(2) 娱乐服务,是指为娱乐活动同时提供场所和服务的业务。

4. 餐饮住宿服务

餐饮住宿服务,包括餐饮服务和住宿服务。

(1) 餐饮服务,是指通过同时提供饮食和饮食场所的方式为消费者提供饮食消费服务的业务活动。

(2) 住宿服务,是指提供住宿场所及配套服务等的活动。包括宾馆、旅馆、旅社、度假村和其他经营性住宿场所提供的住宿服务。

5. 居民日常服务

居民日常服务,是指主要为满足居民个人及其家庭日常生活需求提供的服务,包括市容市政管理、家政、婚庆、养老、殡葬、照料和护理、救助救济、美容美发、按摩、桑拿、氧吧、足疗、沐浴、洗染、摄影扩印等服务。

6. 其他生活服务

其他生活服务,是指除文化体育服务、教育医疗服务、旅游娱乐服务、餐饮住宿服务和居民日常服务之外的生活服务。

二、销售无形资产（税率 9%）

销售无形资产,是指转让无形资产所有权或者使用权的业务活动。无形资产,是指不具有实物形态,但能带来经济利益的资产,包括技术、商标、著作权、商誉、自然资源使用权和其他权益性无形资产。

技术,包括专利技术和非专利技术。

自然资源使用权,包括土地使用权、海域使用权、探矿权、采矿权、取水权和其他自然资源使用权。

其他权益性无形资产,包括基础设施资产经营权、公共事业特许权、配额、经营权(包括特许经营权、连锁经营权、其他经营权)、经销权、分销权、代理权、会员权、席位权、网络游戏虚拟道具、域名、名称权、肖像权、冠名权、转会费等。

三、销售不动产（税率 9%）

销售不动产,是指转让不动产所有权的业务活动。不动产,是指不能移动或者移动后会引起性质、形状改变的财产,包括建筑物、构筑物等。

建筑物,包括住宅、商业营业用房、办公楼等可供居住、工作或者进行其他活动的建造物。

构筑物,包括道路、桥梁、隧道、水坝等建造物。

转让建筑物有限产权或者永久使用权的,转让在建的建筑物或者构筑物所有权的,以及在转让建筑物或者构筑物时一并转让其所占土地的使用权的,按照销售不动产缴纳增值税。

（二）增值税征税范围的两种特殊规定——特殊行为和特殊项目

1. 属于征税范围的特殊行为

（1）视同销售货物行为。

单位或个体经营者的下列行为，视同销售货物：

视同销售货物

1）将货物交付其他单位或者个人代销；

2）销售代销货物；

3）设有两个以上机构并实行统一核算的纳税人，将货物从一个机构移送其他机构用于销售，但相关机构设在同一县（市）的除外；

4）将自产、委托加工的货物用于非增值税应税项目（提示：这里的非增值税应税项目主要是指免税项目和简易计税项目）；

5）将自产、委托加工的货物用于集体福利或者个人消费；

6）将自产、委托加工或者购进的货物作为投资，提供给其他单位或者个体工商户；

7）将自产、委托加工或者购进的货物分配给股东或者投资者；

8）将自产、委托加工或者购进的货物无偿赠送其他单位或者个人。

上述8种行为确定为视同销售货物行为，均要征收增值税。其确定的目的有两个：一是保证增值税税款抵扣制度的实施，不致因发生上述行为而造成税款抵扣环节的中断；二是避免因发生上述行为而造成货物销售税收负担不平衡的矛盾，防止通过上述行为逃避纳税。

【练一练】

1. 多项选择题：根据《增值税暂行条例》的规定，下列各项中视同销售计算增值税的有（   ）。

A. 销售代销货物　　　　　　　　B. 将货物交付他人代销

C. 将自产货物分配给股东　　　　D. 将自产货物用于集体福利

2. 多项选择题：根据《增值税暂行条例》的规定，下列各项中，应缴纳增值税的有（   ）。

A. 将自产的货物用于投资　　　　B. 将自产的货物分配给股东

C. 将自产的货物用于集体福利　　D. 将自建的厂房对外投资

3. 判断题：增值税一般纳税人将自产的货物无偿赠送他人，不征收增值税。（   ）

（2）视同销售服务、无形资产或者不动产。

视同销售服务、无形资产或不动产

1）单位或者个体工商户向其他单位或者个人无偿提供服务，但用于公益事业或者以社会公众为对象的除外。

2）单位或者个人向其他单位或者个人无偿转让无形资产或者不动产，但用于公益事业或者以社会公众为对象的除外。

3）财政部和国家税务总局规定的其他情形。

混合销售及兼营

（3）混合销售行为。

一项销售行为如果既涉及货物又涉及服务，为混合销售。从事货物的生产、批发或者零售的单位和个体工商户的混合销售行为，按照销售货物缴纳增值税；其他单位和个体工商户的混合销售行为，按照销售服务缴纳增值税。

上述从事货物的生产、批发或者零售的单位和个体工商户，包括以从事货物的生产、批发或者零售为主，并兼营销售服务的单位和个体工商户在内。

自2017年5月起，纳税人销售活动板房、机器设备、钢结构件等自产货物的同时提供建筑、安装服务，不属于混合销售，应分别核算货物和建筑服务的销售额，分别适用不同的税率或者征收率。

（4）兼营。

兼营，是指纳税人的经营中包括销售货物、劳务以及销售服务、无形资产和不动产的行为。

纳税人发生兼营行为，应当分别核算适用不同税率或者征收率的销售额，未分别核算销售额的，按照以下方法适用税率或者征收率：

1）兼有不同税率的销售货物、加工修理修配劳务、服务、无形资产或者不动产，从高适用税率。

2）兼有不同征收率的销售货物、加工修理修配劳务、服务、无形资产或者不动产，从高适用征收率。

3）兼有不同税率和征收率的销售货物、加工修理修配劳务、服务、无形资产或者不动产，从高适用税率。

【练一练】

多项选择题：根据税收相关法律制度的规定，下列销售行为中，属于兼营行为的有（　　　）。

A. 建筑安装公司提供建筑安装劳务的同时销售自产铝合金门窗

B. 旅游公司在提供组团旅游服务的同时销售纪念品

C. 建材商店销售建材，并从事装修、装饰业务

D. 花店销售鲜花，并承接婚庆服务业务

解析： 建筑安装公司提供建筑安装劳务的同时销售自产铝合金门窗，旅游公司在提供组团旅游服务的同时销售纪念品，是一项销售行为中完成两个适用不同税率的行为，但是，这个销售中的两项行为是同时发生的，有从属关系，属于混合销售行为。C、D两项销售行为涉及多个税目，不针对同一购买者，属于兼营行为。

2. 不征收增值税项目

（1）根据国家指令无偿提供的铁路运输服务、航空运输服务，属于《营业税改征增值税试点实施办法》第十四条规定的用于公益事业的服务。

（2）存款利息。

（3）被保险人获得的保险赔付。

（4）房地产主管部门或者其指定机构、公积金管理中心、开发企业以及物业管理单位代收的住宅专项维修资金。

（5）在资产重组过程中，通过合并、分立、出售、置换等方式，将全部或者部分实物资产以及与其相关联的债权、负债和劳动力一并转让给其他单位和个人，其中涉及的不动产、土地使用权转让行为。

不征收增值税的项目

【练一练】

多项选择题：下列各项中，属于增值税征收范围的是（　　）。

A. 提供通信服务　　　　　　B. 提供金融服务

C. 提供加工劳务　　　　　　D. 提供旅游服务

多项选择题：根据增值税法律制度的规定，下列业务中，属于增值税征税范围的有（　　）。

A. 建筑安装　　　　　　　　B. 零售商品

C. 提供加工修配　　　　　　D. 提供交通运输服务

三、增值税的税率和征收率

（一）增值税的税率

增值税一般纳税人销售或者进口货物，提供应税劳务、提供有形动产租赁服务，除低税率适用范围和销售自己使用过的特定物品和旧货适用征收率外，税率一律为13%。税率的调整，由国务院决定。

（二）低税率

（1）一般纳税人销售或者进口下列货物，按低税率计征增值税，税率为9%：

1）粮食、食用植物油、食用盐。

2）自来水、暖气、冷气、热水、煤气、石油液化气、天然气、沼气、居民用煤炭制品。

3）图书、报纸、杂志。

4）饲料、化肥、农药、农机、农膜。

5）国务院及其他有关部门规定的其他货物。

a. 农产品。农产品是指种植业、养殖业、林业、牧业、水产业生产的各种植物、动物的初级产品。

b. 音像制品和电子出版物。

c. 二甲醚。

d. 密集型烤房设备、频振式杀虫灯、自动虫情测报灯、粘虫板。

e. 农用挖掘机、养鸡设备系列、养猪设备系列产品属于农机。

（2）提供交通运输、邮政、基础电信、建筑、不动产租赁服务，销售不动产，转让土地使用权，税率为9%。

（3）境内单位和个人发生的跨境应税行为，税率为零。具体范围由财政部和国家税务总局另行规定。

（4）纳税人发生应税行为，除本部分13%、9%以及零税率的规定外，税率为6%。

增值税征税范围及
税率四（零税率）

（三） 增值税零税率

中华人民共和国境内（以下简称"境内"）的单位和个人销售的下列服务和无形资产，适用增值税零税率：

（1）国际运输服务。

国际运输服务，是指在境内载运旅客或者货物出境；在境外载运旅客或者货物入境；在境外载运旅客或者货物。

（2）航天运输服务。

（3）向境外单位提供的完全在境外消费的下列服务：研发服务；合同能源管理服务；设计服务；广播影视节目（作品）的制作和发行服务；软件服务；电路设计及测试服务；信息系统服务；业务流程管理服务；离岸服务外包业务。其中，离岸服务外包业务，包括信息技术外包服务（ITO）、技术性业务流程外包服务（BPO）、技术性知识流程外包服务（KPO），其涉及的具体业务活动，按照《销售服务、无形资产、不动产注释》相对应的业务活动执行。

【小提示】

零税率≠免税≠不征税

【想一想】

为什么零税率≠免税？

【练一练】

多项选择题：根据增值税有关规定，下列产品中，适用9%的低税率的有（　　）。

A. 农机配件　　　　　　　　B. 自来水
C. 饲料　　　　　　　　　　D. 工业用煤炭

【小提示】

我国近几年增值税税率多次调整，预计未来还会继续调整，趋势是降低增值税税率，可能会把三档税率调整为二档。请读者注意查看国家税务总局最新法规，读者不必过于关注具体税率的多少，关键是要理解增值税的征收原理。

【想一想】

国家对增值税税率进行调整，对纳税人有什么影响？对国家有什么影响？

（四）增值税的征收率

小规模纳税人增值税的征收率为3%，财政部和国家税务总局另有规定的除外。对于增值税征收率的相关规定，情况比较复杂，故以表的形式列出（见表2-2）。

增值税征收率

表2-2　增值税征收率表

	小规模纳税人	一般纳税人
基本规定	采用简易办法征收增值税，征收率3%	采用一般计税办法征收增值税，按照适用税率；但在特殊情况下也按简易办法，征收率3%
销售旧货（不含自己使用过的）	3%征收率，减按2%	3%征收率，减按2%
销售自己使用过的固定资产	适用3%征收率减按2%	购入时的进项税抵扣过的：适用购入时的税率；进项税未抵扣过的：适用3%征收率，减按2%
销售自己使用过的固定资产以外的货物	3%	适用税率
普通企业（不含个人）转让、出租取得的不动产	5%	购入时的进项税抵扣过的：适用购入时的税率；进项税未抵扣过的：适用征收率5%
房地产企业转让、出租自行开发的不动产	5%	属于新项目（2016年5月1日后开工）的：适用征收率9%；属于老项目（2016年4月30日前开工）的：适用征收率5%
进口货物	适用税率	适用税率
销售所列自产货物	—	销售下列自产货物，可选择按照3%的征收率纳税： 1. 传统纳税人： （1）县级及以下小型水力发电单位（装机容量≤5万千瓦）生产的电力； （2）自产建筑用和生产建筑材料所用的砂、土、石料； （3）以自己采掘的砂、土、石料或其他矿物连续生产的砖、瓦、石灰； （4）自己用微生物、人或动物的血液或组织等制成的生物制品； （5）自产的或自来水公司销量的自来水； （6）自产的商品混凝土。 2. "营改增"纳税人： （1）公共交通运输服务；

续表

	小规模纳税人	一般纳税人
销售所列自产货物	—	(2) 动漫产品的设计、制作服务，以及在境内转让动漫版权； (3) 电影放映服务、仓储服务、装卸搬运服务、收派服务； (4) 以"营改增"试点前取得的有形动产，提供有形动产经营租赁服务； (5) "营改增"试点前签订的，尚未执行完毕的有形动产租赁合同。 【注意】选择简易办法后，36 个月内不得变更
销售货物 属于所列两种情形之一	—	按照 3% 征收率征收： (1) 寄售商店代销寄售物品； (2) 典当业销售死当物品 (3) 经国务院或国务院授权机关批准的免税商店零售的免税品

特别提示：

1. 上述涉及依照 3% 征收率，减按 2% 征收的情形下：

应纳增值税额＝含税售价÷（1＋3%）×2%

2. 个人出售取得的住房，按照 5% 征收率征收增值税，其中：

(1) 购买年限＜2 年的，按销售额全额计税；

(2) 购买年限≥2 年的，免税，但北上广深非普通住房按差额计税。

3. 个人出租住房，按照 5% 征收率征收增值税，减按 1.5% 征收。

4. 个人销售自建自用住房，免税；个人销售自己使用过的物品，免税。

知识链接

根据财政部 税务总局公告 2023 年第 19 号，从 2023 年 1 月 1 日至 2027 年 12 月 31 日，增值税小规模纳税人适用 3% 征收率的应税销售收入，减按 1% 征收率征收增值税；适用 3% 预征率的预缴增值税项目，减按 1% 预征率预缴增值税。

第三节　增值税应纳税额的计算

增值税是以增值额作为课税对象的一种税。增值税的计税方法是以每一生产经营环节上发生的货物或劳务的销售额为计税依据，然后按规定税率计算出货物或劳务的整体税负，同时通过税款抵扣方式将外购项目在以前环节已纳的税款予以扣除，从而完全避免了重复征税。

增值税的计税方法，包括一般计税方法和简易计税方法。

一般纳税人发生应税行为适用一般计税方法计税。一般纳税人发生财政部和国家税务总局规定的特定应税行为，可以选择适用简易计税方法计税，但一经选择，36 个月内不得变更。

小规模纳税人发生应税行为适用简易计税方法计税。

一般计税方法的应纳税额，是指当期销项税额抵扣当期进项税额后的余额。应纳税额计算公式：

<u>应纳税额＝当期销项税额－当期进项税额</u>

其中，当期销项税额等于增值税销售额乘以增值税适用税率；当期进项税额等于购进货物或者接受应税劳务所支付或者负担的增值税额。

计算增值税应纳税额的关键在于正确计算当期增值税销售额、销项税额和进项税额。

即评即测

增值税纳税人
征税范围及税率

一、增值税一般纳税人应纳税额的计算

销项税额，是指纳税人发生应税行为按照销售额和增值税税率计算并收取的增值税额。销项税额的计算公式为：

销项税额＝销售额×适用税率

销项税额的计算取决于销售额和适用税率两个因素。需要特别强调的是，增值税是价外税，公式中的"销售额"必须是不包括收取的销项税额的销售额。

销项税额中销售额
的一般规定

（一）一般销售方式下的销售额

增值税销售额，是指纳税人销售货物或者提供应税劳务，向购买方（承受应税劳务也视为购买方）收取的全部价款和价外费用，但是不包括向购买方收取的销项税额。因为增值税属于价外税，纳税人向购买方销售货物或应税劳务所收取的价款中不包含增值税税款，价款和增值税税款在增值税专用发票上也是分别注明的。但是，如果销售货物是消费税应税产品或进口产品，则全部价款中应当包括消费税或关税。

根据《增值税暂行条例实施细则》的规定，价外费用包括价外向购买方收取的手续费、补贴、基金、集资费、返还利润、奖励费、违约金、滞纳金、延期付款利息、赔偿金、代收款项、代垫款项、包装费、包装物租金、储备费、优质费、运输装卸费以及其他各种性质的价外收费。但下列项目不包括在内：

（1）受托加工应征消费税的消费品所代收代缴的消费税。

（2）同时符合以下条件的代垫运输费用：

1）承运部门的运输费用发票开具给购买方的；

2）纳税人将该项发票转交给购买方的。

（3）同时符合以下条件代为收取的政府性基金或者行政事业性收费：

1）由国务院或者财政部批准设立的政府性基金，由国务院或者省级人民政府及其财政、价格主管部门批准设立的行政事业性收费；

2）收取时开具省级以上财政部门印制的财政票据；

3）所收款项全额上缴财政。

（4）销售货物的同时代办保险等而向购买方收取的保险费，以及向购买方收取的代购买方缴纳的车辆购置税、车辆牌照费。

随同销售货物或提供应税劳务向购买方收取的价外费用，无论其在会计上如何核算，均应并入销售额计算增值税应纳税额。但是，应当注意，对增值税一般纳税人向购买方收取的价外费用和逾期包装物押金，应视为含税收入，在征税时要先换算成不含税收入后再并入销售额。

【练一练】

多项选择题：增值税的计税依据销售额中，价外费用不包含的项目有（　　）。
A. 包装物租金
B. 委托加工应税消费品代收代缴的消费税
C. 增值税税款
D. 包装费、装卸费

【想一想】

为什么税法规定各种性质的价外收费都要并入销售额计算征税？

除了以上的价外费用需要换算成不含税的销售额以外，在实际经济业务活动中，有的一般纳税人，如商品零售企业，将货物或应税劳务直接销售给消费者、小规模纳税人，则只能开具普通发票，而不能开具增值税专用发票。

根据《国家税务总局关于增值税发票管理等有关事项的公告》（国家税务总局公告2019年第33号）的规定，增值税小规模纳税人（其他个人除外）发生增值税应税行为，需要开具增值税专用发票的，可以自愿使用增值税发票管理系统自行开具。

小规模纳税人发生销售货物或应税劳务可以自行开具普通发票和增值税专用发票。出现将销售货物或者应税劳务采用销售额和销项税额合并定价收取的情况，都会形成含税销售额。这样，在计算应纳增值税税额时，应将含增值税的销售额换算成不含增值税的销售额。如果不将含税销售额换算为不含税销售额，就会导致增值税计税环节出现重复纳税的现象，甚至出现物价非正常上涨的情况。

因此，一般纳税人销售货物或者应税劳务取得的含税销售额在计算销项税额时，必须将其换算为不含税的销售额。

将含税销售额换算为不含税销售额的计算公式为：

不含税销售额＝含税销售额÷（1＋税率或征收率）

公式中的税率为销售的货物或者应税劳务按《增值税暂行条例》规定所适用的税率。

纳税人按人民币以外的货币结算销售额，其销售额的人民币折合率可以选择销售额发生的当天或者当月1日的人民币汇率中间价。纳税人应事先确定采用何种折合率，确定后1年内不得变更。

例 2-1

甲航空公司为增值税一般纳税人，提供国内旅客运输服务取得含增值税票款收入 9 990 万元，特价机票改签、变更费 150 万元，代收转付航空意外保险费 200 万元，代收机场建设费（民航发展基金）266.4 万元，代收转付其他航空公司客票款 199.8 万元。已知：交通运输服务增值税税率为 9%，计算该公司应纳销项税额。

解析：

改签和变更费用属于销售收入，代收费用不属于销售收入。

应纳销项税额 =（9 990 + 150）÷（1 + 9%）× 9% = 837.25（万元）

（二） 特殊销售方式下的销售额

折扣方式销售

1. 采取折扣方式销售

一种是折扣销售，又称为"商业折扣"或"价格折扣"，是指销货方为鼓励购买者多买，在销售货物或应税劳务时，因购货方购货数量较大等原因而给予购货方的价格优惠（如购买 5 件，销售价格折扣 10%；购买 10 件，销售价格折扣 20% 等）。由于折扣是在实现销售时同时发生的，因此，税法规定，如果销售额和折扣额在同一张发票"金额"栏上分别注明的，可按折扣后的余额作为销售额计算增值税；如果将折扣额另开发票，不论其在财务上如何处理，均不得从销售额中减除折扣额。

另外，需要特别注意，商业折扣（折扣销售）仅限于货物价格的折扣，如果销货者将自产、委托加工和购买的货物用于实物折扣的，则该实物款额不能从货物销售额中减除，且该实物应按增值税条例"视同销售货物"中的"赠送他人"计算征收增值税。

【想一想】

如果销售额和折扣额在同一张发票上"金额"栏分别注明的，可按折扣后的余额作为销售额计算增值税；如果将折扣额另开发票，不论其在财务上如何处理，均不得从销售额中减除折扣额。请思考为什么会做出这样的规定。

另一种是现金折扣，又称为"销售折扣"，是指销货方在销售货物或应税劳务后，为了鼓励购货方及早偿还货款而协议许诺给予购货方的一种折扣优待（如：10 天内付款，货款折扣 2%；20 天内付款，货款折扣 1%；30 天内全价付款）。现金折扣发生在销货之后，是一种融资性质的理财费用，因此，销售折扣不得从销售额中减除。企业在确定销售额时应把折扣销售与销售折扣严格区分开来。

实务中，还有一种既不是商业折扣也不是现金折扣的折让方式，即销售折让。销售折让是指货物销售后，因其品种、质量等原因购货方未予退货，但销货方需给予购货方的一种价格折让。销售折让与现金折扣相比较，虽然都是在货物销售后发生的，但因为销售折让是由于货物的品种和质量引起销售额的减少，因此，对销售折让可用折让后的货款为销售额。

【比一比】

销售折让和现金折扣有什么区别？为什么税法规定了不同的处理办法？

以旧换新

2. 采取以旧换新方式销售

以旧换新是指纳税人在销售自己的货物时，有偿收回旧货物的行为。根据税法的规定，采取以旧换新方式销售货物的，应按新货物的同期销售价格确定销售额，不得扣减旧货物的收购价格。考虑到金银首饰以旧换新业务的特殊情况，对金银首饰以旧换新业务，可以按销售方实际收取的不含增值税的全部价款征收增值税。

例 2-2

某金店是增值税的一般纳税人，202×年3月采取以旧换新方式销售纯金项链10条，每条新项链的不含税销售额为4 000元，收购旧项链的不含税金额为每条2 000元，计算该金店应纳增值税销项税额。

解析：

应纳增值税销项税额＝（4 000－2 000）×10×13％＝2 600（元）

例 2-3

某家电销售企业为增值税一般纳税人。202×年6月销售H型空调80台，每台含税价款为2 825元；采取"以旧换新"方式销售同型号空调20台，每台旧空调作价500元，实际每台收取款项2 360元。计算该企业当月应纳增值税销项税额。

解析： 纳税人采取以旧换新方式销售货物（不含金银首饰），应当按"新货物"的同期销售价格确定销售额。

应纳增值税销项税额＝2 825÷（1＋13％）×（80＋20）×13％＝32 500（元）

以物易物

3. 采取以物易物方式销售

以物易物是指购销双方不是以货币结算，而是以同等价款的货物相互结算，实现货物购销的一种方式。税法规定，以物易物时双方都应作购销处理，以各自发出的货物核算销售额并计算销项税额，以各自收到的货物按规定核算购货额并计算进项税额。

4. 包装物押金是否计入销售额

包装物押金

税法规定，纳税人为销售货物而出租、出借包装物收取的押金，单独记账核算，时间在1年以内，又未过期的，不并入销售额征税，但对因逾期未收回包装物不再退还的押金，应按所包装货物的适用税率计算销项税额。逾期是指按合同约定实际逾期或以1年为期限，对收取1年以上的押金，无论是否退还均并入销售额征税。当然，在将包装物押金并入销售额征税时，需要先将该押金换算为不含税价，再并入销售额征税。对于个别包装物周转使用期限较长的，报经税务机关确定后，可适当放宽逾期期限。

《财政部 国家税务总局关于酒类产品包装物押金征税问题的通知》（国税发〔1995〕53号）文件规定，从1995年6月1日起，对销售除啤酒、黄酒外的其他酒类产品而收取的包装物押金，无论是否返还以及会计上如何核算，均应并入当期销售额征税。对销售啤酒、黄酒所收取的押金，按上述一般押金的规定处理。

另外，包装物押金不应混同于包装物租金，包装物租金在销货时作为价外费用并入销售额计算销项税额。

5. 对视同销售货物行为的销售额的确定

本章第二节"征税范围"中已列明了单位和个体经营者的视同销售货物行为。视同销售货物行为中某些行为由于不是以资金的形式反映出来的，因此会出现无销售额的现象。对此，税法规定，对视同销售征税而无销售额的按下列顺序确定其销售额：

销项税额中视同
销售情形下的
销售额的确定

（1）按纳税人最近时期同类货物的平均销售价格确定；

（2）按其他纳税人最近时期同类货物的平均销售价格确定；

（3）按组成计税价格确定。组成计税价格的计算公式为：

组成计税价格＝成本×（1＋成本利润率）

征收增值税的货物，同时又征收消费税的，其组成计税价格中应加计消费税税额。其组成计税价格公式为：

组成计税价格＝成本×（1＋成本利润率）＋消费税税额

或：

组成计税价格＝成本×（1＋成本利润率）÷（1－消费税税率）

公式中的成本：销售自产货物的为实际生产成本，销售外购货物的为实际采购成本。公式中的成本利润率由国家税务总局确定。

另外，纳税人销售货物或者提供应税劳务的价格明显偏低且无正当理由的，或者视同销售行为而无销售额的，由主管税务机关核定其销售额。核定的方法和程序与上面视同销售的销售额的确定完全一样。

例 2 - 4

甲商店为增值税一般纳税人，将一批自制糕点作为职工福利，成本为 7 020 元，没有同类产品的销售价格，已知增值税税率为 13%，成本利润率为 10%，计算该商店应纳增值税销项税额。

解析：

（1）将自产糕点用于职工福利，应视同销售货物。

（2）没有同类货物销售价格，只能组成计税价格计算：

组成计税价格＝成本×（1＋成本利润率）＝7 020×（1＋10%）＝7 722（元）

应纳增值税销项税额＝7 722×13%＝1 003.86（元）

6. 进口货物的增值税计税价格的确定

纳税人进口货物，以组成计税价格为计算其增值税的计税依据。其计算公式如下：

组成计税价格＝关税完税价格＋关税＋消费税

或：

组成计税价格＝关税完税价格×（1＋关税税率）÷（1－消费税税率）

7. 因销售货物退回或者折让退还给购买方的增值税额的税务处理

纳税人适用一般计税方法计税的,因销售折让、中止或者退回而退还给购买方的增值税额,应当从当期的销项税额中扣减;因销售折让、中止或者退回而收回的增值税额,应当从当期的进项税额中扣减。

一般纳税人销售货物或者应税劳务,开具增值税专用发票后,发生销售货物退回或者折让、开票有误等情形,应按国家税务总局的规定开具红字增值税专用发票。未按规定开具红字增值税专用发票的,增值税额不得从销项税额中扣减。

【练一练】

多项选择题:根据增值税法律制度的规定,下列各项业务的处理方法中,不正确的有( )。

A. 纳税人销售货物或提供应税劳务,采用价税合并定价并合并收取的,以不含增值税的销售额为计税销售额

B. 纳税人以价格折扣方式销售货物,不论折扣额是否在同一张发票上注明,均以扣除折扣额以后的销售额为计税销售额

C. 纳税人采取以旧换新方式销售货物,以扣除旧货物折价款以后的销售额为计税销售额

D. 纳税人采取以物易物方式销售货物,购销双方均应作购销处理,以各自发出的货物核算计税销售额并计算销项税额,以各自收到的货物核算购货额并计算进项税额

(三) 进项税额的计算

进项税额,是指纳税人购进货物、加工修理修配劳务、服务、无形资产或者不动产,支付或者负担的增值税额。

进项税额与销项税额是一个相对应的概念。它们之间的对应关系是:一般纳税人在同一笔业务中,销售方收取的销项税额,就是购买方支付的进项税额。在一个纳税期间内,纳税人收取的销项税额抵扣其支付的进项税额,其余额为纳税人当期实际应缴纳的增值税额。因为进项税额可以抵扣销项税额,直接影响纳税人应纳增值税额的多少,所以,税法对准予从销项税额中抵扣的进项税额做出了严格的规定。需要特别注意的是,并不是纳税人支付的所有进项税额都可以从销项税额中抵扣。

准予从销项税额中抵扣的进项税额

1. 准予从销项税额中抵扣的进项税额项目

根据规定,准予从销项税额中抵扣的进项税额,限于下列增值税扣税凭证上注明的增值税税额和按规定的扣除率计算的进项税额。

(1) 从销售方取得的增值税专用发票(含税控机动车销售统一发票,下同)上注明的增值税额。

(2) 从海关取得的海关进口增值税专用缴款书上注明的增值税额。

(3) 购进农产品,除取得增值税专用发票或者海关进口增值税专用缴款书外,按照农产品收购发票或者销售发票上注明的农产品买价乘以

扣除率计算的进项税额。纳税人购进农产品后直接对外出售的扣除率为 9%；纳税人购进用于生产销售或委托加工 13% 税率货物的农产品，按照 10% 的扣除率计算进项税额。例如：购入番茄加工番茄酱，则购入的番茄按 10% 抵扣进项税额，如果直接对外出售，则按 9% 抵扣进项税额。

计算公式为：进项税额＝买价×扣除率。

对于这项规定，需要说明的是：

1）所谓"农产品"，是指直接从事植物的种植、收割和动物的饲养、捕捞的单位和个人销售的自产而且免征增值税的农业产品。

购进农产品
相关规定

2）购买农产品的买价，包括纳税人购进农产品时在农产品收购发票或者销售发票上注明的价款和按规定缴纳的烟叶税。

3）对烟叶税纳税人按规定缴纳的烟叶税，准予并入烟叶产品的买价计算增值税的进项税额，并在计算缴纳增值税时予以抵扣。即购进烟叶准予抵扣的增值税进项税额，按照《中华人民共和国烟叶税法》及财政部、国家税务总局印发《关于烟叶税若干具体问题的规定》的通知（财税〔2006〕64 号）规定的烟叶收购金额和烟叶税及法定扣除率计算。烟叶收购金额包括纳税人支付给烟叶销售者的烟叶收购价款和价外补贴，价外补贴统一暂按烟叶收购价款的 10% 计算；在计算进项税额时，价外补贴为实际支付的金额。计算公式如下：

烟叶税应纳税额＝烟叶收购金额×税率（20%）

准予抵扣的进项税额＝（烟叶收购金额＋烟叶税应纳税额）×扣除率

例 2-5

某超市为增值税一般纳税人，从农民手中收购一批番茄，农产品收购发票上注明的收购价款为 8 000 元。该超市将番茄清洗并包装后，出售给了甲企业，开具增值税专用发票上注明的价税合计金额为 10 900 元。已知，该超市销售农产品适用的税率为 9%，计算该超市应纳增值税税额。

解析：纳税人购进免税农产品用于生产销售或委托受托加工"9% 税率货物"，按照农产品收购发票或农产品销售发票上注明的买价和 9% 的扣除率计算抵扣进项税额。

应纳增值税税额＝10 900÷（1+9%）×9%−8 000×9%＝180（元）

（4）从境外单位或者个人购进服务、无形资产或者不动产，自税务机关或者扣缴义务人取得的解缴税款的完税凭证上注明的增值税额。

纳税人取得的增值税扣税凭证不符合法律、行政法规或者国家税务总局有关规定的，其进项税额不得从销项税额中抵扣。增值税扣税凭证，是指增值税专用发票、海关进口增值税专用缴款书、农产品收购发票、农产品销售发票和完税凭证。纳税人凭完税凭证抵扣进项税额的，应当具备书面合同、付款证明和境外单位的对账单或者发票。资料不全的，其进项税额不得从销项税额中抵扣。

（5）纳税人购进国内旅客运输服务，其进项税额允许从销项税额中抵扣。

1）取得增值税电子普通发票的，进项税额为发票上注明的税额。

购进国内旅客运输服务

2）取得注明旅客身份信息的航空运输电子客票行程单的，按照下列公式计算进项税额：

$$航空旅客运输进项税额＝（票价＋燃油附加费）÷（1＋9\%）×9\%$$

3）取得注明旅客身份信息的铁路车票的，按照下列公式计算进项税额：

$$铁路旅客运输进项税额＝票面金额÷（1＋9\%）×9\%$$

4）取得注明旅客身份信息的公路、水路等其他客票的，按照下列公式计算进项税额：

$$公路、水路等其他旅客运输进项税额＝票面金额÷（1＋3\%）×3\%$$

（6）先进制造业等的加计抵减。

自 2023 年 1 月 1 日至 2027 年 12 月 31 日，允许先进制造业企业按照当期可抵扣进项税额加计 5% 抵减应纳增值税税额。先进制造业企业是指高新技术企业（含所属的非法人分支机构）中的制造业一般纳税人，高新技术企业是指按照《科技部 财政部 国家税务总局关于修订印发〈高新技术企业认定管理办法〉的通知》规定认定的高新技术企业。先进制造业企业具体名单，由各省、自治区、直辖市、计划单列市工业和信息化部门会同同级科技、财政、税务部门确定。

自 2023 年 1 月 1 日至 2027 年 12 月 31 日，允许集成电路设计、生产、封测、装备、材料企业（以下简称"集成电路企业"），按照当期可抵扣进项税额加计 15% 抵减应纳增值税税额（以下简称"加计抵减政策"）。对适用加计抵减政策的集成电路企业采取清单管理，具体适用条件、管理方式和企业清单由工业和信息化部会同发展改革委、财政部、税务总局等部门制定。

【想一想】

国家出台高新技术企业等加计抵减进项税政策的目的是什么？

2. 不得从销项税额中抵扣的进项税额

不得从销项税额中抵扣的进项税额

纳税人购进货物或者应税劳务，取得的增值税扣税凭证不符合法律、行政法规或者国务院税务主管部门有关规定的，其进项税额不得从销项税额中抵扣。所谓"增值税扣税凭证"，是指增值税专用发票、海关进口增值税专用缴款书、农产品收购发票和农产品销售发票、从税务或者代理人取得的解缴税款凭证及增值税法律法规允许抵扣的其他扣税凭证。

根据增值税法律法规的规定，下列项目的进项税额不得从销项税额中抵扣：

（1）用于简易计税方法计税项目、免征增值税项目、集体福利或者个人消费的购进货物、加工修理修配劳务、服务、无形资产和不动产。其中涉及的固定资产、无形资产、不动产，仅指专用于上述项目的固定资产、无形资产（不包括其他权益性无形资产）、不动产。纳税人的交际应酬消费属于个人消费。

服务，是指交通运输服务、邮政服务、电信服务、建筑服务、金融服务、现代服务、生活服务。

固定资产，是指使用期限超过 12 个月的机器、机械、运输工具以及其他与生产经营有关的设备、工具、器具等有形动产。

无形资产，是指不具有实物形态，但能带来经济利益的资产，包括技术、商标、著作权、商誉、自然资源使用权和其他权益性无形资产。

不动产，是指不能移动或者移动后会引起性质、形状改变的财产，包括建筑物、构筑物等。

（2）非正常损失的购进货物，以及相关的加工修理修配劳务和交通运输服务。

非正常损失，是指因管理不善造成货物被盗、丢失、霉烂变质，以及因违反法律法规造成货物或者不动产被依法没收、销毁、拆除的情形。

（3）非正常损失的在产品、产成品所耗用的购进货物（不包括固定资产）、加工修理修配劳务和交通运输服务。

（4）非正常损失的不动产，以及该不动产所耗用的购进货物、设计服务和建筑服务。

（5）非正常损失的不动产在建工程所耗用的购进货物、设计服务和建筑服务。纳税人新建、改建、扩建、修缮、装饰不动产，均属于不动产在建工程。

（6）购进的贷款服务、餐饮服务、居民日常服务和娱乐服务。

（7）国务院财政、税务主管部门规定的纳税人自用消费品。

（8）小规模纳税人不得抵扣进项税额。但是，一般纳税人取得由小规模纳税人开的增值税专用发票，可以将专用发票上填写的税额作为进项税额计算抵扣。

（9）按简易办法征收增值税的优惠政策，不得抵扣进项税额。

（10）进口货物，在海关计算缴纳进口环节增值税额（海关进口增值税专用缴款书上注明的增值税额）时，不得抵扣发生在中国境外的各种税金（包括销项税额）。

（11）因进货退出或折让而收回的进项税额，应从发生进货退出或折让当期的进项税额中扣减。

（12）财政部和国家税务总局规定的其他情形。

适用一般计税方法的纳税人，兼营简易计税项目、免税项目而无法划分不得抵扣的进项税额，应按照下列公式计算不得抵扣的进项税额：

$$不得抵扣的进项税额 = 当期无法划分的全部进项税额 \times （当期简易计税方法计税$$
$$项目销售额 + 免征增值税项目销售额） \div 当期全部销售额$$

例 2-6

某一般纳税人药厂 3 月份销售抗生素药品 113 万元（含税），销售免税药品 50 万元，当月购入生产用原材料一批，取得增值税专用发票上注明税款 6.3 万元，抗生素药品与免税药品无法划分耗料情况，计算不得抵扣的进项税额。

解析：

不得抵扣的进项税额 = $6.3 \times 50 \div [113 \div （1+13\%）+50] = 2.1$（万元）

3. 进项税额转出

（1）已抵扣进项税额的购进货物或者应税劳务发生上述（1）～（7）规定的情形的，应当将该项购进货物或者应税劳务的进项税额从当期的进项税额中扣减；无法确定该项进

进项税额转出

项税额的，按当期实际成本计算应扣减的进项税额。

实际成本＝进价＋运费＋保险费＋其他有关费用

应扣减的进项税额＝实际成本×征税时该货物或应税劳务适用
的税率

（2）已抵扣进项税额的固定资产、无形资产或者不动产，发生上述
情形的，按照下列公式计算不得抵扣的进项税额：

不得抵扣的进项税额＝固定资产、无形资产或者不动产净值×适用税率

固定资产、无形资产或者不动产净值，是指纳税人根据财务会计制度计提折旧或摊销
后的余额。

例 2-7

某一般纳税人企业于 2022 年 6 月购入一台生产设备，增值税专用发票上注明的买价
为 100 万元，增值税为 13 万元，2024 年 6 月因管理不善烧毁，烧毁时已计提折旧 20 万
元，计算不得抵扣的进项税额。

解析：

不得抵扣的进项税额＝（100－20）×13％＝10.4（万元）

例 2-8

202×年 4 月 6 日，某公司向当地税务机关申报纳税，结清 3 月份应缴纳税款。4 月
20 日，税务机关在对该公司 3 月份纳税情况实施税务稽核时发现：该公司外购一批用于生
产护肤护发品的原料并验收入库，支付货款（含增值税）33 900 元，取得对方开具的增值
税专用发票上注明的增值税税额为 3 900 元。经核查，该批原料因管理不善已被盗窃，但
其进项税额已从 3 月份销项税额中抵扣。

解析：

根据《增值税暂行条例》的规定，非正常损失的购进货物及相关的应税劳务中包含的
进项税额不得从销项税额中抵扣。这里的"非正常损失"，是指因管理不善造成被盗、丢
失、霉烂变质的损失。

本例中，某公司外购的原料因为管理不善被盗，其进项税额应该做转出处理，作为当
月应纳税额的增加。

【小提示】

购进货物或者应税劳务发生上述（1）～（7）规定的情形的，如果是购进的时候
就知道用途的，进项税额直接进成本，不抵扣销项税额；如果购进后改变用途为可以
抵扣的项目，则转增进项税额；如果（1）～（7）规定的情形在前期已经抵扣过进项
税额，那么本期就扣减进项税额。

（四） 增值税应纳税额的计算

一般纳税人
应纳税额

（1）一般纳税人销售货物或者提供应税劳务，其应纳税额为当期销项税额抵扣当期进项税额后的余额。应纳税额的计算公式为：

应纳税额＝当期销项税额－当期进项税额

因当期销项税额小于当期进项税额不足抵扣时，其不足抵扣部分可以结转下期继续抵扣。

（2）一般纳税人生产、销售的一些特殊货物采用简易办法计算增值税应纳税额，按照销售额和规定的征收率计算。应纳税额计算公式为：

应纳税额＝销售额×征收率

（3）进口的应税货物，按照组成计税价格和规定的增值税税率计算应纳税额，不得抵扣进项税额。应纳税额计算公式为：

应纳税额＝组成计税价格×税率

组成计税价格＝关税完税价格＋关税＋消费税

从以上计算公式中可以看出，进口货物增值税的组成计税价格中包括已纳关税税额，如果进口货物属于应税消费品，其组成计税价格中还应包括已纳消费税税额。

例 2-9

A公司为增值税一般纳税人。202×年10月从国外进口一批服装面料，海关审定的完税价格为50万元，该批服装布料分别按5%和13%的税率向海关缴纳了关税和进口环节增值税，并取得了相关完税凭证。

该批服装布料当月加工成服装后全部在国内销售，取得销售收入100万元（不含增值税），同时支付运费，取得增值税专用发票上注明的运输费3万元。

要求：（1）计算该公司当月进口服装布料应缴纳的增值税税额。

（2）计算该公司当月允许抵扣的增值税进项税额。

（3）计算该公司当月销售服装应缴纳的增值税税额。

解析：

（1）增值税组成计税价格＝50＋50×5%＝52.5（万元）。

进口环节应缴纳增值税＝52.5×13%＝6.825（万元）。

（2）当月允许抵扣的增值税进项税额＝6.825＋3×9%＝7.095（万元）。

（3）销项税额＝100×13%＝13（万元）。

应缴纳的增值税额＝13－7.095＝5.905（万元）。

例 2-10

某酒厂为增值税一般纳税人，主要生产白酒和果酒。202×年8月生产经营情况如下：

（1）购进业务：从国内购进生产用原材料，取得增值税专用发票，注明价款98.46万元、增值税12.8万元，由于运输途中保管不善，原材料丢失3%；从国内购进一台生产用机器设备，取得增值税专用发票，注明价款10万元、增值税1.3万元；从小规模纳税人购进劳保用品，取得税务机关代开的增值税专用发票，注明价款 2 万元、增值税 0.06 万元。

（2）材料领用情况：单位幼儿园领用以前月份购进的已经抵扣进项税额的材料，成本 5 万元。

（3）销售业务：采用分期收款方式销售白酒，合同规定，不含税销售额共计 200 万元，本月应收回 60% 货款，其余货款于 9 月 10 日前收回，本月实际收回货款 50 万元。 销售果酒取得不含税销售额 15 万元，另收取优质费 3.39 万元。

假定本月取得的相关票据符合税法规定并在本月认证抵扣。

要求：计算企业应纳增值税税额。 （注：根据 2010 年中级会计职称考试简答题改编）

解析：

运输途中因保管不善丢失的 3% 的原材料的进项税额不得抵扣。

单位幼儿园领用以前月份购进的已经抵扣进项税额的材料作进项税额转出处理。

根据规定，以分期收款方式销售货物的，增值税的纳税义务发生时间为书面合同约定的收款日期的当天；无书面合同的或者书面合同没有约定收款日期的，为货物发出的当天。

销售果酒取得的优质费作为价外费用计算缴纳增值税。

（1）该企业准予从销项税额中抵扣的进项税额 = 12.8 × （1 - 3%）+ 1.3 + 0.06 - 5 × 13% = 13.126 （万元）。

（2）当期销项税额 = 200 × 60% × 13% + 15 × 13% + 3.39 ÷ （1 + 13%）× 13% = 17.94 （万元）。

（3）当期应纳增值税税额 = 17.94 - 13.126 = 4.814 （万元）。

例 2 - 11

①甲公司为增值税一般纳税人，主要提供餐饮、住宿服务。 202 × 年 8 月有关经营情况如下：

（1）提供餐饮、住宿服务取得含增值税收入 424 万元。

（2）出租餐饮设备取得含增值税收入 11.3 万元，出租房屋取得含增值税收入 5.45 万元。

（3）从农业合作社购进蔬菜，取得农产品销售发票注明买价 10 万元。

（4）发生员工出差火车票支出 1.09 万元。

（5）购进卫生用具一批，取得增值税专用发票注明税额 16 万元。

要求：计算甲公司当月应纳增值税税额。

解析：

餐饮、住宿属于生活服务业，税率为 6%；餐饮设备出租属于动产租赁，税率为 13%；房屋出租属于不动产租赁，税率为 9%。

增值税销项税额 = 424 ÷ （1 + 6%）× 6% + 11.3 ÷ （1 + 13%）× 13% + 5.45

---

① 本例题根据 2018 年初级会计职称考试不定项选择题改编。

$$\div (1+9\%) \times 9\%$$
$$=24+1.3+0.45=25.75 （万元）$$

购进免税农产品，取得农产品销售发票的，按买价乘以扣除率9%计算抵扣进项税额；一般纳税人购进国内旅客运输服务，其进项税额允许从销项税额中抵扣。

可以抵扣的进项税额$=10\times 9\%+1.09\div (1+9\%)\times 9\%+16$
$$=0.9+0.09+16=16.99 （万元）$$
当月应纳增值税税额$=25.75-16.99=8.76 （万元）$

二、增值税小规模纳税人应纳税额的计算

简易计税应纳
税额的计算

小规模纳税人销售货物或者提供应税劳务，按照销售额和规定的征收率，实行简易办法计算应纳税额，不得抵扣进项税额。应纳税额计算公式为：

应纳税额＝不含税销售额×征收率

小规模纳税人在计算应纳税额时，必须将含税销售额换算为不含税的销售额后才能计算应纳税额。小规模纳税人不含税销售额的换算公式为：

不含税销售额＝含税销售额÷（1＋征收率）

根据《增值税暂行条例实施细则》的规定，小规模纳税人因销售货物退回或者折让退还给购买方的销售额，应从发生销售货物退回或者折让当期的销售额中扣减。

纳税人确定销售额的两个要点：一是以所有增值税应税销售行为（包括销售货物、劳务、服务、无形资产和不动产）合并计算销售额，判断是否达到免税标准。为剔除偶然发生的不动产销售业务的影响，使纳税人更充分享受政策，小规模纳税人合计月销售额超过10万元（以1个季度为1个纳税期的，季度销售额超过30万元），但扣除本期发生的销售不动产的销售额后未超过10万元的，其销售货物、劳务、服务、无形资产取得的销售额，也可享受小规模纳税人免税政策。二是适用增值税差额征税政策的，以差额后的余额为销售额，确定其是否可以享受小规模纳税人免税政策。

例如，按季度申报的小规模纳税人甲企业在2024年4月销售货物取得收入10万元，5月提供建筑服务取得收入20万元，同时向其他建筑企业支付分包款12万元，6月销售自建的不动产取得收入200万元。建筑业分包是按差额计算销售额，则甲企业2024年第二季度（4—6月）差额后合计销售额218（＝10＋20－12＋200）万元，超过30万元，但是扣除200万元不动产，差额后的销售额是18（＝10＋20－12）万元，不超过30万元，可以享受小规模纳税人免税政策。同时，纳税人销售不动产200万元应依法纳税。

例 2-12

广州市星辰有限责任公司系小规模纳税人。2024年第三季度该商店发生如下业务：

（1）销售服装取得含增值税销售额505 000元，开具了增值税专用发票。

（2）购进办公用品一批，支付货款13 500元、增值税税款135元。

（3）当月销售办公用品取得含税销售额101 000元，开具了增值税普通发票；销售给一

般纳税人某公司仪器两台，取得不含增值税销售额 38 500 元，已经开具增值税专用发票。

　　要求：计算该公司第三季度增值税应纳税额。

　　解析：

　　小规模纳税人销售货物或者提供应税劳务，按照销售额和征收率，实行简易办法计算应纳税额，不得抵扣进项税额。 2023 年 1 月 1 日至 2027 年 12 月 31 日小规模纳税人起征点为月销售额 10 万元，季度销售额 30 万元，该企业的季度销售额超过 30 万元，需要缴纳增值税，征收率为 1%。

　　　　该商店三季度增值税应纳税额＝不含税销售额×征收率

　　　　不含税销售额＝含税销售额÷（1＋征收率）

　　　　　　　　　　＝（505 000＋101 000）÷（1＋1％）＋38 500＝638 500（元）

　　　　应纳增值税税额＝638 500×1％＝6 385（元）

【小提示】

　　在计算时要注意看是含税价还是不含税价，题目给的含税价要换算为不含税价。请读者注意，每年的税收政策不同，但是，基本原理是相同的，小规模纳税人采用简易计税方法，不得抵扣进项税额。

例 2－13

　　某超市为增值税小规模纳税人。 2024 年第二季度，该超市取得货物不含税销售额 282 800 元；向困难群体捐赠部分外购商品，该部分商品市场不含税销售价为 5 050 元；向职工发放部分外购商品作为节日福利，该部分商品市场售价为 3 700 元。

　　要求：计算该超市第二季度应纳增值税税额。

　　解析：

　　对外捐赠时有同类产品销售价，以销售价为计税依据；向职工发放外购商品作为节日福利，属于进项税额不得抵扣，由于是小规模纳税人，不存在抵扣进项税的情况。

　　　　第二季度销售额＝282 800＋5 050＝287 850（元）

　　根据最新的小规模纳税人的税收优惠政策，小规模纳税人季度销售额小于 30 万元的，免征增值税，因此，该纳税人本季度免增值税。

知识链接

　　2023 年到 2027 年小规模纳税人开具增值税专用发票无论是否超过起征点，均要缴纳增值税，开具普通发票则要看是否超过起征点，只有超过起征点才需要按 1％缴纳增值税。城市维护建设税、教育费附加和地方教育附加等以增值税为计税依据的税费按现行政策享受减半征收的优惠，免征增值税的情况下，附加税同时享受减免。2023—2027 年小规模纳税人开具发票享受税收优惠情况表，如表 2－3 所示。

表 2 - 3 　 2023 年—2027 年小规模纳税人开具发票享受税收优惠情况表

税种　　　　　　　销售额	季度销售额≤30 万元 征收率 1%		季度销售额>30 万元 征收率 1%
	普票	专票	普票、专票
增值税	免征	全额征收	全额征收
城市维护建设税	免征	减半征收	减半征收
教育费附加	免征	免征	减半征收
地方教育附加	免征	免征	减半征收

三、增值税的税收优惠政策

增值税传统
免税项目

（一）减免税

1. 免征增值税

根据《增值税暂行条例》的规定，下列项目免征增值税：

（1）农业生产者销售的自产农产品。

（2）避孕药品和用具。

（3）古旧图书，即指向社会收购的古书和旧书。

（4）直接用于科学研究、科学试验和教学的进口仪器、设备。

（5）外国政府、国际组织无偿援助的进口物资和设备。

（6）由残疾人的组织直接进口供残疾人专用的物品。

（7）销售的自己使用过的物品，即指其他个人自己使用过的物品。

（8）除前面的七项规定外，增值税的免税、减税项目由国务院规定。任何地区、部门均不得规定免税、减税项目。

纳税人兼营免税、减税项目的，应当分别核算免税、减税项目的销售额；未分别核算销售额的，不得免税、减税。

2. "营改增"试点过渡政策的免税规定

根据《关于全面推开营业税改征增值税试点的通知》（财税〔2016〕36 号），境内的单位和个人销售的下列服务和无形资产免征增值税，但财政部和国家税务总局规定适用增值税零税率的除外：

"营改增"试点过
渡政策的免税规定

（1）托儿所、幼儿园提供的保育和教育服务。

（2）养老机构提供的养老服务。

（3）残疾人福利机构提供的育养服务。

（4）婚姻介绍服务。

（5）殡葬服务。

（6）残疾人员本人为社会提供的服务。

（7）医疗机构提供的医疗服务。

（8）从事学历教育的学校提供的教育服务。

（9）学生勤工俭学提供的服务。

（10）农业机耕、排灌、病虫害防治、植物保护、农牧保险以及相关技术培训业务，家禽、牲畜、水生动物的配种和疾病防治。

（11）纪念馆、博物馆、文化馆、文物保护单位管理机构、美术馆、展览馆、书画院、图书馆在自己的场所提供文化体育服务取得的第一道门票收入。

（12）寺院、宫观、清真寺和教堂举办文化、宗教活动的门票收入。

（13）行政单位之外的其他单位收取的符合《试点实施办法》第十条规定条件的政府性基金和行政事业性收费。

（14）个人转让著作权。

（15）个人销售自建自用住房。

（16）公共租赁住房经营管理单位出租公共租赁住房。

（17）台湾航运公司、航空公司从事海峡两岸海上直航、空中直航业务在大陆取得的运输收入。

（18）纳税人提供的直接或者间接国际货物运输代理服务。

（19）以下利息收入：

1）金融机构农户小额贷款。

2）国家助学贷款。

3）国债、地方政府债。

4）人民银行对金融机构的贷款。

5）住房公积金管理中心用住房公积金在指定的委托银行发放的个人住房贷款。

6）外汇管理部门在从事国家外汇储备经营过程中，委托金融机构发放的外汇贷款。

7）统借统还业务中，企业集团或企业集团中的核心企业以及集团所属财务公司按不高于支付给金融机构的借款利率水平或者支付的债券票面利率水平，向企业集团或者集团内下属单位收取的利息。

（20）被撤销金融机构以货物、不动产、无形资产、有价证券、票据等财产清偿债务。

（21）保险公司开办的一年期以上人身保险产品取得的保费收入。

（22）下列金融商品转让收入：

1）合格境外投资者（QFII）委托境内公司在我国从事证券买卖业务。

2）香港市场投资者（包括单位和个人）通过沪港通买卖上海证券交易所上市 A 股。

3）对香港市场投资者（包括单位和个人）通过基金互认买卖内地基金份额。

4）证券投资基金（封闭式证券投资基金、开放式证券投资基金）管理人运用基金买卖股票、债券。

5）个人从事金融商品转让业务。

（23）金融同业往来利息收入。

（24）符合条件的担保机构从事中小企业信用担保或者再担保业务取得的收入（不含信用评级、咨询、培训等收入）3 年内免征增值税。

（25）国家商品储备管理单位及其直属企业承担商品储备任务，从中央或者地方财政取得的利息补贴收入和价差补贴收入。

（26）纳税人提供技术转让、技术开发和与之相关的技术咨询、技术服务。

（27）符合条件的合同能源管理服务。

（28）科普单位的门票收入，以及县级及以上党政部门和科协开展科普活动的门票收入。

（29）政府举办的从事学历教育的高等、中等和初等学校（不含下属单位），举办进修班、培训班取得的全部归该学校所有的收入。

（30）政府举办的职业学校设立的主要为在校学生提供实习场所、并由学校出资自办、由学校负责经营管理、经营收入归学校所有的企业，从事《销售服务、无形资产或者不动产注释》中"现代服务"（不含融资租赁服务、广告服务和其他现代服务）、"生活服务"（不含文化体育服务、其他生活服务和桑拿、氧吧）业务活动取得的收入。

（31）家政服务企业由员工制家政服务员提供家政服务取得的收入。

（32）福利彩票、体育彩票的发行收入。

（33）军队空余房产租赁收入。

（34）为了配合国家住房制度改革，企业、行政事业单位按房改成本价、标准价出售住房取得的收入。

（35）将土地使用权转让给农业生产者用于农业生产。

（36）涉及家庭财产分割的个人无偿转让不动产、土地使用权。

（37）土地所有者出让土地使用权和土地使用者将土地使用权归还给土地所有者。

（38）县级以上地方人民政府或自然资源行政主管部门出让、转让或收回自然资源使用权（不含土地使用权）。

（39）随军家属就业。

（40）军队转业干部就业。

（41）提供社区养老、托育、家政等服务取得的收入。

（二）起征点

根据《增值税暂行条例》的规定，纳税人销售额未达到国务院财政、税务主管部门规定的增值税起征点的，免征增值税；达到起征点的，依照《增值税暂行条例》的规定全额计算缴纳增值税。

根据《增值税暂行条例实施细则》的规定，增值税起征点的适用范围限于个人。对增值税起征点的幅度规定如下：

按期纳税的，为月销售额 5 000～20 000 元（含本数）；

按次纳税的，为每次（日）销售额 300～500 元（含本数）。

所谓"销售额"，是指作为小规模纳税人的个人不含税的销售额。省、自治区、直辖市财政厅（局）和国家税务局应在规定的幅度内，根据实际情况确定本地区适用的起征点，并报财政部、国家税务总局备案。

（三）小规模纳税人减免税

小规模纳税人
减免税

《财政部 税务总局关于增值税小规模纳税人减免增值税政策的公告》（2023 年第 19 号）规定：对月销售额 10 万元以下（含本数）的增值税小规模纳税人，免征增值税。

增值税小规模纳税人适用 3％征收率的应税销售收入，减按 1％征收率征收增值税；适用 3％预征率的预缴增值税项目，减按 1％预缴增值税。公告执行至 2027 年 12 月 31 日。

适用增值税差额征税政策的小规模纳税人，以差额后的销售额确定是否可以享受规定的免征增值税政策。

（四）放弃免税

即评即测

增值税应纳税额
的计目

纳税人销售货物或应税劳务适用免税规定的，可以放弃免税，依照《增值税暂行条例》的规定缴纳增值税。放弃免税后，36 个月内不得再申请免税。

生产和销售免征增值税货物或劳务的纳税人要求放弃免税权，应当以书面形式提交放弃免税权声明，报主管税务机关备案。纳税人自提交备案资料的次月起，依照现行规定缴纳增值税。纳税人一经放弃免税权，其生产销售的全部增值税应税货物或劳务均应按照适用税率征税，不得选择某一免税项目放弃免税权，也不得根据不同的销售对象选择部分货物或劳务放弃免税权。

第四节　增值税的出口退（免）税

出口产品退（免）税，是国际上通行的税收规则，目的在于鼓励本国产品出口，使本国产品以不含税价格进入国际市场，增强本国产品的竞争能力。按照《增值税暂行条例》的规定，我国继续实行"纳税人出口货物，税率为零；但是，国务院另有规定的除外"的优惠政策。所谓"零税率"，是指货物在出口时整体税负为零，不但出口环节不必纳税，而且还可以退还以前环节已纳税款。

一、出口货物退（免）税概述

（一）出口货物退（免）税基本政策

目前，我国的出口货物税收政策分为以下三种形式：

1. 出口免税并退税

出口免税是指对货物、劳务和跨境应税行为在出口销售环节免征增值税、消费税，这是把货物、劳务和跨境应税行为出口环节与出口前的销售环节都同样视为一个征税环节；出口退税是指对货物、劳务和跨境应税行为在出口前实际承担的税收负担，按规定的退税率计算后予以退还。

2. 出口免税不退税

出口免税的含义同上。出口不退税是指适用这个政策的出口货物、劳务和跨境应税行为因在前一道生产、销售环节或进口环节是免税的，因此，出口时该货物、劳务和跨境应税行为的价格中本身就不含税，也无须退税。

3. 出口不免税也不退税

出口不免税是指对国家限制或禁止出口的某些货物、劳务和跨境应税行为的出口环节视同内销环节，照常征税；出口不退税是指对这些货物、劳务和跨境应税行为出口不退还出口前其所负担的税款。适用这个政策的主要是税法列举限制或禁止出口的货物，如天然牛黄、麝香等。

（二）出口货物退（免）税的适用范围

《财政部 国家税务总局关于出口货物劳务增值税和消费税政策的通知》（财税〔2012〕39 号）规定，出口货物除国家明确规定不予退（免）税的货物外，都属于出口退（免）税的范围。

增值税出口退（免）税的"出口货物"，必须同时具备以下条件：

（1）属于增值税、消费税征税范围的货物。

（2）经中华人民共和国海关报关离境的货物。

（3）财务会计上作对外销售处理的货物。

（4）出口结汇（部分货物除外）并已核销的货物。

出口货物退（免）税的范围：

（1）下列企业出口的货物，除另有规定外，给予免税并退税：

1）生产企业自营出口或委托外贸企业代理出口的自产货物。

2）有出口经营权的外贸企业收购后直接出口或委托其他外贸企业代理出口的货物。

3）特定出口货物。

有些出口货物虽然不同时具备出口货物的四个条件，但由于其销售方式、消费环节、结算办法的特殊性，国家准予退还或免征其增值税和消费税。这些货物主要有：对外承包工程公司运出境外用于对外承包项目的货物；对外承接修理修配业务的企业用于对外修理修配的货物；外轮供应公司、远洋运输供应公司销售给外轮、远洋国轮而收取外汇的货物；利用国际金融组织或外国政府贷款，采取国际招标方式，由国内企业中标销售的机电产品、建筑材料；企业在国内采购并运往境外作为在国外投资的货物；对外补偿贸易及易货贸易、小额贸易出口的货物；对港澳台地区贸易的货物等。

即评即测

增值税的出口退（免）税

（2）下列企业出口的货物，除另有规定外，给予免税，但不予退税：

1）属于生产企业的小规模纳税人自营出口或委托外贸企业代理出口的自产货物。

2）外贸企业从小规模纳税人购进并持普通发票的货物出口，免税但不予退税。但对出口的抽纱、工艺品、香料油、山货、草柳竹藤制品、渔网渔具、松香、五倍子、生漆、鬃尾、山羊皮、纸制品等，考虑到这些产品大多由小规模纳税人生产、加工、采购，并且其出口比重较大的特殊因素，特准予退税。

3）外贸企业直接购进国家规定的免税货物（包括免税农产品）出口的，免税但不予退税。

此外，下列出口货物，免税但不予退税：

1）来料加工复出口的货物。即原料进口免税，加工后复出口不办理退税。

2）避孕药品和用具、古旧图书。因其内销免税，出口也免税。

3）国家出口计划内的卷烟。因其在生产环节已免征增值税和消费税，所以出口环节不办理退税。非出口计划内的卷烟照章征收增值税和消费税，出口一律退税。

4）军品以及军队系统企业出口军需工厂生产或军需部门调拨的货物。

5）国家规定的其他免税货物。如农业生产者销售的自产农产品、饲料、农膜等。

出口享受免征增值税的货物，其耗用的原材料、零部件等支付的进项税额，包括准予抵扣的运输费用所含的进项税额，不能从内销货物的销项税额中抵扣，应计入产品成本。

（3）除经国家批准属于进料加工复出口贸易外，下列出口货物不免税也不退税：

1）国家计划外出口的原油。

2）国家禁止出口的货物，包括天然牛黄、麝香、铜及铜基合金等。

3）援外出口货物。

（三） 出口货物适用的退税率

根据《财政部　税务总局　海关总署关于深化增值税改革有关政策的公告》（2019 年第 39 号）的规定，为进一步简化税制、完善出口退税政策，对部分产品增值税出口退税率进行调整。

自 2019 年 4 月 1 日起，增值税一般纳税人发生增值税应税销售行为或者进口货物，原适用 16% 税率的，税率调整为 13%；原适用 10% 税率的，税率调整为 9%。[①]

出口企业应将不同税率的货物分开核算和申报，凡划分不清适用退税率的，一律从低适用退税率计算退（免）税。

二、 出口货物应退税额的计算

根据《财政部 国家税务总局关于出口货物劳务增值税和消费税政策的通知》（财税〔2012〕39 号）的规定，我国现行出口货物退（免）税计算办法有两种：一种是"免、抵、退"的办法，主要适用于自营和委托出口自产货物的生产企业；另一种是"先征后退"的办法，主要适用于收购货物出口的外（工）贸企业。

（一）"免、抵、退" 税的计算方法

生产企业自营或委托外贸企业代理出口（以下简称"生产企业出口"）自产货物，除

---

① 根据国家政策变化，国务院会适时地调整部分商品的出口退税率。实务中以国务院的正式文件为准。

另有规定外，增值税一律实行免、抵、退税管理办法。生产企业是指独立核算，具有实际生产能力的增值税一般纳税人。小规模纳税人出口自产货物仍实行免征增值税的办法。生产企业出口自产的属于应征消费税的产品，实行免征消费税的办法。

实行"免、抵、退"税管理办法的"免"税，是指对生产企业出口自产货物，免征本企业生产销售环节的增值税；"抵"税，是指生产企业出口自产货物所耗用的原材料、零部件、燃料、动力等所含应予退还的进项税额，抵顶内销货物的应纳税额；"退"税，是指生产企业出口的自产货物在当月内应抵顶的进项税额大于应纳税额时，对未抵顶完的部分予以退税。

1. 当期应纳税额的计算

当期应纳税额＝当期内销货物的销项税额－（当期进项税额－当期免抵退税不得免征和抵扣税额）－上期留抵税额

其中：

当期免抵退税不得免征和抵扣税额＝出口货物离岸价×外汇人民币牌价×（出口货物征税率－出口货物退税率）－免抵退税不得免征和抵扣额抵减额

出口货物离岸价以出口发票计算的离岸价为准。出口发票不能如实反映实际离岸价的，企业必须按照实际离岸价向主管税务机关申报，同时主管税务机关有权依照相关法规予以核定。其计算公式为：

免抵退税不得免征和抵扣税额抵减额＝免税购进原材料价格×（出口货物征税率－出口货物退税率）

免税购进原材料，包括从国内购进免税原材料和进料加工免税进口料件，其中进料加工免税进口料件的价格为组成计税价格。

进料加工免税进口料件的组成计税价格＝货物到岸价＋海关实征关税和消费税

2. 免抵退税额的计算

免抵退税额＝出口货物离岸价×外汇人民币牌价×出口货物退税率－免抵退税额抵减额

其中：免抵退税额抵减额＝免税购进原材料×出口货物退税率。

如当期没有免税购进原料价格，"免抵退税不得免征和抵扣税额抵减额""免抵退税额抵减额"就不用计算。

3. 当期应退税额和免抵退税额的计算

（1）如当期期末留抵税额小于或等于当期免抵退税额，则：

当期应退税额＝当期期末留抵税额

当期免抵税额＝当期免抵退税额－当期应退税额

（2）当期期末留抵税额大于当期免抵退税额，则：

当期应退税额＝当期免抵退税额

当期免抵税额＝0

当期期末留抵税额根据当期《增值税纳税申报表》中的"期末留抵税额"确定。

例 2 - 14

A 公司是一家自营出口的生产企业（增值税一般纳税人），202×年 8 月的有关经营业务如下：

（1）购进原材料一批，取得的增值税专用发票注明的价款 200 万元，外购货物准予抵扣的进项税额 26 万元通过认证。

（2）内销货物不含税销售额 100 万元，收款 113 万元存入银行。

（3）出口货物的销售额折合人民币 250 万元。

已知：7 月末留抵税款 3 万元，出口货物的征税率为 13%，退税率为 10%。计算该企业 8 月份应"免抵退"税额。

解析：

（1）当期不得免征和抵扣税额 = 250 ×（13% - 10%）= 7.5（万元）。

（2）当期应纳税额 = 100 × 13% -（26 - 7.5）- 3 = -8.5（万元）。

当期期末留抵税额为 8.5 万元。

（3）出口货物"免抵退"税额 = 250 × 10% = 25（万元）。

（4）按规定，当期期末留抵税额 8.5 万元 < 当期免抵退税额 25 万元，当期应退税额等于当期期末留抵税额。因此，该企业当月应退税额为 8.5 万元。

（5）当期免抵税额 = 当期免抵退税额 - 当期应退税额，因而，8 月份免抵税额 = 25 - 8.5 = 16.5（万元）。

例 2 - 15

A 公司是一家自营出口的生产企业（增值税一般纳税人），该公司 202×年 9 月有关经营业务如下：

（1）购入原材料一批，取得的增值税专用发票上注明的价款为 400 万元，外购货物准予抵扣的进项税额 52 万元通过认证。

（2）内销货物 200 万元（不含增值税）。

（3）出口货物的销售额折合人民币 100 万元。

已知：上月末留抵税款 5 万元，出口货物的征税率为 13%，退税率为 10%。计算该企业 9 月份的"免抵退"税额。

解析：

（1）当期不得免征和抵扣税额 = 100 ×（13% - 10%）= 3（万元）。

（2）当期应纳税额 = 200 × 13% -（52 - 3）- 5 = -28（万元）。

当期期末留抵税额为 28 万元。

（3）出口货物"免抵退"税额 = 100 × 10% = 10（万元）。

（4）按规定，当期期末留抵税额 28 万元 > 当期免抵退税额 10 万元，当期应退税额等于当期免抵退税额，当期免抵税额为零。因此，该企业 9 月份应退税额为 0。

（5）9 月末留抵结转下期继续抵扣税额 = 28 - 10 = 18（万元）。

（二）"先征后退"的计算方法

外贸企业以及实行外贸企业财务制度的工贸企业收购货物出口，免征其出口销售环节的增值税；其收购货物的成本部分，因外贸企业在支付收购货款的同时也支付了增值税进项税款，因此，在货物出口后按收购成本与退税率计算退税，征、退税之差计入企业成本。

外贸企业出口货物增值税应依据购进出口货物增值税专用发票上注明的进项金额和退税率计算，公式为：

应退税额＝外贸收购金额（不含增值税）×退税率

凡从小规模纳税人购进持普通发票特准退税的出口货物（抽纱、工艺品等），同样实行出口免税并退税的办法。由于小规模纳税人使用的是普通发票，其销售额和应纳税额没有单独计价，小规模纳税人应纳的增值税也是价外计征的，这样，必须将合并定价的销售额先换算成不含税价格，然后据以计算出口货物退税。其计算公式为：

应退税额＝普通发票所列销售金额（含增值税）÷（1＋征收率）×退税率

凡从小规模纳税人购进税务机关代开的增值税专用发票的出口货物，按以下公式计算退税：

应退税额＝增值税专用发票注明的金额×退税率

第五节　增值税的征收管理

一、增值税纳税义务发生时间、纳税地点、纳税期限

（一）增值税纳税义务发生时间

《增值税暂行条例》明确规定了增值税纳税义务的发生时间。纳税义务发生时间，是纳税人发生应税销售行为应当承担纳税义务的起始时间。

（1）销售货物或提供应税劳务的，其纳税义务发生的时间为收讫销售款或者取得销售款凭据的当天。先开具发票的，为开具发票的当天。

纳税义务、扣缴
义务发生时间

收讫销售款项或者取得索取销售款项凭据的当天，按销售结算方式的不同，具体为：

1）采取直接收款方式销售货物，不论货物是否发出，均为收到销售款或者取得索取销售款凭据的当天。

2）采取托收承付和委托银行收款方式销售货物，为发出货物并办妥托收手续的当天。

3）采取赊销和分期收款方式销售货物，为书面合同约定的收款日期的当天，无书面合同的或者书面合同没有约定收款日期的，为货物发出的当天。

4）采取预收货款方式销售货物，为货物发出的当天，但生产销售生产工期超过12个月的大型机械设备、船舶、飞机等货物，为收到预收款或者书面合同约定的收款日期的当天。

5）委托其他纳税人代销货物，为收到代销单位的代销清单或者收到全部或者部分货款的当天。未收到代销清单及货款的，为发出代销货物满180天的当天。

6）纳税人提供租赁服务采取预收款方式的，其纳税义务发生时间为收到预收款的当天。

7）纳税人从事金融商品转让的，为金融商品所有权转移的当天。

8）纳税人发生相关视同销售货物行为的，为货物移送的当天。

9）纳税人发生下列视同销售服务、无形资产或者不动产的情形，其纳税义务发生时间为服务、无形资产转让完成的当天或者不动产权属变更的当天：

a. 单位或者个体工商户向其他单位或者个人无偿提供服务，但用于公益事业或者以社会公众为对象的除外。

b. 单位或者个人向其他单位或者个人无偿转让无形资产或者不动产，但用于公益事业或者以社会公众为对象的除外。

c. 财政部和国家税务总局规定的其他情形。

（2）进口货物的，其纳税义务的发生时间为报关进口的当天。

纳税人进口货物，应当自海关填发海关进口增值税专用缴款书之日起15日内缴纳税款。纳税人出口货物，应当按月向税务机关申报办理该项出口货物退税。

（3）增值税扣缴义务发生时间为纳税人增值税纳税义务发生的当天。

【想一想】

税法为什么要规定纳税义务发生时间？

纳税地点

（二）增值税纳税地点

固定业户应当向其机构所在地的主管税务机关申报纳税。总机构和分支机构不在同一县（市）的，应当分别向各自所在地的主管税务机关申报纳税；经国务院财政、税务主管部门或者其授权的财政、税务机关批准，可以由总机构汇总向总机构所在地的主管税务机关申报纳税。

固定业户到外县（市）销售货物或者提供应税劳务，应当向其机构所在地的主管税务机关申请开具外出经营活动税收管理证明，并向其机构所在地的主管税务机关申报纳税；未开具证明的，应当向销售地或者劳务发生地的主管税务机关申报纳税；未向销售地或者劳务发生地的主管税务机关申报纳税的，由其机构所在地的主管税务机关补征税款。

非固定业户销售货物或者应税劳务，应当向销售地或者劳务发生地的主管税务机关申报纳税；未向销售地或者劳务发生地的主管税务机关申报纳税的，由其机构所在地或者居住地的主管税务机关补征税款。

进口货物，应当向报关地海关申报纳税。

其他个人提供建筑服务，销售或者租赁不动产，转让自然资源使用权，应向建筑服务发生地、不动产所在地、自然资源所在地税务机关申报纳税。

扣缴义务人应当向其机构所在地或者居住地的主管税务机关申报缴纳其扣缴的税款。

（三）增值税纳税期限

增值税的纳税期限分别为 1 日、3 日、5 日、10 日、15 日、1 个月或者 1 个季度。纳税人的具体纳税期限，由主管税务机关根据纳税人应纳税额的大小分别核定；不能按照固定期限纳税的，可以按次纳税。增值税报缴税款的期限有以下几种形式：

（1）以 1 个月或者 1 个季度为一期纳税的，自期满之日起 15 日内申报纳税；以 1 日、3 日、5 日、10 日、15 日为一期纳税的，自期满之日起 5 日内预缴税款，次月 1～15 日内申报纳税，并结清上月应纳税款。

纳税期限

以 1 个季度为纳税期限的规定适用于小规模纳税人、银行、财务公司、信托投资公司、信用社，以及财政部和国家税务总局规定的其他纳税人。

（2）纳税人进口货物，应当自海关填发税款缴纳凭证之日起 15 日内缴纳税款。

（3）纳税人出口货物，应当按月向税务机关申报办理该项出口货物退税。

【想一想】

纳税业务发生时间和纳税期限是什么关系？

 增值税专用发票管理制度

增值税专用发票（以下简称"专用发票"）是指增值税一般纳税人销售货物或者提供应税劳务开具的发票，是购买方支付增值税额并可按照增值税有关规定据以抵扣增值税进项税额的凭证。专用发票不仅是经济业务收付款的原始凭证，而且是兼记销货方纳税义务和购货方进项税额的主要依据，是购货方据以抵扣增值税税款的法定凭证。

（一）增值税专用发票的联次

增值税电子发票不分联次。

增值税专用发票为纸质发票的，由基本联次或者基本联次附加其他联次构成，分为三联版和六联版两种。基本联次为三联：发票联、抵扣联和记账联。发票联作为购买核算采购成本和增值税进项税额的记账凭证；抵扣联作为购买方报送主管税务机关认证和留存备查的凭证；记账联作为销售方核算销售收入和增值税销项税额的记账凭证。其他联次用途，由一般纳税人自行确定。

增值税专用发票

（二）增值税专用发票的领购和开具范围

一般纳税人销售货物或者提供应税劳务，应向索取增值税专用发票的购买方开具专用发票。一般纳税人应通过增值税防伪税控系统使用专用发票。商业企业一般纳税人零售的烟、酒、食品、服装、鞋帽（不包括劳保专用部分）、化妆品等消费品不得开具专用发票。

根据《国家税务总局关于增值税发票管理等有关事项的公告》（国家税务总局公告 2019 年第 33 号）的规定，增值税小规模纳税人（其他个人除外）发生增值税应税行为，需要开具增值税专用发票的，可以自愿使用增值税发票管理系统自行开具。选择自行开具增值税专用发票的小规模纳税人，税务机关不再为其代开增值税专用发票。

【练一练】

单项选择题：增值税一般纳税人发生的下列业务中，应当开具增值税专用发票的是（　　）。

A. 向一般纳税人销售应税货物

B. 向消费者销售应税货物

C. 将自产货物用于个人消费

D. 向小规模纳税人销售货物

一般纳税人有下列情形之一的，不得领购开具专用发票：

（1）会计核算不健全，不能向税务机关准确提供增值税销项税额、进项税额、应纳税额数据及其他有关增值税税务资料的。

（2）有《税收征收管理法》规定的税收违法行为，拒不接受税务机关处理的。

（3）有下列行为之一，经税务机关责令限期改正而仍未改正的：1）虚开增值税专用发票；2）私自印制专用发票；3）向税务机关以外的单位和个人买取专用发票；4）借用他人专用发票；5）未按规定开具专用发票；6）未按规定保管专用发票和专用设备；7）未按规定申报办理防伪税控系统变更发行；8）未按规定接受税务机关检查。

（三）开具增值税专用发票的要求

（1）项目齐全，与实际交易相符。

（2）字迹清楚，不得压线、错格。

（3）发票联和抵扣联加盖财务专用章或者发票专用章。（电子发票从其规定）

（4）按照增值税纳税义务的发生时间开具专用发票。

开具的专用发票有不符合上述要求的，不得作为扣税凭证，购买方有权拒收。

（四）开具增值税专用发票的时限

对开具专用发票的时限规定如下：

（1）采用预收货款、托收承付、委托银行收款结算方式的，为货物发出的当天。

（2）采用交款提货结算方式的，为收到货款的当天。

（3）采用赊销、分期收款结算方式的，为合同约定的收款日期的当天。

（4）将货物交付他人代销，为收到受托人送交的代销清单的当天。

（5）设有两个以上机构并实行统一核算的纳税人，将货物从一个机构移送其他机构用于销售，按规定应当征收增值税的，为货物移送的当天。

（6）将货物作为投资提供给其他单位或个体经营者，为货物移送的当天。

（7）将货物分配给股东，为货物移送的当天。

一般纳税人必须按规定时限开具专用发票，不得提前或滞后。对已开具专用发票的销售货物，要及时足额计入当期销售额计税。凡开具了专用发票，其销售额未按规定计入销售账户核算的，一律按偷税论处。

（五）　增值税专用发票的抵扣

即评即测

一般纳税人取得的增值税专用发票、机动车销售统一发票、收费公路通行费增值税电子普通发票，可以使用增值税发票综合服务平台查询、选择用于申报抵扣、出口退税或者代办退税的增值税发票信息。

增值税的征收管理

（六）　增值税数字化电子发票

2021年12月起，国家税务总局开始推行全面数字化的电子发票（以下简称"数电票"）试点工作。

数电票是与纸质发票具有同等法律效力的全新发票，不以纸质形式存在、无须介质支撑、无须申请领用。数电票将纸质发票的票面信息全面数字化，通过标签管理将多个票种集成归并为电子发票单一票种，实现全国统一赋码，系统智能赋予发票开具金额总额度，设立税务数字账户实现发票自动流转交付和数据归集。

数电票可以开具增值税专票和增值税普票（含机动车发票、二手车发票、航空运输客票电子行程单、铁路电子客票、医疗服务发票等普通发票），法律效力、基本用途等与现行发票相同。

数电票无须进行票种核定，无须进行税控设备申领，无须进行发票领用。试点纳税人通过实人认证方式进行身份验证后，无须用税控专用设备即可通过电子发票服务平台开发票，无须进行发票验旧操作。

数字化电子发票

数电票无联次，票面信息包括基本内容和特定内容。基本内容有：动态二维码、发票号码、开票日期、购买方信息、销售方信息、项目名称、规格型号、单位、数量、单价、金额、税率/征收率、税额、合计、价税合计（大写、小写）、备注、开票人。

对需要开具特定业务发票的试点纳税人，在开具数电发票时，票面左上角会展示该业务类型的字样，特定业务包括：稀土、卷烟、建筑服务、旅客运输服务、货物运输服务、不动产销售、不动产经营租赁服务、农产品收购、光伏收购、代收车船税、自产农产品销售、差额征税等。图 2-1 为增值税数电专用发票样票。

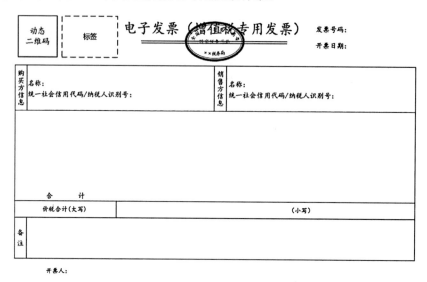

图 2-1 增值税数电专用发票样票

数电票的受票方范围为全国，并作为受票方接收全国其他数电票试点地区纳税人开具的数电票，通过电子发票服务平台自动交付，也可以通过电子邮件、二维码等方式自行交付。

📥 知识链接 ///

推行数电票对优化营商环境有积极作用，数电票依托云计算、大数据、人工智能技术，国家税务总局电子发票服务平台为市场主体交易双方提供 7*24 小时全国统一、规范可靠、安全便捷的数电票服务，全程留痕、不可篡改；通过实时采集发票数据、验证开票行为，可有效防范和打击虚开骗税、偷逃税款等违法行为，维护社会公平。

【练一练】

多项选择题：关于数电票，下列说法正确的有 （   ）

A. 试点纳税人通过电子发票服务平台开具数电票的受票方范围为全国

B. 数电票的法律效力、基本用途等与现有纸质发票相同

C. 数电票的基本联次包括发票联、抵扣联和记账联

D. 试点纳税人开具的数电票只能通过发票服务平台自动交付

解析： 答案 AB，数电票无联次，选项 C 错误；试点纳税人开具的数电票通过电子发票服务平台自动交付，也可通过电子邮件、二维码等方式自行交付，选项 D 错误。

第六节　增值税纳税申报举例①

一、一般纳税人申报表填列

（一）企业基本信息

企业名称：昆明市绿洲贸易有限责任公司（以下简称"绿洲公司"）

纳税识别号：53010312345678900000

企业地址：昆明市学府路 111 号

法人代表：王芳

注册资本：8 000 万元

企业类型：有限责任公司

企业开户银行及账号：工商银行昆明市莲花池支行　62270102030405

电话号码：0871 - 65100008

即评即测

纳税申报表的
填制

（二）主要经济业务

【案例导入解析】

（1）销售牛奶适用 9% 的税率。

销项税额 = 700 000×13% + 500 000×9% + 300 000×13% + 100 000×3%
= 178 000（元）。

（2）进项税额 = 32 000 + 8 000 + 100 000×9% + 7 800 = 56 800（元）；

应缴增值税额 = 178 000 - 56 800 - 5 000 = 116 200（元）。

特别提示：

增值税计算的最终目的是填写纳税申报表，请读者结合纳税申报表理解增值税纳税人、征税范围、税率等相关知识。

填写增值税纳税申报表及附列资料，如表 2 - 4 至表 2 - 7 所示。

 【小提示】

　　根据《国家税务总局关于开展 2021 年"我为纳税人缴费人办实事暨便民办税春风行动"的意见》（税总发〔2021〕14 号），自 2021 年 8 月 1 日起，增值税、消费税分别与城市维护建设税、教育费附加、地方教育附加申报表整合，增值税纳税申报表主表填制完成后，三个附加税附表会自动取数，纳税人根据申报表的金额缴纳即可。

---

① 本节的内容，教师可以根据教学进度自行选择。

表 2-4 增值税及附加税费申报表

（一般纳税人适用）

根据国家税收法律法规及增值税相关规定制定本表。纳税人不论有无销售额，均应按税务机关核定的纳税期限填写本表，并向当地税务机关申报。

税款所属时间：自 202×年 10 月 1 日至 2022×年 10 月 30 日 　填表日期：202×年 10 月 12 日

纳税人识别号（统一社会信用代码）：53010312345678900000 　　　　所属行业：　　　　　　　　金额单位：元（列至角分）

纳税人名称：昆明市绿洲贸易有限责任公司		法定代表人姓名	王芳	注册地址	昆明市学府路 111 号	生产经营地址	昆明市学府路 111 号	
开户银行及账号	工商银行昆明市莲花池支行 6227010203040	登记注册类型	有限责任公司			电话号码	0871-65100008	

项　目		栏次	一般项目		即征即退项目	
			本月数	本年累计	本月数	本年累计
销售额	（一）按适用税率计税销售额	1	1 500 000			
	其中：应税货物销售额	2	1 500 000			
	应税劳务销售额	3				
	纳税检查调整的销售额	4				
	（二）按简易办法计税销售额	5	100 000			
	其中：纳税检查调整的销售额	6				
	（三）免、抵、退办法出口销售额	7			—	—
	（四）免税销售额	8			—	—
	其中：免税货物销售额	9			—	—
	免税劳务销售额	10			—	—
税款计算	销项税额	11	175 000			
	进项税额	12	56 800			
	上期留抵税额	13	5 000			
	进项税额转出	14				
	免、抵、退应退税额	15			—	—
	按适用税率计算的纳税检查应补缴税额	16			—	—

续表

项目		栏次	一般项目		即征即退项目	
			本月数	本年累计	本月数	本年累计
税款计算	应抵扣税额合计	17＝12＋13－14－15＋16	61 800	—		—
	实际抵扣税额	18（如17＜11，则为17，否则为11）	61 800			
	应纳税额	19＝11－18	113 200	—		—
	期末留抵税额	20＝17－18			—	—
	简易计税办法计算的应纳税额	21	3 000			
	按简易计税办法计算的纳税检查应补缴税额	22				
	应纳税额减征额	23			—	—
	应纳税额合计	24＝19＋21－23	116 200			
税款缴纳	期初未缴税额（多缴为负数）	25				—
	实收出口开具专用缴款书预缴税额	26			—	—
	本期已缴税额	27＝28＋29＋30＋31				
	①分次预缴税额	28		—		—
	②出口开具专用缴款书预缴税额	29		—		—
	③本期缴纳上期应纳税额	30				
	④本期缴纳欠缴税额	31				
	期末未缴税额（多缴为负数）	32＝24＋25＋26－27	116 200			
	其中：欠缴税额（≥0）	33＝25＋26－27		—		—

续表

项 目		栏次	一般项目		即征即退项目	
			本月数	本年累计	本月数	本年累计
税款缴纳	本期应补（退）税额	34＝24－28－29	116 200	—		—
	即征即退实际退税额	35	—	—	—	—
	期初未缴查补税额	36				—
	本期入库查补税额	37				—
	期末未缴查补税额	38＝16＋22＋36－37	—	—	—	—
附加税费	城市维护建设税本期应补（退）税额	39	8 134			—
	教育费附加本期应补（退）费额	40	3 486			—
	地方教育附加本期应补（退）费额	41	2 324			—

声明：此表是根据国家税收法律法规及相关规定填写的，本人（单位）对填报内容（及附带资料）的真实性、可靠性、完整性负责。

纳税人（签章）：

年 月 日

经办人：

经办人身份证号：

代理机构签章：

代理机构统一社会信用代码：

受理人：

受理税务机关（章）：

受理日期：　　年　月　日

表 2 – 5 增值税及附加税费申报表附列资料（一）

（本期销售情况明细）

税款所属时间：202×年10月1日至202×年10月30日

纳税人名称：（公章）　　　　　　　　　　　　　　　　　　　　　　　金额单位：元（列至角分）

项目及栏次			开具增值税专用发票 销售额	开具增值税专用发票 销项（应纳）税额	开具其他发票 销售额	开具其他发票 销项（应纳）税额	未开具发票 销售额	未开具发票 销项（应纳）税额	纳税检查调整 销售额	纳税检查调整 销项（应纳）税额	合计 销售额	合计 销项（应纳）税额	合计 价税合计	服务、不动产和无形资产扣除项目本期实际扣除金额	扣除后 含税（免税）销售额	扣除后 销项（应纳）税额
			1	2	3	4	5	6	7	8	9=1+3+5+7	10=2+4+6+8	11=9+10	12	13=11−12	14=13÷(100%+税率或征收率)×税率或征收率
一、一般计税方法计税	全部征税项目	1 13%税率的货物及加工修理修配劳务	800 000	104 000	200 000	26 000								—	—	
		2 13%税率的服务、不动产和无形资产												—	—	
		3 9%税率的货物及加工修理修配劳务	500 000	45 000										—	—	
		4 9%税率的服务、不动产和无形资产												—	—	
		5 6%税率												—	—	
	其中：即征即退项目	6 即征即退货物及加工修理修配劳务					—	—						—	—	
		7 即征即退服务、不动产和无形资产					—	—						—	—	
二、简易计税方法计税	全部征税项目	8 6%征收率												—	—	
		9a 5%征收率的货物及加工修理修配劳务												—	—	
		9b 5%征收率的服务、不动产和无形资产												—	—	
		10 4%征收率												—	—	
	其中：即征即退项目	11 3%征收率的货物及加工修理修配劳务	100 000	3 000										—	—	
		12 3%征收率的服务、不动产和无形资产												—	—	

续表

项目及栏次	栏次	开具增值税专用发票 销售额 (1)	开具增值税专用发票 销项(应纳)税额 (2)	开具其他发票 销售额 (3)	开具其他发票 销项(应纳)税额 (4)	未开具发票 销售额 (5)	未开具发票 销项(应纳)税额 (6)	纳税检查调整 销售额 (7)	纳税检查调整 销项(应纳)税额 (8)	合计 销售额 (9=1+3+5+7)	合计 销项(应纳)税额 (10=2+4+6+8)	合计 价税合计 (11=9+10)	服务、不动产和无形资产扣除项目本期实际扣除金额 (12)	扣除后 含税(免税)销售额 (13=11-12)	扣除后 销项(应纳)税额 (14=13÷(100%+税率或征收率)×税率或征收率)
二、简易计税方法计税 全部征税项目 预征率 ___%	13a														
预征率 ___%	13b														
预征率 ___%	13c														
其中：即征即退项目 即征即退货物及加工修理修配劳务	14	—	—	—	—	—	—	—	—	—	—	—	—	—	—
即征即退服务、不动产和无形资产	15	—	—	—	—	—	—	—	—	—	—	—	—	—	—
三、免抵退税 货物及加工修理修配劳务	16	—	—	—	—	—	—	—	—	—	—	—	—	—	—
服务、不动产和无形资产	17	—	—	—	—	—	—	—	—	—	—	—	—	—	—
四、免税 货物及加工修理修配劳务	18	—	—	—	—	—	—	—	—	—	—	—	—	—	—
服务、不动产和无形资产	19	—	—	—	—	—	—	—	—	—	—	—	—	—	—

表2-6 增值税及附加税费申报表附列资料（二）

（本期进项税额明细）

纳税人名称：（公章）

税款所属时间：202×年10月1日至202×年10月30日

金额单位：元（列至角分）

一、申报抵扣的进项税额

项目	栏次	份数	金额	税额
（一）认证相符的增值税专用发票	1=2+3	10	395 042.73	47 800
其中：本期认证相符且本期申报抵扣	2	8	335 042.73	40 000
前期认证相符且本期申报抵扣	3	2	60 000	7 800
（二）其他扣税凭证	4=5+6+7+8a+8b	5	100 000	9 000
其中：海关进口增值税专用缴款书	5			
农产品收购发票或者销售发票	6	5	100 000	9 000
代扣代缴税收缴款凭证	7			
加计扣除农产品进项税额	8a	—	—	
其他	8b	—	—	
（三）本期用于购建不动产的扣税凭证	9			
（四）本期用于抵扣的旅客运输服务扣税凭证	10			
（五）外贸企业进项税额抵扣证明	11			
当期申报抵扣进项税额合计	12=1+4+11		495 042.73	56 800

二、进项税额转出额

项目	栏次	税额
本期进项税额转出额	13=14至23之和	
其中：免税项目用	14	
集体福利、个人消费	15	
非正常损失	16	
简易计税方法征税项目用	17	

续表

项目	栏次	份数	金额	税额
免抵退税办法不得抵扣的进项税额	18			
纳税检查调减进项税额	19			
红字专用发票信息表注明的进项税额	20			
上期留抵税额抵减欠税	21			
上期留抵税额退税	22			
异常凭证转出进项税额	23a			
其他应作进项税额转出的情形	23b			

三、待抵扣进项税额

项目	栏次	份数	金额	税额
（一）认证相符的增值税专用发票	24	—	—	—
期初已认证相符但未申报抵扣	25			
本期认证相符且本期申报抵扣	26			
期末已认证相符但未申报抵扣	27			
其中：按照税法规定不允许抵扣	28			
（二）其他扣税凭证	29＝30至33之和			
其中：海关进口增值税专用缴款书	30			
农产品收购发票或者销售发票	31			
代扣代缴税收缴款凭证	32			
其他	33			
	34			

四、其他

项目	栏次	份数	金额	税额
本期认证相符的增值税专用发票	35	10	395 042.73	47 800
代扣代缴税额	36	—	—	—

表2-7 增值税及附加税费申报表附列资料（五）

（附加税费情况表）

税（费）款所属时间：202×年10月1日至202×年10月30日

纳税人名称：（公章）　　　　　　　　　　　　　　　　　　　　金额单位：元（列至角分）

税（费）种		计税（费）依据			税（费）率（%）	本期应纳税（费）额	本期减免税（费）额		试点建设育产教融合型企业		本期已缴税（费）额	本期应补（退）税（费）额
		增值税税额	增值税免抵税额	留抵退税本期扣除额			减免性质代码	减免税（费）额	减免性质代码	本期抵免金额		
		1	2	3	4	5＝(1+2-3)×4	6	7	8	9	10	11＝5-7-9-10
城市维护建设税	1	116 200	0	0	7	8 134			—	—		8 134
教育费附加	2	116 200	0	0	3	3 486			—	—		3 486
地方教育附加	3	116 200	0	0	2	2 324			—	—		2 324
合计	4	—	—	—	—	13 944	—		—	—		13 944

本期是否适用试点建设育产教融合型企业抵免政策　□是　☑否

当期新增投资额	5
上期留抵可抵免金额	6
结转下期可抵免金额	7

可用于扣除的增值税留抵退税额使用情况

当期新增可用于扣除的留抵退税额	8
上期结存可用于扣除的留抵退税额	9
结转下期可用于扣除的留抵退税额	10

小规模纳税人纳税申报表填列

我国大量的企业是小规模纳税人，由于小规模纳税人常用的是简易计税，因此，填列比较简单，根据 2023 年小规模税收优惠政策，应税销售额超过 10 万元/月的企业才需要缴纳增值税。

免税销售额填入小规模纳税人申报表主表，企业免税填写 10 栏，个体工商户和其他个人免税填写 11 栏。

表 2-7 以小规模纳税人案例 2-12 为基础填列，企业基础信息是：

企业名称：广州市星辰有限责任公司

纳税识别号：44010312345678900000

企业地址：广州市新港路 101 号

法人代表：王晨

注册资本：1 000 万元

企业类型：有限责任公司

企业开户银行及账号：建设银行广州市新港支行　62270102030409

电话号码：020 - 67100008

 【小提示】

一般纳税人的纳税期限是按月，小规模纳税人纳税期限是按季度。2023 年 1 月 1 日至 2027 年 12 月 31 日，对增值税小规模纳税人、小型微利企业和个体工商户减半征收资源税（不含水资源税）、城市维护建设税、房产税、城镇土地使用税、印花税（不含证券交易印花税）、耕地占用税、教育费附加、地方教育附加。

增值税及附加税费申报表（小规模纳税人适用）及其附列资料，如表 2-8 和表 2-9 所示。

表 2-8　增值税及附加税费申报表
（小规模纳税人适用）

纳税人识别号（统一社会信用代码）：44010312345678900000

纳税人名称：广州市星辰有限责任公司　　　　　　　　　　　　　　　金额单位：元（列至角分）

税款所属期：202×年 7 月 1 日至 202×年 9 月 30 日　　　　　　　　填表日期：202×年 10 月 12 日

	项　目	栏次	本期数		本年累计	
			货物及劳务	服务、不动产和无形资产	货物及劳务	服务、不动产和无形资产
一、计税依据	（一）应征增值税不含税销售额（3%征收率）	1	638 500			
	增值税专用发票不含税销售额	2	538 500			
	其他增值税发票不含税销售额	3	100 000			

续表

项　目	栏次	本期数		本年累计	
		货物及劳务	服务、不动产和无形资产	货物及劳务	服务、不动产和无形资产
一、计税依据　（二）应征增值税不含税销售额（5%征收率）	4	—		—	
增值税专用发票不含税销售额	5	—		—	
其他增值税发票不含税销售额	6	—		—	
（三）销售使用过的固定资产不含税销售额	7（7≥8）		—		—
其中：其他增值税发票不含税销售额	8		—		—
（四）免税销售额	9＝10＋11＋12				
其中：小微企业免税销售额	10				
未达起征点销售额	11				
其他免税销售额	12				
（五）出口免税销售额	13（13≥14）				
其中：其他增值税发票不含税销售额	14				
二、税款计算　本期应纳税额	15	19 155			
本期应纳税额减征额	16	12 770			
本期免税额	17				
其中：小微企业免税额	18				
未达起征点免税额	19				
应纳税额合计	20＝15－16	6 385			
本期预缴税额	21			—	—
本期应补（退）税额	22＝20－21	6 385		—	—
三、附加税费　城市维护建设税本期应补（退）税额	23	223.47			
教育费附加本期应补（退）费额	24	95.77			
地方教育附加本期应补（退）费额	25	63.85			

声明：此表是根据国家税收法律法规及相关规定填写的，本人（单位）对填报内容（及附带资料）的真实性、可靠性、完整性负责。

纳税人（签章）：　　　　年　月　日

经办人： 经办人身份证号： 代理机构签章： 代理机构统一社会信用代码：	受理人： 受理税务机关（章）： 受理日期：　　　年　月　日

表 2 - 9　增值税及附加税费申报表（小规模纳税人适用）附列资料（二）

(附加税费情况表)

税（费）款所属时间：202×年 7 月 1 日至 202×年 9 月 30 日

纳税人名称：（公章）　　　　　　　　　　　　　　　　　　　　金额单位：元（列至角分）

税（费）种	计税（费）依据 增值税税额	税（费）率（%）	本期应纳税（费）额	本期减免税（费）额		增值税小规模纳税人"六税两费"减征政策		本期已缴税（费）额	本期应补（退）税（费）额
				减免性质代码	减免税（费）额	减征比例（%）	减征额		
	1	2	3=1×2	4	5	6	7=（3-5）×6	8	9=3-5-7-8
城市维护建设税	6 385	7%	446.95			50%	223.48		223.47
教育费附加	6 385	3%	191.55			50%	95.78		95.77
地方教育附加	6 385	2%	127.7			50%	63.85		63.85
合计	—	—	766.2	—		—	383.11		383.09

本章小结

增值税纳税人、征税范围和税率

纳税人	在我国境内销售货物，提供加工或者修理修配劳务，销售服务、无形资产或者不动产以及进口货物的单位和个人。 分为一般纳税人和小规模纳税人，划分标准为：年应税销售额和会计核算是否健全		
征税范围	在我国境内销售货物，提供加工或者修理修配劳务，销售服务、无形资产或者不动产以及进口货物都属于增值税的征税范围		
一般纳税人	税率	13%	(1) 销售或进口有形动产（适用9%税率的货物除外）； (2) 加工修理修配劳务； (3) 有形动产租赁服务
		9%	(1) 基本温饱（粮食、食用植物油、食用盐、农产品）； (2) 生活资源（自来水、暖气、冷气、热水、煤气、石油液化气、天然气、沼气、居民用煤炭）； (3) 精神需求（图书、报纸、杂志、音像制品、电子出版物）； (4) 农业生产（饲料、化肥、农药、农机、农膜、二甲醚）
		6%	增值电信、金融、现代服务（租赁除外）、生活服务、销售无形资产（土地使用权除外）
		零税率	单位和个人销售的部分境外服务和无形资产。除国家另有规定外，出口货物税率为零
小规模纳税人	征收率	3%（现执行1%征收率）		

增值税应纳税额的计算

一般纳税人应纳税额的计算	公式		应纳税额＝当期销项税额－当期进项税额（实行税款抵扣制）
	销项税额	公式	销项税额＝不含税销售额×适用税率 不含税销售额＝含税销售额÷（1＋税率或征收率）
		销售额的确定	包括：纳税人发生应税销售行为向购买方收取的全部价款和价外费用。 不包括：向购买方收取的销项税额和其他符合税法规定的费用。 价外费用为含税销售额
	进项税额	可抵扣	(1) 从销售方取得的增值税专用发票上注明的增值税税额； (2) 从海关取得的海关进口增值税专用缴款书上注明的增值税税额； (3) 购买免税农业产品准予按买价和扣除率计算的金额； (4) 从境外单位或者个人购进劳务、服务、无形资产或者不动产，自税务机关或者扣缴义务人取得的代扣代缴税款的完税凭证上注明的增值税税额； (5) 一般纳税人取得小规模纳税人开具的增值税专用发票，可以将专用发票上填写的税额作为进项税额计算抵扣

续表

小规模纳税人应纳税额的计算	认定标准	年应税销售额 500 万元以下，会计核算不健全
	征收率	3%
	应纳税额计算	应纳税额＝不含税销售额×征收率 执行简易征收办法，不得抵扣进项税

增值税的出口退（免）税
出口货物退免税基本政策；出口货物退（免）税的适用范围

增值税的征收管理

纳税义务发生时间	直接收款方式	收到销售额或取得索取价款凭据，并将提货单交给买方的当天
	托收承付和委托银行收款方式	办妥托收手续的当天
	赊销和分期收款方式	合同约定的收款日期的当天
	预收货款方式	货物发出的当天
	委托代销方式	收到代销清单的当天或者收到全部或者部分货款的当天，未收到代销清单为发出货物满 180 天的当天
	销售应税劳务	提供劳务同时收讫价款或索取价款凭据的当天
	视同销售行为	货物移送的当天
	进口货物	报关进口的当天
	先开发票的	开具发票的当天
纳税期限		1 日、3 日、5 日、10 日、15 日、1 个月或 1 个季度
纳税地点		固定业户应当向其机构所在地主管税务机关申报纳税。 总机构和分支机构不在同一县（市）的，应当分别向各自所在地主管税务机关申报纳税；经国务院、税务主管部门或其授权的财政、税务机关批准，可以由总机构汇总向总机构所在地主管税务机关申报纳税
		非固定业户应当向销售地或劳务发生地主管税务机关申报纳税
		进口货物应当向报关地海关申报纳税
税收优惠		起征点只针对个人，小规模纳税人减免税相关规定，7 项法定减免"营改增"后移至增值税优惠政策
专用发票管理制度		全国正在推行数电发票，数电发票与纸质发票具有同等效力。

第三章

消费税

◎ 学习目标

知识目标：

1. 理解开征消费税的意义；

2. 掌握消费税的征税范围、税目及税率；

3. 掌握消费税应纳税额的计算方法；

4. 了解消费税出口退税；

5. 了解消费税的征收管理规定；

6. 熟悉消费税的税收优惠政策。

能力目标：

1. 正确判断消费税的纳税人、征税对象和扣缴义务人；

2. 能根据经济业务正确判断消费税征税范围和适用税率；

3. 正确计算消费税应纳税额；

4. 会填写消费税纳税申报表。

素养目标：

1. 党的二十大报告指出，要"完善支持绿色发展的财税、金融、投资、价格政策和标准体系，发展绿色低碳产业，健全资源环境要素市场化配置体系，加快节能降碳先进技术研发和推广应用，倡导绿色消费，推动形成绿色低碳的生产方式和生活方式。"通过深入学习党的二十大精神，树立正确的消费观；

2. 通过学习近几年消费税税目的调整，理解税收对经济结构、产业发展和环境保护的影响，培养大局观和爱国情怀，体会消费税对促进社会公平、正义的作用；

3. 树立诚信纳税、遵纪守法的良好道德品质和严谨细致的工作作风。

学习导航

消费税是在对货物普遍征收增值税的基础上，对特定的消费品在特定的环节征收的一种税。消费税在引导消费取向、调节经济结构和促进节能减排方面，发挥着重要作用，在一定程度上达到了资源节约和环境保护的目的。

我国现行的税制中，消费税同增值税、关税等共同构成了我国的货物劳务税体系。在学习过程中应注意消费税和增值税的关系。本章主要内容包括消费税纳税人、征税范围、税目与税率，以及消费税应纳税额的计算，重点是卷烟和白酒复合计税应纳税额的计算，

增值税与
消费税对比

难点是委托加工应税消费品和自产自用应税消费品应纳税额的计算。

消费税是对我国境内从事生产、委托加工和进口，以及销售特定应税消费品的单位和个人，就其销售额或销售数量，在特定环节征收的一种税。简单地说，消费税是对特定的消费品征收的一种税。消费税具有征税范围的选择性、征税环节的单一性、征收方法的多样性、税收调节的特殊性和税收负担的转嫁性等特点。开征消费税的目的是引导消费和生产结构，调节收入分配，增加财政收入。

【案例导入】苏珊在食品企业工作几年后有了一定积蓄，她打算买一辆小轿车作为上下班的代步工具。苏珊在 4S 店看到同样品牌的汽车，因排气量不同，价格差异很大。汽车推销员说导致价格差异的原因之一在于汽车消费税规定：排气量越高，汽车消费税率越高，汽车价格中包含的消费税也就越多。苏珊最后看上了一辆排气量为 2.0 升的汽车，总价为 22.6 万元。请你帮苏珊算一算这辆小轿车的消费税有多少。

知识框架图

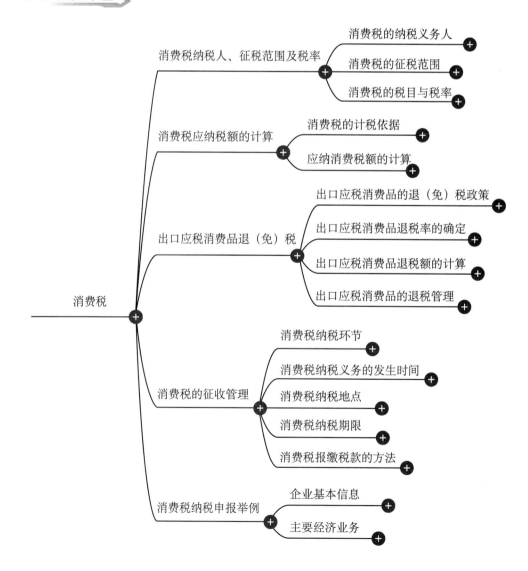

第一节 消费税纳税人、征税范围及税率

一、消费税的纳税义务人

消费税纳税人

现行的《消费税暂行条例》规定，消费税的纳税人为在中华人民共和国境内生产、委托加工和进口应税消费品的单位和个人，以及国务院确定的销售应税消费品的其他单位和个人。这里所指的"单位"，是指企业、行政单位、事业单位、军事单位、社会团体及其他单位；所指的"个人"，是指个体工商户及其他个人；所指的"在中华人民共和国境内"，是指生产、委托加工和进口属于应当缴纳消费税的消费品的起运地或者所在地在我国境内。

具体来说，消费税纳税人包括：

（1）在我国境内从事生产应税消费品的单位和个人。

（2）国务院确定的在我国境内从事销售应税消费品的单位和个人。

（3）在我国境内从事进口应税消费品的单位和个人。

（4）在我国境内从事委托加工应税消费品的单位和个人。

此外，对委托加工的应税消费品，以委托方为纳税人，受托方为代扣代缴义务人（受托方为个人除外）；对进口的应税消费品，以进口人或其代理人为纳税人。

即评即测

消费税纳税人、
征税范围及税率

二、消费税的征税范围

我国现行消费税的征税范围是在中华人民共和国境内生产、委托加工和进口的应税消费品，以及国务院确定的销售的应税消费品。从具体征税项目看，考虑到我国现阶段经济发展状况、居民消费水平和消费结构，并借鉴国外的消费税实践，我国将5种类型的15种消费品列入消费税的征税范围。具体内容如下：

消费税征税范围

（1）一些过度消费会对身心健康、社会秩序、生态环境造成危害的特殊消费品，如烟、酒、鞭炮、焰火等。

（2）非生活必需品，如高档化妆品、贵重首饰及珠宝玉石、高尔夫球及球具、高档手表等。

（3）高能耗及高档消费品，如摩托车、小汽车、游艇等。

（4）不可再生和替代的稀缺资源消费品，如成品油（包括汽油、柴油、石脑油、溶剂油、润滑油、燃料油、航空煤油）、实木地板、木制一次性筷子等。

（5）税基宽广、消费普遍、征税后不影响居民基本生活并具有一定财政意义的消费品，如电池、涂料等。

【练一练】

单选题：根据消费税法律制度的规定，属于消费税纳税人的是（　　）。

A. 粮食批发企业　　　　　　　　B. 家电零售企业

C. 卷烟进口企业　　　　　　　　D. 服装企业

消费税税目

三、消费税的税目与税率

（一）税目

消费税税目采用列举方式，凡征税的消费品才列入税目税率表，不征收的不列入。我国现行消费税共设置了15个税目，有些税目还进一步划分为若干子目，如烟、酒、成品油、小汽车等。15个税目具体包括：烟；酒；高档化妆品；贵重首饰及珠宝玉石；鞭炮、焰火；成品油；摩托车；小汽车；高尔夫球及球具；高档手表；游艇；木制一次性筷子；实木地板；电池；涂料。

1. 烟

（1）凡是以烟叶为原料加工生产的特殊消费品，无论使用何种辅料，均属于本税目的征税范围，包括卷烟、雪茄烟和烟丝3个子目。

（2）自2022年11月1日起，将电子烟纳入消费税征收范围，在烟税目下增设电子烟子目。电子烟是指用于产生气溶胶供人抽吸等的电子传输系统，包括烟弹、烟具以及烟弹与烟具组合销售的电子烟产品。烟弹是指含有雾化物的电子烟组件。烟具是指将雾化物雾化为可吸入气溶胶的电子装置。

2. 酒

酒类包括白酒、黄酒、啤酒和其他酒。调味料酒不征消费税。

3. 高档化妆品

（1）包括高档美容、修饰类化妆品，高档护肤类化妆品和成套化妆品。

（2）舞台、戏剧、影视演员化妆用的上妆油、卸妆油、油彩、发胶和头发漂白剂等，不属于本税目的征收范围。

高档化妆品特指生产（进口）环节销售（完税）价格（不含增值税）在10元/毫升（克）或者15元/片（张）及以上的美容、修饰类化妆品和护肤类化妆品。

4. 贵重首饰及珠宝玉石

凡用金、银、白金、宝石、珍珠、钻石、翡翠、珊瑚、玛瑙等高贵稀有物质以及其他金属、人造宝石等制作的各种纯金银首饰及镶嵌首饰和经采掘、打磨、加工的各种珠宝玉石，均属于该税目的征税范围。

5. 鞭炮、焰火

鞭炮、焰火包括各种鞭炮、焰火。体育上用的发令纸、鞭炮引线不按此征税。

6. 成品油

成品油包括汽油、柴油、石脑油、溶剂油、润滑油、燃料油、航空煤油7个子目。其中，航空煤油的消费税暂缓征收。

7. 摩托车

摩托车包括气缸容量为 250 毫升的摩托车和气缸容量在 250 毫升（不含）以上的摩托车两种。

8. 小汽车

小汽车包括：含驾驶员座位在内最多不超过 9 个座位（含）的，在设计和技术特性上用于载运乘客和货物的各类乘用车；含驾驶员座位在内的座位数在 10 至 23 座（含 23 座）的，在设计和技术特性上用于载运乘客和货物的各类中轻型商用客车。

电动汽车、沙滩车、雪地车、卡丁车、高尔夫车不属于消费税征税范围，货车或厢式货车改装生产的商务车、卫星通信车等专用汽车也不征收消费税。

9. 高尔夫球及球具

高尔夫球及球具是指从事高尔夫球运动所需的各种专用装备，包括高尔夫球、高尔夫球杆及高尔夫球包（袋）等。高尔夫球杆的杆头、杆身和握把也属于该税目的征税范围。

10. 高档手表

高档手表是指销售价格（不含增值税）每只在 10 000 元（含）以上的各类手表。

11. 游艇

游艇是指长度大于 8 米小于 90 米，船体由玻璃钢、钢、铝合金、塑料等多种材料制作，可以在水上移动的水上浮载体。按照动力划分，游艇分为无动力艇、帆艇和机动艇。

本税目征收范围包括艇身长度大于 8 米（含）小于 90 米（含），内置发动机，可以在水上移动，一般为私人或团体购置，主要用于水上运动和休闲娱乐等非牟利活动的各类机动艇。

12. 木制一次性筷子

木制一次性筷子是指以木材为原料加工而成的各类一次性使用的筷子。未经打磨、倒角的木制一次性筷子也属于该税目的征税范围。

13. 实木地板

实木地板是指以木材为原料加工而成的块状或条状的地面装饰材料，包括各类规格的实木地板、实木拼接地板、实木复合地板以及用于装饰墙壁、天棚的侧端面为榫、槽的实木装饰板。未经涂饰的素板也属于该税目的征税范围。

14. 电池

电池是一种将化学能、光能等直接转换为电能的装置，一般由电极、电解质、容器、极端，通常还有隔离层组成的基本功能单元，以及用一个或多个基本功能单元装配成的电池组。范围包括：原电池、蓄电池、燃料电池、太阳能电池和其他电池。

15. 涂料

涂料是指涂于物体表面能形成具有保护、装饰或特殊性能的固态涂膜的一类液体或固体材料之总称。

 【想一想】

为什么 2016 年消费税调整时要把"化妆品"改为"高档化妆品"？

【练一练】

单选题：消费税实行（   ）。

A. 从价征收   B. 按地征收   C. 价内征收   D. 计税征收

【小提示】

消费税实行价内征收，销售应税消费品的计税依据是含消费税而不含增值税的销售额。这样，实行从价定率征收的应税消费品的税基，与增值税的税基是一样的，即含消费税而不含增值税的销售额，亦即应税销售额。

【练一练】

单选题：根据消费税法律制度的规定，下列各项中，应缴纳消费税的是（   ）。

A. 汽车厂销售电动汽车

B. 服装厂生产销售高档西服

C. 金店将金银首饰用于职工福利

D. 汽车厂赞助比赛用雪地车

【小提示】

沙滩车、雪地车、卡丁车、高尔夫车不属于消费税征收范围，不征收消费税。

消费税税率

（二）税率

消费税采用比例税率、定额税率、从量定额与从价定率相结合的形式。

（1）比例税率，适用于大多数应税消费品。

（2）定额税率，适用于黄酒、啤酒、成品油，详见表3-1。消费税税目、税率的制定和调整，由国务院决定。

表3-1　消费税税目税率（税额）表

税　　　　目	税　　率
一、烟	
1. 卷烟	
（1）甲类卷烟（生产或进口环节）	56%加0.003元/支
（2）乙类卷烟（生产或进口环节）	36%加0.003元/支
（3）批发环节	11%加0.005元每支
2. 雪茄烟（生产环节）	36%
3. 烟丝	30%
4. 电子烟	
（1）生产（进口）环节	36%
（2）批发环节	11%

续表

税 目	税 率
二、酒 1. 白酒 2. 黄酒 3. 啤酒 　（1）甲类啤酒 　（2）乙类啤酒 4. 其他酒	 20%加0.5元/500克（或者500毫升） 240元/吨 250元/吨 220元/吨 10%
三、高档化妆品	15%
四、贵重首饰及珠宝玉石 1. 金银首饰、铂金首饰和钻石及钻石饰品（零售环节） 2. 其他贵重首饰和珠宝玉石	 5% 10%
五、鞭炮、焰火	15%
六、成品油 1. 汽油 2. 柴油 3. 航空煤油 4. 石脑油 5. 溶剂油 6. 润滑油 7. 燃料油	 1.52元/升 1.2元/升 1.2元/升 1.52元/升 1.52元/升 1.52元/升 1.2元/升
七、摩托车 1. 气缸容量（排气量，下同）为250毫升的 2. 气缸容量在250毫升以上的	 3% 10%
八、小汽车 1. 乘用车 　（1）气缸容量（排气量，下同）在1.0升（含1.0升）以下的 　（2）气缸容量在1.0升以上至1.5升（含1.5升）的 　（3）气缸容量在1.5升以上至2.0升（含2.0升）的 　（4）气缸容量在2.0升以上至2.5升（含2.5升）的 　（5）气缸容量在2.5升以上至3.0升（含3.0升）的 　（6）气缸容量在3.0升以上至4.0升（含4.0升）的 　（7）气缸容量在4.0升以上的 2. 中轻型商用客车 3. 超豪华小汽车（零售环节：每辆零售不含增值税价格130万元及以上的乘用车和中轻型商用客车）	 1% 3% 5% 9% 12% 25% 40% 5% 10%
九、高尔夫球及球具	10%
十、高档手表	20%
十一、游艇	10%
十二、木制一次性筷子	5%
十三、实木地板	5%
十四、电池	4%
十五、涂料	4%

　　纳税人兼营不同税率的应税消费品（即生产销售两种税率以上的应税消费品），应当分别核算不同税率应税消费品的销售额、销售数量；未分别核算销售额、销售数量，或者将不同税率的应税消费品组成成套消费品销售的，从高适用税率。

　　对既销售金银首饰，又销售非金银首饰的生产、经营单位，应将两类商品划分清楚，分别计算销售额。凡划分不清楚或不能分别核算的，在生产环节销售的，一律从高适用税率征收消费税；在零售环节销售的，一律按金银首饰征收消费税。金银首饰与其他产品组成成套消费品销售的，应按销售额全额征收消费税。

 【小提示】

　　甲类卷烟，即每标准条（200支，下同）调拨价格在70元（不含增值税）以上（含70元）的卷烟；乙类卷烟，即每标准条调拨价格在70元（不含增值税）以下的卷烟，在卷烟批发环节加征一道从价税，适用税率为11%，并按0.005元/只加征从量税。

　　白包卷烟、手工卷烟未经国务院批准纳入计划的企业和个人生产的卷烟，不分征税类别一律按照56%卷烟税率征税，并按照定额每标准箱150元计征。

即评即测

消费税纳税人、
征税范围及税率

　　甲类啤酒：出厂价格（含包装物及包装物押金）不含增值税在3 000元及以上（含3 000元）每吨；

　　乙类啤酒：出厂价格（含包装物及包装物押金）不含增值税低于3 000元每吨。

　　电池中无汞原电池、金属氢化物镍蓄电池、锂原电池、锂离子蓄电池、太阳能电池、燃料电池和全钒液流电池免征消费税。

　　涂料中在施工状态下挥发性有机物（Volatile Organic Compounds，VOC）含量低于420克/升（含）免征消费税。

第二节　消费税应纳税额的计算

 一　消费税的计税依据

（一）实行从价定率和从量定额计征办法的计税依据

　　国家在确定消费税的计税依据时，主要从应税消费品的价格变化情况和便于征纳等角度出发，分别采用从价、从量和复合计征三种计税办法。

　　1. 实行从价定率计征办法的计税依据

　　实行从价定率办法征税的应税消费品，其计税依据为应税消费品的销售额。

由于消费税和增值税实行交叉征收，而增值税实行价外税，消费税实行价内税，因此这种情况决定了实行从价定率征收的应税消费品的计税依据同增值税的计税依据是相同的，即以含消费税而不含增值税的销售额为计税依据。实行从价定率办法征税的应税消费品，其应纳税额的计算公式为：

消费税计税方法

$$应纳税额＝应税消费品的销售额×比例税率$$

2. 实行从量定额计征办法的计税依据

使用此类计税方式的消费品有啤酒、黄酒、成品油等。

从量定额通常以每单位应税消费品的重量、容积或数量为计税依据，并按每单位应税消费品规定固定税额，这种固定税额即为定额税率。

实行从量定额办法征税的应税消费品，其计税依据为应税消费品的销售数量。其应纳税额的计算公式为：

$$应纳税额＝应税消费品的销售数量×定额税率$$

为了规范不同产品的计量单位，《消费税暂行条例实施细则》中具体规定了实行从量定额办法计算应纳税额的应税消费品计量单位的换算标准（见表 3－2）：

表 3－2　计量单位换算表

税目	计量单位换算标准
黄酒	1 吨＝962 升
啤酒	1 吨＝988 升
汽油	1 吨＝1 388 升
柴油	1 吨＝1 176 升
航空煤油	1 吨＝1 246 升
石脑油	1 吨＝1 385 升
溶剂油	1 吨＝1 282 升
润滑油	1 吨＝1 126 升
燃料油	1 吨＝1 015 升

3. 从量定额与从价定率相结合的复合计税方式

使用此类计税方式的消费品有卷烟、白酒等。由于这些消费品属于非生活必需品，税率设计相对较高，因此，对纳税人避税的诱惑很大。为了有效保全税基，对这些消费品实行从量定额与从价定率相结合计算应纳税额的复合计税办法。其应纳税额的计算公式为：

$$应纳税额＝销售数量×定额税率＋销售额×比例税率$$

（二）销售额的确定

1. 一般规定

应税消费品的销售额为纳税人销售应税消费品从购买方收取的全部价款和价外费用。价外费用是指价外向购买方收取的手续费、补贴、基金、集资费、返还利润、奖励费、违约金、滞纳金、延期付款利息、赔偿金、代收款项、代垫款项、包装费、包装物租金、储备费、优质费、运输装卸费以及其他各种性质的价外收费。但下列项目不包括在内：

（1）同时符合以下条件的代垫运输费用：

1）承运部门的运输费用发票开具给购买方的；

2）纳税人将该项发票转交给购买方的。

（2）同时符合以下条件代为收取的政府性基金或者行政事业性收费：

1）由国务院或者财政部批准设立的政府性基金，由国务院或者省级人民政府及其财政、价格主管部门批准设立的行政事业性收费；

2）收取时开具省级以上财政部门印制的财政票据；

3）所收款项全额上缴财政。

除此之外，其他价外费用，无论是否属于纳税人的收入，均应并入销售额计算征税。

2. 销售额的换算

（1）含增值税销售额的换算。

应税消费品的销售额，不包括应向购货方收取的增值税税款。如果纳税人应税消费品的销售额中未扣除增值税税款或者因不得开具增值税专用发票而发生价款和增值税税款合并收取的，在计算消费税时，应当将含增值税的销售额换算为不含增值税税款的销售额。其换算公式为：

$$应税消费品的销售额＝含增值税的销售额÷（1＋增值税税率或征收率）$$

在运用该换算公式时，如果消费税纳税人可以向购买方开具增值税专用发票，应按增值税税率进行换算；如果消费税纳税人不能够向购买方开具增值税专用发票，则应按征收率进行换算。

 【小提示】

在换算时，应根据纳税人的具体情况分别使用增值税税率或者征收率。如果消费税纳税人同时又是增值税一般纳税人，适用13%的税率，如果消费税纳税人是增值税小规模纳税人，适用3%的征收率。

（2）以外汇结算销售额的换算。

纳税人销售的应税消费品，以人民币计算销售额。纳税人以人民币以外的货币结算销售额的，应当折合成人民币计算。其销售额的人民币折合率可以选择销售额发生的当天或者当月1日的人民币汇率中间价。纳税人应在事先确定采用何种折合率，确定后1年内不得变更。

3. 包装物的规定

（1）实行从价计征的应税消费品连同包装物销售的，无论包装物是否单独计价以及在会计上如何核算，均应并入应税消费品的销售额中缴纳消费税。

（2）如果包装物不作价随同产品销售，而是收取押金，此项押金则不应并入应税消费品的销售额中征税。但对因逾期未收回的包装物不再退还的或者已收取的时间超过12个月的押金，应并入应税消费品的销售额，按照应税消费品的适用税率缴纳消费税。

（3）对既作价随同应税消费品销售，又另外收取押金的包装物的押金，凡纳税人在规定的期限内没有退还的，均应并入应税消费品的销售额，按照应税消费品的适用税率缴纳消费税。

（4）对酒类产品生产企业销售酒类产品而收取的包装物押金，无论是否返还以及会计上如何核算，均需并入酒类产品销售额中征收消费税（啤酒、黄酒除外）。啤酒的包装物押金不包括供重复使用的塑料周转箱的押金。

【比一比】

　　增值税和消费税对包装物的税务处理有何不同？

（三）销售数量的确定

销售数量是指应税消费品的数量，具体为：

（1）销售应税消费品的，为应税消费品的销售数量。

（2）自产自用应税消费品的，为应税消费品的移送使用数量。

（3）委托加工应税消费品的，为纳税人收回的应税消费品数量。

（4）进口应税消费品的，为海关核定的应税消费品进口征税数量。

（四）计税依据的特殊规定

1. 计税价格的核定

应税消费品计税价格明显偏低又无正当理由的，税务机关有权核定其计税价格。对应税消费品计税价格的核定权限规定如下：

消费税计税
方法特殊情况

（1）卷烟、白酒和小汽车的计税价格由国家税务总局核定，送财政部备案。

（2）其他应税消费品的计税价格由省、自治区和直辖市国家税务局核定。

（3）进口的应税消费品的计税价格由海关核定。

2. 扣除外购已税消费品已纳消费税的规定

外购的下列应税消费品，用于连续生产应税消费品的，准予从消费税应纳税额中扣除原料已纳的消费税额：

（1）以外购已税烟丝为原料生产的卷烟。

（2）以外购已税高档化妆品为原料生产的高档化妆品。

（3）以外购已税珠宝玉石为原料生产的贵重首饰和珠宝玉石。

（4）以外购已税鞭炮、焰火为原料生产的鞭炮、焰火。

（5）以外购已税石脑油、燃料油等为原料生产的应税成品油。

（6）以外购已税润滑油为原料生产的润滑油。

（7）以外购已税杆头、杆身和握把为原料生产的高尔夫球杆。

（8）以外购已税木制一次性筷子为原料生产的木制一次性筷子。

（9）以外购已税实木地板为原料生产的实木地板。

（10）外购葡萄酒连续生产应税葡萄酒。

（11）啤酒生产集团内部企业间用啤酒液连续罐装生产的啤酒。

从商业企业购进应税消费品连续生产应税消费品，符合抵扣条件的，准予扣除外购应税消费品已纳消费税税款。

上述当期准予扣除的外购应税消费品已纳消费税税款的计算公式为：

$$
\begin{matrix}
\text{当期准予扣除的外购} \\
\text{应税消费品已纳税款}
\end{matrix}
=
\begin{matrix}
\text{当期准予扣除的外购} \\
\text{应税消费品的买价或数量}
\end{matrix}
\times
\begin{matrix}
\text{外购应税消费品} \\
\text{适用税率或税额}
\end{matrix}
$$

$$
\begin{matrix}
\text{当期准予扣除的外购} \\
\text{应税消费品的买价或数量}
\end{matrix}
=
\begin{matrix}
\text{期初库存的外购} \\
\text{应税消费品的买价或数量}
\end{matrix}
+
\begin{matrix}
\text{当期购进的应税} \\
\text{消费品的买价或数量}
\end{matrix}
-
\begin{matrix}
\text{期末库存的外购} \\
\text{应税消费品的买价或数量}
\end{matrix}
$$

公式中"外购应税消费品的买价"是指增值税专用发票上注明的销售额（不含增值税税额）。

对于当期投入生产的原材料，可抵扣的已纳消费税大于当期应纳消费税的，采用按当期应纳消费税的数额申报抵扣，不足抵扣部分按结转下一期申报抵扣的方式处理。

3. 自设非独立核算门市部计税的规定

纳税人通过自设非独立核算的门市部销售的自产应税消费品，应以门市部的对外销售额或销售数量计算征收消费税。

4. 应税消费品用于其他方面的规定

纳税人自产的应税消费品用于换取生产资料和消费资料、投资入股或抵偿债务等方面，应将纳税人同类应税消费品的最高销售价格作为计税销售额。

5. 卷烟计税价格的核定

自 2012 年 1 月 1 日起，卷烟消费税最低计税价格核定范围为卷烟生产企业在生产环节销售的所有牌号、规格的卷烟。

最低计税价格由国家税务总局按照卷烟批发环节销售价格扣除卷烟批发环节批发毛利核定并发布。

【练一练】

多选题：消费税的税基是（　　）。

A. 计征消费税销售额

B. 免征消费税销售额

C. "免抵退"税销售额

D. 从量计征销售数量

 　应纳消费税额的计算

（一）消费税应纳税额的基本计算

1. 采用从价定率计算的应税消费品

应纳税额＝应税消费品的销售额×比例税率

例3-1

某企业202×年5月生产销售高档化妆品10 000盒，每盒售价120元（含包装物价值5元）。计算该厂当月应纳消费税额（售价含增值税）。

解析：

（1）包装物随同应税消费品一起销售的，应并入应税消费品的销售额中缴纳消费税。

（2）应将含增值税税款的销售额换算为不含增值税税款的销售额。

该厂当月应纳消费税额＝（10 000×120）÷（1＋13%）×15%＝159 292.04（元）

2. 采用从量定额计算的应税消费品

应纳税额＝应税消费品的销售数量×定额税率

例3-2

某炼油厂6月份生产销售无铅汽油5 000吨、柴油3 000吨。计算该炼油厂当月应纳消费税额。

解析：

成品油的销售适用定额税率，计量单位"吨"应换算为"升"。

该厂当月应纳消费税额＝5 000×1 388×1.52＋3 000×1 176×1.2

＝14 782 400（元）

3. 采用复合计税方法计算的应税消费品

应纳税额＝应税消费品的销售额×比例税率＋应税消费品的销售数量×定额税率

例3-3

某酒厂2月份生产销售白酒50吨，每吨售价8 000元（不含增值税），计算该厂2月份的应纳消费税额。

解析：

白酒采用复合税率征税。应将计量单位"吨"换算为"斤"，计算出销售数量，再按定额税率和比例税率计算应纳税额。

该厂当月应纳税额＝50×1 000×2×0.5＋50×8 000×20%＝130 000（元）

（二）自产自用应税消费品应纳税额的计算

组成计税价格

1. 用于连续生产应税消费品的，不缴纳消费税

"纳税人自产自用的应税消费品，用于连续生产应税消费品的"，是指纳税人将自产自用的应税消费品作为直接材料生产最终应税消费品，自产自用应税消费品构成最终应税消费品的实体。在这种情况下，对自产自用的应税消费品不征税，只就最终应税消费品征税。

例如，烟厂用自己生产的烟丝加工成卷烟，烟丝和卷烟都是应税消费品，这种情况下，只对最终销售的卷烟征税，对自产自用的烟丝不征税。但是，如果将烟丝用于对外销售,则应按规定征收消费税。

2.用于其他方面的,缴纳消费税

"用于其他方面"是指纳税人将自产自用的应税消费品用于生产非应税消费品、在建工程、管理部门、非生产机构、提供劳务、馈赠、赞助、集资、广告、样品、职工福利、奖励等方面。对用于这些方面的自产自用的应税消费品,均视同对外销售,于移送使用时缴纳消费税。

3.组成计税价格的确定

纳税人自产自用的应税消费品,凡用于其他方面的,应当纳税。具体分以下两种情况:

(1)有同类消费品销售价格的。

纳税人自产自用的应税消费品用于其他方面,且有同类消费品销售价格的,按照纳税人生产的同类消费品的销售价格计算纳税。"同类消费品的销售价格",是指纳税人或者代收代缴义务人当月销售的同类消费品的销售价格,如果当月同类消费品各期销售价格高低不同,应按销售数量加权平均计算。如果应税消费品的销售价格明显偏低且无正当理由,或者无销售价格的,不得列入加权平均计算。如果当月无销售或者当月未完结,应按照同类消费品上月或者最近月份的销售价格计算纳税。

例 3-4

某摩托车制造企业 3 月份生产一批气缸容量在 250 毫升以上的摩托车,6 日销售 5 辆,每辆售价 7 600 元;10 日销售 15 辆,每辆售价 7 800 元;20 日销售 12 辆,每辆售价 8 000 元;26 日销售 8 辆,每辆售价 7 900 元(以上售价不含增值税)。 另有 4 辆摩托车用于赞助摩托车拉力赛。 计算该企业当月应纳消费税额。

解析:

用于赞助的摩托车应视同销售缴纳税款。 先计算出当月摩托车的平均售价,作为 4 辆赞助摩托车的价格,再计算应纳税额。

平均销售价格=（7 600×5+7 800×15+8 000×12+7 900×8）÷（5+15+12+8）
=7 855（元）

当月应纳税额=（7 600×5+7 800×15+8 000×12+7 900×8+7 855×4）×10%
=34 562（元）

---

(2)没有同类消费品销售价格的。

纳税人自产自用的应税消费品,在计算征收时,没有同类消费品销售价格的,按照组成计税价格计算纳税。

实行从价定率办法计算纳税的组成计税价格计算公式为:

组成计税价格=（成本+利润）÷（1-比例税率）

其中:

利润=成本×成本利润率

实行复合计税办法计算纳税的组成计税价格计算公式为:

组成计税价格=（成本+利润+自产自用数量×定额税率）÷（1-比例税率）

应纳税额=组成计税价格×消费税税率+自产自用数量×定额税率

公式中的"成本"是指应税消费品的产品生产成本;"利润"是指根据国家税务总局确定的应税消费品的全国平均成本利润率计算的利润（见表3-3）。

表3-3 应税消费品全国平均成本利润率

序号	应税消费品	成本利润率	序号	应税消费品	成本利润率
1	甲类卷烟	10%	12	电池	4%
2	乙类卷烟	5%	13	摩托车	6%
3	雪茄烟	5%	14	高尔夫球及球具	10%
4	烟丝	5%	15	高档手表	20%
5	粮食白酒	10%	16	游艇	10%
6	薯类白酒	5%	17	木制一次性筷子	5%
7	其他酒	5%	18	实木地板	5%
8	涂料	7%	19	乘用车	8%
9	高档化妆品	5%	20	中轻型商务用车	5%
10	鞭炮、焰火	5%	21	电子烟	10%
11	贵重首饰及珠宝玉石	6%			

例3-5

某化妆品企业将一批高档化妆品作为年终奖励发放给职工，查知无同类产品销售价格，其生产成本为15 000元。 计算该企业应纳消费税税额。

解析：

组成计税价格＝（15 000＋15 000×5%）÷（1－15%）＝18 529.41（元）

应纳消费税税额＝18 529.41×15%＝2 779.41（元）

例3-6

某酒厂将自产的粮食白酒500千克赞助给某单位开庆祝大会，该批白酒尚未投放市场，生产成本为12 000元。 计算该酒厂应纳消费税额。

解析：

组成计税价格＝（12 000＋12 000×10%＋500×2×0.5）÷（1－20%）

＝17 125（元）

应纳消费税税额＝17 125×20%＋500×2×0.5＝3 925（元）

 【练一练】

某汽车制造厂将新研制的小轿车5辆分配给本企业管理部门，没有同类产品的销售价格，该种小轿车的生产成本为每辆12万元，小轿车的全国平均利润率为8%，消费税税率为5%。计算该批自产自用小轿车的应纳消费税额。

（三） 委托加工应税消费品应纳税额的计算

1. 委托加工应税消费品的界定

委托加工的应税消费品，是指由委托方提供原料和主要材料，受托方只收取加工费和代垫部分辅助材料加工的应税消费品。对于由受托方提供原材料生产的应税消费品，或者受托方先将原材料卖给委托方，然后再接受加工的应税消费品，以及由受托方以委托方名义购进原材料生产的应税消费品，不论在财务上是否作销售处理，都不得作为委托加工应税消费品，而应当按照销售自制应税消费品缴纳消费税。

2. 代收代缴税款

委托加工的应税消费品，除受托方为个人外，由受托方在向委托方交货时代收代缴税款。委托个人加工的应税消费品，由委托方收回后缴纳消费税。

委托加工的应税消费品，受托方在交货时已代收代缴税款，委托方收回后直接出售的，不再缴纳消费税。委托加工的应税消费品，委托方用于连续生产应税消费品的，所纳税款准予按规定抵扣。

3. 计税依据的确定

委托加工应纳消费税的计税依据有两种确定方法：

（1）按照受托方同类消费品的销售价格计算纳税。

其应纳税额的计算公式为：

应纳税额＝同类消费品销售单价×委托加工数量×适用税率

（2）没有同类消费品销售价格的，按组成计税价格计算纳税。

实行从价定率办法计算纳税的组成计税价格计算公式：

组成计税价格＝（材料成本＋加工费）÷（1－比例税率）

实行复合计税办法计算纳税的组成计税价格计算公式：

组成计税价格＝（材料成本＋加工费＋委托加工数量×定额税率）÷（1－比例税率）

公式中的"材料成本"是指委托方所提供加工材料的实际成本。委托加工应税消费品的纳税人必须在委托加工合同上如实注明（或者以其他方式提供）材料成本，凡未提供材料成本的，受托方主管税务机关有权核定其材料成本。"加工费"是指受托方加工应税消费品向委托方所收取的全部费用（包括代垫辅助材料的实际成本）。

例 3-7

某化妆品厂受托加工一批高档化妆品，委托方提供原材料成本 30 000 元，该厂收取加工费 10 000 元、代垫辅助材料款 5 000 元，该厂没有同类化妆品销售价格。计算该厂应代收代缴消费税税额。（以上款项均不含增值税）

解析：

组成计税价格＝（30 000＋10 000＋5 000）÷（1－15％）＝52 941.18（元）

该厂应代收代缴消费税税额＝52 941.18×15％＝7 941.18（元）

4. 委托加工收回的应税消费品已纳税额的扣除

委托加工收回的下列应税消费品，用于连续生产应税消费品的，其已纳消费税税款，准予从应纳的消费税税款中抵扣（具体扣除规定见本节"一、消费税的计税依据"相关内容）。

已纳消费税的扣除

当期准予扣除的委托加工收回的应税消费品已纳消费税税款，应按当期生产领用数量计算。计算公式为：

$$\begin{aligned} \text{当期准予扣除的委托加工} \atop \text{应税消费品已纳税款} &= {\text{期初库存的委托加工} \atop \text{应税消费品已纳税款}} \\ &+ {\text{当期收回的委托加工} \atop \text{应税消费品已纳税款}} - {\text{期末库存的委托加工} \atop \text{应税消费品已纳税款}} \end{aligned}$$

例 3-8

某鞭炮厂委托一加工厂加工一批焰火，鞭炮厂提供原料成本为 12 万元，收回产品时，支付加工费 3 万元。加工厂没有同类消费品销售价格。鞭炮厂收回委托加工的焰火后，将其中的 70% 用于生产最终应税消费品并销售，取得不含增值税销售额 15 万元。剩下的 30% 直接用于销售，取得不含增值税销售额 6 万元。计算鞭炮厂的应纳消费税额。

解析：

组成计税价格＝（12＋3）÷（1－15%）＝17.65（万元）

已纳税额＝17.65×15%＝2.65（万元）

可以抵扣的消费税额＝2.65×70%＝1.86（万元）

鞭炮厂应纳消费税额＝15×15%－1.86＝0.39（万元）

【想一想】

为什么对于外购和委托加工收回的已税消费品，用于连续生产应税消费品时，已经缴纳的消费税可以抵扣？它和增值税的计税原理有何相似之处？

（四）进口应税消费品应纳税额的计算

即评即测

消费税应纳税额的计算

进口的应税消费品的消费税由海关代征。进口的应税消费品，由进口人或者其代理人于进口报关时向报关地海关申报纳税（在零售环节征收消费税的金银首饰、钻石及钻石饰品除外）。纳税人进口应税消费品，应当自海关填发海关进口消费税专用缴款书之日起 15 日内缴纳税款。

进口的应税消费品，按照组成计税价格计算纳税。

实行从价定率办法计算纳税的组成计税价格计算公式为：

组成计税价格＝（关税完税价格＋关税）÷（1－消费税比例税率）

实行复合计税办法计算纳税的组成计税价格计算公式为：

组成计税价格＝（关税完税价格＋关税＋进口数量×定额税率）÷（1－消费税比例税率）

公式中的"关税完税价格"，是指海关核定的关税计税价格。

例 3-9

某化妆品生产企业为增值税一般纳税人，8 月上旬从国外进口一批散装高档化妆品，关税完税价格为 170 万元。本月内该企业将进口的散装化妆品的 80% 生产加工为成套化妆品 7 800 件，对外批发销售 6 000 件，取得不含税销售额 290 万元，向消费者零售 800 件，取得含税销售额 50.85 万元。化妆品的进口关税税率为 50%，消费税税率为 15%。

（1）计算该企业在进口环节应缴纳的增值税额、消费税额。

（2）计算该企业国内生产销售环节应缴纳的增值税、消费税。

解析：

组成计税价格 =（170 + 170 × 50%）÷（1 - 15%）= 300（万元）

进口环节应纳增值税额 = 300 × 13% = 39（万元）

进口环节应纳消费税额 = 300 × 15% = 45（万元）

销售环节应纳增值税额 = [290 + 50.85 ÷（1 + 13%）] × 13% - 39 = 4.55（万元）

销售环节应纳消费税额 = [290 + 50.85 ÷（1 + 13%）] × 15% - 45 × 80%

= 14.25（万元）

 【小提示】

消费税与增值税是交叉征收，所有消费税的纳税人都是增值税的纳税人，即只要缴纳了消费税的产品都要缴纳增值税。

 【练一练】

单选题：纳税人将自产的应税消费品用于换取生产资料，投资入股或抵偿债务等，其计算消费税的计税依据是（　　）。

A. 纳税人同类应税消费品的平均销售价格

B. 纳税人同类应税消费品的最高销售价格

C. 纳税人同类应税消费品的最低销售价格

D. 组成计税价格

第三节　出口应税消费品退（免）税

由于消费税是对少数需要调节的特殊消费品进行征税，对不需要调节的消费品在确定征税范围时就没有列入，因此，除极特殊情况外，对被征收消费税的商品一般不给予免税优惠。但《消费税暂行条例》第 11 条规定："对纳税人出口应税消费品，免征消费税；国务院另有规定的除外。""国务院另有规定的"是指国家限制出口的应税消费品。纳税人出口应税消费品已纳的消费税，国家给予的退（免）税政策，与增值税出口退税管理大体相同，不同之处阐述如下。

二、 出口应税消费品的退（免）税政策

出口应税消费品退（免）税政策有三种不同情况：

（1）出口应税消费品免税并退税。有进出口经营权的外贸企业购进应税消费品直接出口以及外贸企业受其他外贸企业委托代理出口应税消费品，出口免税并退税。

（2）出口应税消费品免税不退税。有进出口经营权的生产企业自营出口以及生产企业委托外贸公司代理出口自产的应税消费品，依据出口数量，可以在生产环节直接免征消费税，不需要办理退税手续。

（3）出口应税消费品不免税不退税。该项政策主要适用于除生产企业、外贸企业以外的其他企业（即一般商贸企业），委托外贸企业代理出口应税消费品一律不予退（免）税。

二、 出口应税消费品退税率的确定

消费税的退税率即消费税的征税率，消费税征多少退多少，能够实现彻底的退税。

兼营不同税目的或不同税率的应税消费品出口的，应分别核算销售额或销售数量，未分别核算的，从高适用征税率，但从低适用退税率。

三、 出口应税消费品退税额的计算

外贸企业从生产企业购进货物直接出口或从其他外贸企业委托代理出口应税消费品的应退消费税税款，分两种情况处理。

（一） 从价定率计征消费税退税额的计算

对采用比例税率征税的消费品，应依照外贸企业从工厂购进货物时征收消费税的价格（不包括增值税）计算应退消费税税额，其计算公式为：

应退消费税税额＝出口货物的工厂销售额×适用税率

（二） 从量定额计征消费税退税额的计算

属于从量定额计征消费税的应税消费品，应以货物购进和报关出口的数量计算应退消费税税额，其计算公式为：

应退消费税税额＝出口数量×单位税额

即评即测

出口应税消费
品退免税

四、 出口应税消费品的退税管理

出口的应税消费品办理退税后，发生退关或者国外退货，进口时予以免税的，报关出

口者必须及时向其机构所在地或者居住地主管税务机关申报补缴已退的消费税税款。

纳税人直接出口的应税消费品办理免税后，发生退关或者国外退货，进口时已予以免税的，经机构所在地或者居住地主管税务机关批准，可暂不办理补税，待其转为国内销售时，再申报补缴消费税。

【练一练】

单选题：消费税由（   ）征收，进口的应税消费品的消费税由（   ）代征。

A. 海关；税务机关　　　　　　　　B. 海关；海关

C. 税务机关；海关　　　　　　　　D. 税务机关；税务机关

第四节　消费税的征收管理

一、消费税纳税环节

开征消费税的目的决定了消费税税款最终由消费者负担，但为了防止税款流失，加强源泉控制，降低征管费用，国家对消费税纳税环节作了一些具体规定。

消费税征收管理

（一）生产环节

纳税人生产的应税消费品，由生产者于销售时纳税。其中，生产者自产自用的应税消费品，用于本企业连续生产的不征税；用于其他方面的，于移送使用时纳税。

（二）委托环节

纳税人委托加工的应税消费品，由受托方于委托方提货时代收代缴税款；纳税人委托个体经营者加工的应税消费品，一律于委托方收回后在委托方所在地纳税。

（三）进口环节

纳税人进口的应税消费品，由报关者于进口报关时纳税。

（四）零售环节

金银首饰消费税在零售环节征收，在零售环节征收消费税的金银首饰包括金基、银基合金首饰及金、银和金基、银基合金的镶嵌首饰；钻石及钻石饰品；铂金首饰等。2016年12月1日起，对超豪华小汽车，在生产（进口）环节按现行税率征收消费税基础上，在零售环节加征消费税，税率为10％。

（五） 电子烟、 卷烟批发环节

卷烟消费税既要在生产环节征收，也要在批发环节征收，并且批发企业在计算纳税时不得扣除已含的生产环节的消费税税款。

纳税人批发电子烟的，按照批发电子烟的销售额计算纳税。

 【练一练】

多选题：下列环节既征收消费税又征收增值税的是（   ）。

A. 卷烟的生产和批发环节 B. 金银首饰的生产和零售环节

C. 小汽车的零售环节 D. 高档化妆品的生产环节

多选题：下列环节既征收消费税又征收增值税的有（   ）。

A. 卷烟的批发环节 B. 白酒的批发环节

C. 金银首饰的零售环节 D. 高档化妆品的进口环节

 【小提示】

金银首饰在零售环节征收消费税，卷烟在生产和批发环节均征收消费税。

 【练一练】

多选题：根据现行消费税政策，下列业务应缴纳消费税的有（   ）。

A. 烟草批发企业将卷烟销售给其他烟草批发企业

B. 酒厂以福利形式发放给职工白酒

C. 高档化妆品厂无偿发放香水试用

D. 国内代理商销售进口环节已纳消费税的游艇

 【小提示】

（1） 卷烟批发企业销售给卷烟批发企业以外的单位和个人的卷烟于销售时缴纳消费税；卷烟批发企业之间销售的卷烟不缴纳消费税。（2） 消费税是单一环节征收，游艇消费税在进口环节缴纳过消费税，进口后直接销售的，不再征收消费税。

 二、 消费税纳税义务的发生时间

消费税纳税义务的发生时间分为以下几种情况：

（1） 纳税人销售应税消费品，按不同的销售结算方式，其纳税义务的发生时间为：采取赊销和分期收款结算方式的，其纳税义务的发生时间为书面合同约定的收款日期的当天，书面合同没有约定收款日期或者无书面合同的，为发出应税消费品的当天；采取预收货款结算方式的，其纳税义务的发生时间，为发出应税消费品的当天；采取托收承付和委托银行收款方式的，其纳税义务的发生时间，为发出应税消费品并办妥托收手续的当天；采取其他结算方式的，其纳税义务的发生时间，为收讫销售款或者取得索取销售款凭据的当天。

（2）纳税人自产自用应税消费品的，其纳税义务的发生时间，为移送使用的当天。

（3）纳税人委托加工应税消费品的，其纳税义务的发生时间，为纳税人提货的当天。

（4）纳税人进口应税消费品的，其纳税义务的发生时间，为报关进口的当天。

三、 消费税纳税地点

（一） 纳税人销售应税消费品以及自产自用应税消费品的纳税地点

（1）纳税人销售的应税消费品，以及自产自用的应税消费品，除国务院财政、税务主管部门另有规定外，应当向纳税人机构所在地或者居住地的主管税务机关申报纳税。

（2）纳税人到外县（市）销售或者委托外县（市）代销自产应税消费品的，于应税消费品销售后，向机构所在地或者居住地主管税务机关申报纳税。

（3）纳税人的总机构与分支机构不在同一县（市）的，应当分别向各自机构所在地的主管税务机关申报纳税。纳税人的总机构与分支机构不在同一县（市），但在同一省（自治区、直辖市）范围内，经省（自治区、直辖市）财政厅（局）、税务局审批同意，可以由总机构汇总向总机构所在地的税务机关申报缴纳消费税。

（二） 委托加工应税消费品的纳税地点

（1）委托加工的应税消费品，除受托方为个人外，由受托方向机构所在地或者居住地的主管税务机关解缴消费税税款。

（2）委托个人加工的应税消费品，由委托方向其机构所在地或者居住地主管税务机关申报纳税。

（三） 进口应税消费品的纳税地点

进口的应税消费品，由进口人或者其代理人向报关地海关申报纳税（在零售环节征收消费税的金银首饰、钻石及钻石饰品除外）。

四、 消费税纳税期限

按现行《消费税暂行条例》的规定，消费税的纳税期限分别为1日、3日、5日、10日、15日、1个月或者1个季度。纳税人的具体纳税期限，由主管税务机关根据纳税人应纳税额的大小分别核定；不能按照固定期限纳税的，可以按次纳税。

纳税人以1个月或者1个季度为1个纳税期的，自期满之日起15日内申报纳税；以1日、3日、5日、10日或者15日为1个纳税期的，自期满之日起5日内预缴税款，于次月1日起15日内申报纳税并结清上月应纳税款。

纳税人进口应税消费品，应当自海关填发海关进口消费税专用缴款书之日起 15 日内缴纳税款。

五、 消费税报缴税款的方法

纳税人报缴税款的方法，由所在地主管税务机关视不同情况，从下列方法中确定一种：

（1）纳税人按期向税务机关填报纳税申报表，并填开纳税缴款书，向其所在地代理金库的银行缴纳税款。

（2）纳税人按期向税务机关填报纳税申报表，由税务机关审核后填发缴款书，按期缴纳。

（3）对会计核算不健全的小型业户，税务机关可根据其产销情况，按季或按年核定其应纳税额，分月缴纳。

纳税人销售的应税消费品，如因质量等原因由购买者退回时，经机构所在地或者居住地主管税务机关审核批准后，可退还已缴纳的消费税税款。

 【练一练】

单选题：下列各项行为一般不需自行缴纳消费税的是（　　　）。

A. 将自产的应税消费品对外交换其他应税消费品

B. 将自产的应税消费品对外投资的

C. 将外购的原料委托加工应税消费品

D. 将委托加工收回的应税消费品加价销售

单选题：受托加工应缴纳消费税的消费品，应（　　　）消费税。

A. 由受托方代扣代缴　　　　　　　B. 由受托方代收代缴

C. 由委托方自行缴纳　　　　　　　D. 由税务机关查定征收

即评即测

消费税的征收管理

第五节　消费税纳税申报举例①

一、 企业基本信息

即评即测

消费税纳税申报

企业名称：昆明市新华酒厂

纳税人识别号：5301031234567890000l

企业地址：昆明市学府路 99 号

---

① 本节内容，教师可以根据教学进度自行选择。

法人代表：李强

注册资本：5 000万元

企业开户银行及账号：工商银行昆明市莲花池支行   62270102030415

电话号码：0871－65100888

二、主要经济业务

新华酒厂消费税纳税期限为一个月，202×年9月份主要经济业务有：

（1）销售自产粮食白酒25吨，每吨不含税价为80 000元（不含增值税），收取装卸费2 260元；

（2）将自产的粮食白酒5吨，发给职工作为国庆节福利，白酒对外销售价为每吨50 000元（不含增值税）；

（3）销售自产的啤酒500吨，每吨不含税销售价格是3 000元；

（4）销售自产的黄酒10吨，每吨不含税销售价格是2 000元，收取包装物押金5 000元。

计算新华酒厂应纳消费税税额，并填制消费税及附加税费申报表。

解析：

（1）计算销售白酒应纳消费税税额。

销售额＝25×80 000＋2 260÷（1＋13％）＝2 002 000（元）

销售自产白酒应纳消费税额＝25×2 000×0.5＋25×80 000×20％＋2 260÷（1＋13％）×20％

＝25 000＋400 000＋400＝425 400（元）

（2）根据消费税法律制度的规定，自产应税消费品用于广告、样品、职工福利、奖励等，于移送使用时纳税。

职工福利应纳消费税额＝5×2 000×0.5＋5×50 000×20％＝55 000（元）

第（1）、（2）项总计销售白酒30吨＝30×2 000斤＝60 000斤，销售额＝2 002 000＋250 000＝2 252 000（元）。

应纳消费税额＝425 400＋55 000＝480 400（元）

（3）根据消费税法律制度的规定，确认啤酒的税额时，按出厂价（含包装物押金）单价每吨≥3 000元的，单位税额为250元。

啤酒应纳消费税额＝500×250＝125 000（元）

（4）根据消费税法律制度的规定，黄酒从量计征消费税，消费税额为240元/吨。黄酒押金不征收消费税，到期时没有退还的，一律并入销售额计算增值税。

黄酒应纳税消费税额＝10×240＝2 400（元）

消费税及附加税费申报表，如表3－4所示。

【小提示】

根据《国家税务总局关于增值税 消费税与附加税费申报表整合有关事项的公告》（国家税务总局2021年第20号），自2021年8月1日起，增值税、消费税分别与城市维护建设税、教育费附加、地方教育附加申报表整合，启用《消费税及附加税费申报表》等。

表3-4 消费税及附加税费申报表

税款所属期：自 202×年 9 月 1 日至 202×年 9 月 30 日

纳税人识别号（统一社会信用代码）：53010312345678900001

纳税人名称： 金额单位：人民币元（列至角分）

项目 应税 消费品名称	适用税率		计量单位	本期销售数量	本期销售额	本期应纳税额
	定额税率	比例税率				
	1	2	3	4	5	6＝1×4＋2×5
粮食白酒	0.5 元/斤	20%	500 克	60 000	2 252 000	480 400
啤酒	250 元/吨	—	吨	500	1 500 000	125 000
黄酒	240 元/吨	—	吨	10	20 000	2 400
合计	—	—	—	—	—	607 800

	栏次	本期税费额
本期减（免）税额	7	0
期初留抵税额	8	0
本期准予扣除税额	9	0
本期应扣除税额	10＝8＋9	0
本期实际扣除税额	11 [10＜（6－7），则为 10，否则为 6－7]	0
期末留抵税额	12＝10－11	0
本期预缴税额	13	
本期应补（退）税额	14＝6－7－11－13	607 800
城市维护建设税本期应补（退）税额	15	42 546
教育费附加本期应补（退）费额	16	18 234
地方教育附加本期应补（退）费额	17	12 156

声明：此表是根据国家税收法律法规及相关规定填写的，本人（单位）对填报内容（及附带资料）的真实性、可靠性、完整性负责。

纳税人（签章）： 年 月 日

经办人：
经办人身份证号：
代理机构签章：
代理机构统一社会信用代码：

受理人：
受理税务机关（章）：

受理日期： 年 月 日

本章小结 ▶▶▶

纳税人	在我国境内生产、委托加工和进口应税消费品的单位和个人		
	委托加工——委托方为纳税人，由受托方代收代缴消费税税款（受托方为个人的除外）		
征税范围	烟，酒，高档化妆品，贵重首饰及珠宝玉石，鞭炮、焰火，成品油，摩托车，小汽车，高尔夫球及球具，高档手表，游艇，木制一次性筷子，实木地板，电池，涂料共计 15 个税目		
税率	比例税率	绝大多数	
	定额税率	啤酒、黄酒、成品油	
应纳税额	计税方法	从价定率	应纳税额＝销售额×比例税率
			销售额为销售应税消费品向购买方收取的全部价款和价外费用（含消费税，不含增值税）
		从量定额	应纳税额＝销售数量×定额税率
		复合计税	应纳税额＝销售额×比例税率＋销售数量×定额税率
	应税消费品已纳税款的扣除	将外购应税消费品和委托加工收回的应税消费品继续生产应税消费品销售的，可以将外购应税消费品已缴纳的消费税扣除	
		当期准予扣除外购或委托加工的应税消费品的已纳消费税税款，应按当期生产领用数量计算	
征收管理	纳税义务发生时间	销售应税消费品	销售时
		进口应税消费品	报关进口的当天
		金银首饰、钻石	零售环节纳税
	纳税期限	1 日、3 日、5 日、10 日、15 日、1 个月或者 1 个季度；不能按照固定期限纳税的，可以按次纳税	
	纳税地点	销售应税消费品	机构所在地或居住地主管税务机关缴纳
		自产自用应税消费品	
		委托加工应税消费品	受托方所在地或居住地主管税务机关缴纳
		委托个人加工应税消费品	委托方在其机构所在地或居住地主管税务机关缴纳
		进口应税消费品	报关地海关
	纳税人销售的应税消费品，如因质量等原因由购买者退回时，经所在地主管税务机关审核批准后，可退还已征收的消费税税款		

第四章
关　税

学习目标

知识目标：

1. 了解关税的概念、特点和分类；

2. 理解关税的纳税人、征税范围和税率；

3. 掌握关税完税价格的确定和应纳税额的计算方法；

4. 了解关税的征收管理规定。

能力目标：

1. 正确区分关税的纳税义务人、征税范围和适用税率；

2. 正确计算关税应纳税额。

素养目标：

1. 通过学习关税政策遵循国际贸易规则，理解公平贸易的原则和规则，树立维护公平竞争的意识；

2. 通过学习关税政策，理解关税对社会、经济、环境的影响，培养社会责任感；

3. 关税体现国家主权，培养国家意识和爱国情怀。

学习导航

　　关税是海关代表国家，按照国家制定的关税政策和公布实施的税法及进出口税则，对进出国境或关境的货物和物品征收的一种商品税。它和其他税种的不同之处在于征收的对象是进出境的货物和物品，是单一环节的价外税，由海关代表国家征收，有较强的涉外性。

　　本章内容主要包括关税的概念、特点、分类、关税纳税人、税率、征税范围和关税应纳税额的计算等。重点是关税完税价格的确定，难点是关税应纳税额的计算。

　　【案例导入】202×年9月远东公司进口一批货物，海关审定的成交价格为1 200万元，货物运抵中国境内输入地点起卸前的运费为96万元、保险费为4万元。已知关税税率为10%。请你帮远东公司计算该笔业务应缴纳的关税税额。

📢 **知识框架图**

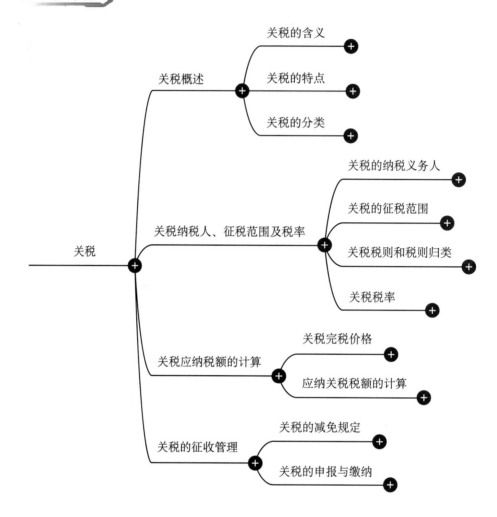

第一节　关税概述

关税是随着商品交换领域不断扩大而产生并逐步发展的。我国自西周以来，在所设的"关卡"开始征收税金，供王室之用。至唐、宋、元、明四代，设立市舶机构管理对外贸易，征收关税。时至今日，关税已经成为贯彻对外经济贸易政策的重要手段，它在调节经济、促进贸易往来、保护民族企业、防止国外经济侵袭、争取关税互惠、增加国家财政收入等方面都具有重要作用。

关税概述

一、关税的含义

关税是海关代表国家，按照国家制定的关税政策和公布实施的税法及进出口税则，对进出国境或关境的货物和物品征收的一种商品税。其中"国境"是一个主权国家全面行使主权的领域，包括领土、领海和领空。"关境"又称为"海关境域"或"关税境域"，是指一国海关征收关税的领域。

通常情况下，一个国家的关境与其国境的范围是一致的，关境即是国境。但由于自由港、自由区和关税同盟的存在，关境和国境有时并不完全一致。在设有自由港（区）的国家，自由港（区）虽在国境之内，但从征收关税的角度来说，它是在该国关境之外，对进出自由港（区）的货物应该征收关税，此时关境小于国境，比如，我国的香港和澳门为单独的关税区。单独关税区不完全适用该国的海关法律、法规。相反，在缔结关税同盟的国家之间，它们相互组成一个共同关境，实施统一的关税法令和税则，彼此间进出境的货物不征收关税，只对来自或运往其他国家的货物进出共同关境时征收关税，这时关境便大于国境，比如欧盟。

二、关税的特点

关税具有以下特点：

（1）纳税上的统一性和一次性。关税按《中华人民共和国海关法》（以下简称《海关法》）、《中华人民共和国关税法》（以下简称《关税法》）、《中华人民共和国进出口税则》（以下简称《进出口税则》）和《中华人民共和国海关关于入境旅客行李物品和个人邮递物品征收进口税办法》（以下简称"物品进口办法"）征收，在征收一次性关税后，货物就可在整个关境内流通，不再另行征收关税。这与其他税种如增值税、消费税等货物劳务税是不同的。

（2）征收上的过"关"性。是否征收关税，以货物是否通过关境为标准。凡是进出关境的货物才征收关税；凡未进出关境的货物则不属于关税的征税对象。

（3）税率上的复式性。各国关税的税率一般都是"复式"的，对不同商品和贸易伙伴差异化待遇，我国进口关税设置最惠国税率、协定税率、特惠税率、普通税率关税配额税率和暂定税率。复式税则充分反映了关税具有维护国家主权、平等互利发展国际贸易往来和经济技术合作的特点。

（4）征管上的权威性。海关是设在关境上的国家行政管理机构，负责征收关税、查禁走私货物、临时保管通关货物和统计进出口商品等。关税是由海关代表国家向纳税人征收的，具有权威性。

（5）关税是单一环节的价外税。在征收关税时，以实际成交价格为计税依据，关税不包括在完税价格之内。但海关代为征收增值税、消费税时，其计税依据包括关税在内。

三、关税的分类

依据不同的标准，关税可以划分为不同的种类。

（一）按征收对象分类

按征收对象进行分类，可以把关税分为进口关税、出口关税。

1. 进口关税

进口关税是指海关在外国货物进口时所课征的关税。进口关税通常在外国货物进入关境或国境时征收，或在外国货物从保税仓库提出运往国内市场时征收。现今世界各国的关税，主要是征收进口税。征收进口税的目的在于保护本国市场和增加财政收入。

2. 出口关税

出口关税是指海关在本国货物出口时所课征的关税。为降低出口货物的成本，提高本国货物在国际市场上的竞争能力，世界各国一般少征或不征出口税。但为限制本国某些产品或自然资源的输出，或为保护本国生产、本国市场供应和增加财政收入以及某些特定的需要，有些国家也征收出口税。

（二） 按征收标准分类

按征收标准进行分类，可以把关税分为从量关税、从价关税、复合关税、选择关税和滑准关税。

1. 从量关税

从量关税是指以货物的计量单位（重量、长度、面积、容积、数量等）作为征税标准，按每一计量单位预先制定的税额计征的关税，称为从量关税。目前，世界各国多采用货物重量为标准征收关税。

2. 从价关税

从价关税是指以征税对象的价格作为计税依据，根据税率按一定比例计征的关税。

3. 复合关税

复合关税是指对一种进口货物同时订出从价、从量两种方式，分别计算出税额，以两个税额之和作为该货物的应纳税额的一种关税。

4. 选择关税

选择关税是指对同一种货物在税则中规定有从价、从量两种关税税率，在征税时选择其中征税金额较多的一种关税。另外，也可选择税额较少的一种标准计征关税。

5. 滑准关税

滑准关税，也称为滑动关税，是指对某种货物在税则中预先按照该商品市场价格的高低，制定出不同价格档次的税率，然后根据进口商品价格的变化而升降进口关税税率。一般是随着进口商品价格的变动呈反方向变动，即价格越高，税率越低，税率为比例税率。

（三） 按约束程度分类

按约束程度进行分类，可以把关税分为自主关税、非自主关税和协定关税。

1. 自主关税

自主关税又称为国定关税，是一个国家基于其主权，独立自主制定并有权修订的关税，包括关税税率及各种法规、条例。国定税率一般高于协定税率，适用于没有签订关税贸易协定的国家。

2. 非自主关税

原殖民地国家被殖民主义者以不平等条约强迫签订和实施的关税。

3. 协定关税

一国与他国通过缔结关税贸易协定而制定的关税税率。协定关税有双边协定税率、多边协定税率和片面协定税率。

（四） 按差别待遇分类

按差别待遇进行分类，可以把关税分为普通关税、歧视关税和优惠关税。

1. 普通关税

普通关税又称为一般关税，是对与本国没有签署贸易或经济互惠等友好协定的国家原产地的货物征收的非优惠性关税。普通关税税率与优惠关税税率的差别很大。

2. 歧视关税

歧视关税也称为差别关税，它实际上是贸易保护主义政策的产物，通过提高关税税率，加重关税负担，来达到报复别国或者保护本国产业或资源的目的。歧视关税可分为加重关税、反补贴关税、反倾销关税和报复关税。

3. 优惠关税

由于历史、政治、经济上的原因，缔约国之间或单方面给予的比正常关税税率低的关税优待为优惠关税，可分为互惠关税、特惠关税、最惠国待遇和普惠制。

第二节 关税纳税人、征税范围及税率

一、关税的纳税义务人

（一） 进出口货物的收发货人

进口货物的收货人、出口货物的发货人、进境物品的携带人或者收件人，是关税的纳税人。从事跨境电子商务零售进口的电子商务平台经营者、物流企业和报关企业，以及法律、行政法规规定负有代扣代缴、代收代缴关税税款义务的单位和个人，是关税的扣缴义务人。

（二） 进出境物品的所有人

进出境物品的所有人包括该物品的所有人和推定为所有人的人。一般情况下，对于携带进境的物品，其携带人为所有人；对分离运输的行李，推定其相应的进出境旅客为所有人；对以邮递方式进境的物品，推定其收件人为所有人；对以邮递或其他运输方式出境的物品，推定其寄件人或托运人为所有人。

二、关税的征税范围

中华人民共和国准许进出口的货物、进境物品，由海关依照《关税法》和有关法律、

行政法规的规定征收关税。

进口货物：从国外进入中国境内的货物，按照《关税法》和《进出口税则》的规定缴纳进口关税。

出口货物：出口关税相对较少，只对部分出口商品征收，如某些资源性产品或需要限制出口的商品。

三、　关税税则和税则归类

中华人民共和国准许进出口的货物，除国家另有规定以外，海关依照《中华人民共和国进出口税则》征收进出口关税。

（一）　关税税则

关税税则是根据国家关税政策和经济政策，通过一定的国家立法程序制定公布实施的，对进出口货物和物品的应税和免税项目加以系统分类的一览表。进出口税则以税率表为主体，通常还包括实施税则的法令、使用税则的有关说明和附录等。

（二）　税则归类

《中华人民共和国进出口税则（2024）》已由国务院关税税则委员会公布，并于2024年1月1日开始实施。包含税目表、税率表、优惠政策、附加税和费用、注释和说明、监管条件、附录和补充材料等，税则税目总数为8 957个。

四、　关税税率

我国现行关税税率分为进口关税（含行邮税）税率、出口关税税率和特别关税。

（一）　进口关税税率

进口关税税率是对进口货物征收关税而规定的税率。根据2024年12月1日起施行的《中华人民共和国关税法》的规定，我国进口货物关税设置最惠国税率、协定税率、特惠税率、普通税率、关税配额税率等税率形式。对进口货物可以在一定时期内实行暂定税率。

1. 最惠国税率

最惠国税率适用于原产于与我国共同适用最惠国待遇条款的世贸组织（WTO）成员国或地区的进口货物，或原产于与我国签订有相互给予最惠国待遇条款的双边贸易协定的国家或地区的进口货物，以及原产于我国境内的进口货物。

2. 协定税率

协定税率适用于原产于我国参加的含有关税优惠条款的区域性贸易协定有关缔约方的进口货物。如对原产于韩国、斯里兰卡和孟加拉国三个曼谷协定成员的739个税目中的进口商品实行协定税率（即曼谷协定税率）。

3. 特惠税率

特惠税率适用于原产于与我国签订有特殊优惠关税协定的国家或地区的进口货物。如对原产于孟加拉国的 18 个税目中的进口商品实行特惠税率（即曼谷协定特惠税率）。

4. 普通税率

普通税率适用于原产于未与我国共同适用最惠国条款的世贸组织（WTO）成员国或地区的进口货物，或未与我国签订有相互给予最惠国待遇、关税优惠条款贸易协定和特殊关税优惠条款贸易协定的国家或者地区的进口货物，以及原产地不明的货物。

5. 关税配额税率

关税配额税率是指按照国家规定实行关税配额管理的进口货物，在一定数量内的进口商品使用较低的关税配额内税率，超出该数量的进口商品适用较高的关税配额外税率。我国实施关税配额管理的商品包括小麦、玉米、稻谷大米、糖、羊毛、毛条、棉花和化肥 8 类。

6. 暂定税率

暂定税率即暂时执行的税率，是对部分进出口货物在一定期限内实施的关税税率，通常情况下低于最惠国税率且优先适用，是常见的自主调整关税的方式。适用最惠国税率、协定税率、关税配额税率的进口货物在一定期限内可以实行暂定税率。2024 年 1 月 1 日起，我国对 1 010 项商品实施低于最惠国税率的进口暂定税率。其中，超过 95％ 的商品集中在食品、药品、消费品、大宗资源商品、设备及关键零部件、化工原料及产品等行业领域。

不同税率的运用是以进口货物的原产地为标准的。确定进境货物原产国的主要原因之一，是便于正确运用进口税则的各栏税率，对产自不同国家或地区的进口货物适用不同的关税税率。我国原产地规定基本上采用了"全部产地生产标准""实质性加工标准"两种国际上通用的原产地标准。"全部产地生产标准"是指完全在一个国家内生产、制造货物。"实质性加工标准"是指经过多个国家加工、制造，以最后一个对货物进行经济上可以视为实质性加工的国家作为原产国。

【想一想】
　　通用汽车中国工厂生产的别克汽车，其原产地应该算是哪一国？

【练一练】
　　单项选择题：根据关税法律制度的规定，对原产于与我国签订含有特殊关税优惠条款的贸易协定的国家或地区的进口货物，按（　　）征收关税。
　　A. 协定税率　　　　B. 最惠国税率　　　　C. 特惠税率　　　　D. 普通税率

（二）行李和邮递物品进口税税率

行李和邮递物品进口税简称为行邮税，是海关对入境旅客行李物品和个人邮递物品征收的进口税。行邮税的纳税义务人一般为携带应税个人自用物品的入境旅客以及进口邮递物品的收件人等。由于其中包含了在进口环节征收的增值税、消费税，因而也是对个人非贸易性入境物品征收的进口关税和进口工商税收的总称。课税对象包括入境旅客、运输工具、服务人员携带的应税行李物品、个人邮递物品、馈赠物品以及以其他方式入境的个人物品等各项物品，简称进口物品。对应税进口旅客行李物品、个人邮递物品以及其他个人自用物品，均应依据"入境旅客行李物品和个人邮递物品进口税税率表"征收行邮税。

（三）　出口关税税率

出口关税税率是对出口货物征收关税而规定的税率。我国出口关税实行一栏税率，即出口税率。我国征收出口关税的总原则是：既要服从于鼓励出口的政策，又要做到能够控制一些商品的盲目出口，因而征收出口关税只限于少数产品，主要是盈利特别多而且利润比较稳定的大宗商品、在国际市场上我国出口已占有相当比重的商品、国际市场上容量有限而盲目出口容易在国外形成削价竞销的商品、国内紧俏又大量进口的商品以及国家控制出口的商品。出口关税实行从价税。

即评即测

关税纳税人、征税范围和税率

（四）　特别关税

为了防范个别国家对我国出口货物的歧视，任何国家或者地区对其进口的原产于中华人民共和国的货物征收歧视性关税或者给予歧视性待遇的，海关对原产于该国家或者地区的进口货物，可以征收特别关税。征收特别关税的货物、适用国别、税率、期限和征收办法，由国务院关税税则委员会决定，海关总署负责实施。特别关税主要有反倾销税、反补贴税、紧急关税、惩罚关税和报复关税五种。

第三节　关税应纳税额的计算

关税应纳税额是根据进出口税则规定的不同计征方法计算出来的，关税的计征方法主要有从价计征、从量计征、复合计征和滑准计征四种方法，在此仅介绍以货物的完税价格为依据征收关税的从价计征方法。

一、关税完税价格

关税完税价格是指海关计征关税的价格，即计税价格或应税价格。

关税应纳税额计算 进出口货物的完税价格依据 2014 年 2 月 1 日实施的《中华人民共和国海关审定进出口货物完税价格办法》（以下简称《完税价格办法》）审定。关税的完税价格分为进口货物的完税价格、出口货物的完税价格以及行李和邮递物品进口税的完税价格等。

（一）　进口货物完税价格的确认

进口货物的完税价格，由海关以进口货物的成交价格以及该货物运抵我国境内输入地点起卸前的运输及相关费用、保险费为基础审查确定。

进口货物的成交价格，是指卖方向中国境内销售该货物时，买方为进口该货物向卖方实付、应付的、并且按《完税价格办法》的价格和间接支付的价款。

在确定进口货物完税价格时应注意以下几点：

（1）下列费用或者价值未包括在进口货物实付或者应付价格中的，应当计入完税价格。

1）由买方负担的除购货佣金以外的佣金和经纪费。"购货佣金"是指买方为购买进口货物向自己的采购代理人支付的劳务费用，"经纪费"是指买方为购买进口货物向代表买卖双方利益的经纪人支付的劳务费用。

2）由买方负担的在审查确定完税价格时，与该货物视为一体的容器费用。

3）由买方负担的包装材料费用和包装劳务费用。

4）与该货物的生产和向我国境内销售有关的，由买方以免费或者以低于成本的方式提供并可以按适当比例分摊的料件、工具、模具、消耗材料及类似货物的价款，以及在境外开发、设计等相关服务的费用。

5）作为该货物向我国境内销售的一项条件，应当由买方直接或间接支付的、与该货物有关的特许权使用费。

6）卖方直接或间接从买方获得的该货物进口后转售、处置或使用的收益。

（2）进口时在货物的价款中列明的下列费用、税收，不计入该货物的完税价格。

1）厂房、机械、设备等货物进口后进行建设、安装、装配、维修和技术服务的费用。

2）进口货物运抵境内输入地点起卸后的运输及其相关费用、保险费。

3）进口关税及国内税收。

4）为在境内复制进口货物而支付的费用。

5）境内外技术培训及境外考察费用。

6）符合条件的利息费用。

7）符合条件的为进口货物而融资产生的利息费用。

（3）进口货物的成交价格不符合上述规定条件的，或者成交价格不能确定的，海关依次以下列价格为基础估定完税价格。

1）从该货物的同一出口国或地区购进的相同货物的成交价格。

2）从该货物的同一出口国或地区购进的类似货物的成交价格。

3）该货物的相同或类似货物在国际市场上公开的成交价格。

4）该货物的相同或类似货物在国内市场的批发价格减去进口关税、进口环节的其他税费、佣金以及进口货物运抵境内输入地点起卸后的运输、储存、保险、营业费用及利润后的价格。

5）按照下列各项总和计算的价格：生产该货物所使用的原材料成本和加工费用，向我国境内销售同等级或者同类货物通常的利润和一般费用，该货物运抵境内输入地点起卸前的各项费用。

（4）进口货物完税价格的审定。

根据进出口货物不同的成交方式，海关对完税价格予以审定。

1）计算地的审定。在进口货物的运输及相关费用、保险费计算中，海关可计算至该货物运抵境内的卸货口岸（包括内河、江口岸）；陆运进口货物可计算至该货物运抵境内的目的地口岸；空运进口货物可计算至该货物运抵境内的目的地口岸。

2）运费及保险费的审定。陆运、空运和海运进口货物的运费和保险费应当按照实际支付的费用计算。如果进口货物的运费无法确定或未实际发生，海关应当按照该货物进口同期运输行业公布的运费率（额）计算运费，同时按照"货价加运费"总额的 3‰ 计算保险费。以其他方式进口的货物：邮运进口货物，应当以邮资作为运输及其相关费用和保险费；以境外边境口岸价格条件成交的铁路和公路运输进口货物，海关应当按照货价的 1% 计算，作为运输及其相关费用和保险费；自驾运输工具进口货物，海关在审定完税价格时，可以不另行计算运费。

例 4 - 1

某公司通过境外代理商进口了一批货物，货价为 600 万元，其中包括向境外采购代理人支付的购货佣金 50 万元；另向境外支付的特许权使用费 20 万元；向运输单位支付运抵我国关境需支付的运费、保险费等 35 万元。计算其完税价格。

解析：

完税价格＝600－50＋20＋35＝605（万元）

（5）其他进口货物完税价格的确定。

1）以租赁方式进口的货物，以海关审查确定的该货物的租金作为完税价格。纳税义务人要求一次性缴纳税款的，纳税义务人可以选择按照一般货物规定估定完税价格。

2）运往境外加工的货物，出境时已向海关报明，并在海关规定的期限内复运进境的，应当以境外加工费和料件费以及复运进境的运输及其相关费用和保险费审查确定完税价格。

3）运往境外修理的机械器具、运输工具或者其他货物，出境时已向海关报明并在海关规定的期限内复运进境的，应当以境外修理费和料件费审查确定完税价格。

关税应纳税额的计算方法如表 4 - 1 所示。

表 4 - 1　关税应纳税额的计算方法

计算方法	适用范围	计算公式
从价税	一般的进（出）口货物	应纳税额＝应税进（出）口货物数量×单位完税价格×适用税率
从量税	进口啤酒、原油等	应纳税额＝应税进口货物数量×关税单位税额
复合税	进口广播用录像机、放像机、摄像机等	应纳税额＝应税进口货物数量×关税单位税额＋应税进口货物数量×单位完税价格×适用税率
滑准税	进口规定适用滑准税的货物	进口商品价格越高，（比例）税率越低；税率与商品进口价格反方向变动，计算方法与从价税计算方法相同

（二）出口货物完税价格的确认

《完税价格办法》规定：出口货物的完税价格，由海关以出口货物的成交价格以及该货物运至中国境内输出地点起卸前的运输及其相关费用、保险费为基础审查确定。

出口货物的成交价格，是指该货物出口时卖方为出口该货物应当向买方直接收取和间接收取的价款总额。

在确定出口货物完税价格时，应注意以下几点：

（1）出口货物若以离岸价成交的，应扣除关税，其完税价格的计算公式为：

完税价格＝离岸价格÷（1＋出口关税税率）

（2）出口货物在成交价中含有支付给国外佣金的，如果单独列明，应予扣除；未单独列明，则不予扣除。出口货物在离岸价之外，买方另行支付货物的包装费，应将其计入完税价格。

（3）出口货物的成交价格中如果包括离境口岸至境外口岸之间的运费、保险费，则该运费、保险费应予以扣除。

（4）出口货物的成交价格不能确定的，完税价格由海关依次使用下列方法估定：

1）同时或大约同时向同一国家或地区出口的相同货物的成交价格。

2）同时或大约同时向同一国家或地区出口的类似货物的成交价格。

3）按照下列各项总和计算的价格：境内生产相同或者类似货物的成本、利润和一般费用，以及境内发生的运输及其相关费用、保险费。

4）按照合理方法估定的价格。

（三）　行李和邮递物品进口税的完税价格

行李和邮递物品进口税的完税价格由海关参照应税物品的境外正常零售价格确定。其依据为海关总署制定的《入境旅客行李物品和个人邮递物品进口税税则归类表》和《入境旅客行李物品和个人邮递物品完税价格表》。

（四）　审定完税价格需要提供的资料

海关为确定进出口货物的完税价格，需要进出口货物的收、发货人在规定的时间内，向海关提供真实、准确、充分、完整的进出口货物买卖双方交易活动的书面资料和电子数据，以及其他与成交价格相关的资料。进出口货物收发人应如实申报进出口货物的成交价格，并提供以下相关资料：进出口货物有关的发票、合同、装箱清单、结付汇清单、业务函电等。同时，进出口货物收发货人也可以提出书面申请，要求海关就如何确定其进出口货物的完税价格做出说明。

海关为确定进出口货物的完税价格，需要推迟做出估价决定时，进出口货物收发货人可以在依法向海关提供担保后，先行提取货物。

📥 **知识链接** ///

国际贸易交易条件

国际贸易交易条件（Terms and Conditions of the Transaction）视交易商品的不同、交易对象的不同、时间和地点的不同而有详略之分，但基本上包括8个基本交易条件，分别为：（1）品质条件；（2）验货条件；（3）数量条件；（4）价格条件；（5）包装刷唛条件；（6）保险条件；（7）交货条件；（8）付款条件。这8个条件在报价时为报价的基本条件，一旦报价为对方接受，则报价的8个条件立即转为国际贸易契约条款。

在国际贸易的交易条款中，最常见的价格条款是FOB、CFR和CIF三种。

FOB（Free on Board）是"船上交货"价格术语的简称。这一价格术语是指卖方在合同规定的装运港把货物装到买方指定的船上，并负责货物装上船为止的一切费用和风险，又称为"离岸价格"。

CFR（Cost and Freight）是"成本加运费"价格术语的简称，又称为"离岸加运费价格"。这一价格术语是指卖方负责将合同规定的货物装上买方指定运往目的港的船上，负责货物装上船为止的一切费用和风险。

CIF（Cost，Insurance and Freight）是"保险费、成本加运费"价格术语的简称，习惯上又称为"到岸价格"。这一价格术语是指卖方负责将合同规定的货物装上买方指定运往目的港的船上，办理保险手续，并支付运费和保险费。

二、 应纳关税税额的计算

（一） 进口关税税额的计算

1. CIF 价格（成本加保险及运费价格）

以我国口岸 CIF 价格成交或者与我国毗邻的国家以两国共同边境地点交货价格成交的，分别以该价格作为完税价格。其计算方法如下：

完税价格＝CIF

进口关税＝完税价格×进口关税税率

例 4－2

某进出口公司从日本进口甲醇，进口申报价格为 CIF 天津 USD500 000。 当日外汇牌价（中间价）为 USD100＝CNY700，税则号列为 29051210，税率为 5.5%。

解析：

先计算出甲醇的完税价格：

USD500 000×7＝3 500 000（元）

再计算出甲醇应缴的进口关税：

3 500 000×5.5%＝192 500（元）

【练一练】

判断题：对于因故退还的中国出口货物已经征收的出口关税，海关予以退还。（   ）

计算题：文华公司委托同辉进出口公司进口商品一批，该进口商品我国口岸 CIF 价格为 240 000 美元，当日外汇牌价（中间价）为 USD100＝CNY700，代理手续费按照货价的 2%收取，进口关税税率为 20%，请计算应缴纳的关税。

2. FOB 价格（装运港船上交货价格）

以国外口岸 FOB 价格或者从输出国购买以国外口岸 CIF 价格成交的，必须分别在上述价格基础上加从发货口岸或者国外交货口岸运到我国口岸以前的运杂费和保险费作为完税价格。若以成本加运费价格成交的，则应另加保险费作为完税价格。

完税价格内应当另加的运费、保险费和其他杂费，原则上应按实际支付的金额计算，若无法得到实际支付金额时，也可以外贸系统海运进口运费率或按协商规定的固定运杂费计算运杂费，保险费则按中国人民保险公司的保险费率计算，其计算公式如下：

完税价格＝（FOB＋运杂费）／（1－保险费率）

例 4 - 3

某进出口公司从美国进口硫酸镁 5 000 吨，进口申报价格为 FOB 旧金山 USD32.5 万元，运费每吨 USD40，保险费率 3‰，当日的外汇牌价（中间价）为 USD100＝CNY700。

解析：

（1）计算运费。

运费＝5 000×40×7＝140（万元）

（2）将进口申报价格由美元折算成人民币。

进口申报价格＝32.5×7＝227.5（万元）

（3）计算完税价格。

完税价格＝（227.5＋140）÷（1－3‰）＝367.5÷0.997＝368.605 8（万元）

经查找，硫酸镁的税则号列为 28332100，税率为 5.5%，计算该批进口硫酸镁的进口关税税额如下：

进口关税税额＝368.605 8×5.5%＝20.273 3（万元）

 【练一练】

5月份，某市广播电视局经批准从国外购入广播级录像机一台，完税价格 2 500 美元，执行最惠国税率，税率为 3%，当日外汇牌价（中间价）为 USD100＝RMB700，请计算应缴纳的关税。

3.CFR 价格（成本加运费价格）

以成本加运费价格（即含运费价格）成交的，应当另加保险费作为完税价格。

完税价格＝CFR／（1－保险费率）

例 4 - 4

某进出口公司从日本进口乙醛 17 吨，保险费率为 0.3%，进口申报价格为 CFR 天津 USD306 000，当日外汇牌价（中间价）为 USD100＝CNY700。乙醛税则号列为 29121200，税率为 5.5%。

解析：

进口申报价格由美元折合成人民币＝306 000×7＝2 142 000（元）

完税价格＝2 142 000÷（1－0.3%）＝2 148 445（元）

进口关税＝2 148 445×5.5%＝118 164（元）

对个别货物实际没有支付运费以及货物没有投保的，在计缴关税时可酌情加运费和普通保险费。由陆路进口的货物，在计算完税价格时，所有应加运费等均应计算至该货物运抵我国境内第一口岸为止。

以上三种术语均适用于海运、内河航运，三者之间的关系是：

CIF 价格＝CFR 价格＋保险费＝FOB 价格＋海运费＋保险费

在上述术语的基础上，为了适应包括海运、内河航运、空运及多种联运的需要，又发展为 CIP、FCA 和 CPT 三种价格术语。

4. 国内正常批发价格

如果海关不能正确确定进口货物在采购地的正常批发价格，应以申报进口时国内输入地点的同类货物的正常批发价格，减去进口关税和进口环节的其他税以及进口后的正常运输、储存、销售费用和利润作为完税价格。如果国内输入地点同类货物的正常批发价格不能正确确定或者有其他特殊情况时，货物的完税价格由海关估定。其计算公式如下：

（1）不交国内增值税、消费税或只交增值税的货物，其完税价格的计算公式为：

完税价格＝国内市场批发价格／（1＋进口关税税率＋20%）

（2）应同时缴纳国内增值税和消费税的货物，其完税价格的计算公式为：

$$完税价格=\cfrac{国内批发价格}{1+进口关税税率+\cfrac{1+进口关税税率}{1-消费税税率}\times 消费税税率+20\%}$$

上述公式的分母中的 20% 为国家统一规定的进口环节各项相关费用和利润占完税价格的比例。

例 4-5

ABC 公司经批准从国外进口一批高档化妆品，其 CIF 价格已经无法确定，进货地国内同类产品的市场正常批发价格为 880 000 元，国内消费税税率为 15%，已知进口关税税率为 40%，计算该商品应纳关税、消费税和增值税。

解析：

完税价格＝880 000÷｛1＋40%＋［（1＋40%）÷（1－15%）×15%］＋20%｝
　　　　＝476 433.12（元）

应纳进口关税额＝476 433.12×40%＝190 573.25（元）

应纳消费税额＝［（476 433.12＋190 573.25）÷（1－15%）］×15%＝117 707（元）

应纳增值税额＝（476 433.12＋190 573.25＋117 707）×13%＝102 012.734（元）

（二）出口关税税额的计算

1. FOB 价格

出口货物以海关审定的货物销售价与境外的离岸价格（FOB），扣除出口关税后，作为完税价格。成交价格中含有支付国外的佣金的，应予扣除；出口货物在离岸价格以外，买方另行支付货物包装费的，应将其计入完税价格。

出口货物的完税价格的计算公式如下：

完税价格＝FOB 价格／（1＋出口关税税率）

出口关税税额＝完税价格×出口关税税率

例 4 - 6

某进出口公司出口 5 500 吨黄磷到日本，每吨 FOB 上海 USD500，磷的出口关税税率为 10%。当日外汇牌价（中间价）为 USD100＝CNY700。计算应纳出口关税。

解析：

完税价格＝FOB 价格／（1＋出口关税税率）＝500×5 500÷（1＋10%）
＝2 500 000（美元）

将美元折合为人民币完税价格＝2 500 000×7＝17 500 000（元）

应纳出口关税＝17 500 000×10%＝1 750 000（元）

 【练一练】

广州某外贸公司向德国出口锡矿一批，成交价格为 FOB（离岸价）汉堡 USD43 100，从广州至汉堡运费为 USD617，保险费为 USD236，锡矿归入税号 26.09，出口关税税率为 50%，当日外汇牌价（中间价）为 USD100＝CNY700，计算应纳出口关税。

2.CIF 价格

出口货物以国外口岸 CIF 价格成交的，应先扣除离开我国口岸后的运费和保险费后，再按上述公式计算完税价格及应缴纳的出口关税。

完税价格＝（CIF 价格－保险费－运费）／（1＋出口关税税率）

出口关税税额＝完税价格×出口关税税率

例 4 - 7

广西某进出口公司向新加坡出口黑钨砂 5 吨，成交价格为 CIF 新加坡 USD4 000，其中运费 USD400，保险费 USD40；计税日外汇牌价（中间价）USD100＝CNY700。计算应纳关税税额。

解析：

完税价格＝（4 000－400－40）×7÷（1＋20%）＝20 767（元）

应缴关税＝20 767×20%＝4 153.4（元）

即评即测

关税应纳税额
的计算

第四节 关税的征收管理

一、关税的减免规定

关税的减免可分为法定减免、特定减免和临时减免三种类型。

（一）法定减免

关税税收优惠及
征收管理

法定减免是依照关税基本法规的规定，对列举的课税对象进行的减免。主要包括以下几个方面：

（1）税额在人民币 50 元以下的一票货物，可免征关税。

（2）无商业价值的广告和货样，可免征关税。

（3）外国政府、国际组织无偿赠送的物资，可免征关税。

（4）进出境运输工具装载的途中必需的燃料、物料和饮食用品以及在海关放行前损失的货物，可免征关税。

（5）因故退还的中国出口货物，经海关审查属实，可予免征进口关税，但已征收的出口关税不予退还。

（6）因故退还的境外进口货物，经海关审查属实，可予以免征出口关税，但已征收的进口关税不予退还。

（7）我国缔结或者参加的国际条约规定减征、免征关税的货物、物品，可减征、免征关税。

（8）法律规定减征、免征的其他货物。

（二）特定减免

特定减免也称为政策性减免，是指在法定减免以外，由国务院或国务院授权的机构颁布法规、规章特别规定的关税减免。具体包括对特定地区、特定行业、特定企业和特定用途的货物的减免等。如对科研单位进口的仪器、设备和大专院校进口的教学、科研设备的关税优惠政策，进口残疾人专用物资的关税优惠政策等。

（三）临时减免

临时减免是指在上面两项减税、免税之外，由于特殊原因，对某个纳税人临时给予的关税减免措施。临时减免一般必须在货物进出口之前，由纳税人向所在地海关提出书面申请，经所在地海关审核后，转报海关总署或海关总署会同国家税务总局、财政部批准。

二、关税的申报与缴纳

（一）关税申报

进口货物的纳税义务人应当自运输工具申报进境之日起 14 日内，出口货物的纳税义务人应当在货物运抵海关监管区后装货的 24 小时以前，向货物进（出）境地海关申报。申报时需填写"中华人民共和国海关进（出）口货物报关单"，并提供发票、提单、合同和箱单或运单，作为海关核定关税完税价格和确定适用税率的依据。

海关对实际货物进行查验后，根据《海关进出口税则》对进（出）口货物进行归类，并依据其完税价格和适用税率计算应缴纳的关税和进口环节代征税，并填发"税款缴款书"。

（二）关税缴纳

纳税义务人应当自海关填发税款缴款书之日起 15 日内向指定银行缴纳税款。如缴纳期限的最后 1 日是周末或法定节假日，则缴纳期限延至周末或法定节假日过后的第 1 个工作日。为方便纳税义务人，经申请且海关同意，进出口货物的纳税义务人可以在设有海关的指运地（起运地）办理海关申报、纳税手续。

纳税人未按期缴纳税款的，从滞纳税款之日起，至缴清之日止，按日加收滞纳税款万分之五的滞纳金，周末或法定节假日不予扣除。滞纳金的起征点为 50 元。如纳税义务人自海关填发税款缴款书之日起 3 个月仍未缴纳税款的，经海关关长批准，海关可以采取强制扣缴、变价抵缴等强制措施。海关征收关税、滞纳金等，应当按人民币计征。

进出口货物的成交价以及有关费用以外币计价的，以中国人民银行公布的基准汇率折合为人民币计算完税价格；以基准汇率币种以外的外币计价的，按照国家有关规定套算为人民币计算完税价格。纳税义务人因不可抗力或者在国家税收政策调整的情形下，不能按期缴纳税款的，经海关总署批准，可以延期缴纳税款，但最长不得超过 6 个月。

（三）关税的追征与补征

补征和追征是海关在关税纳税义务人按海关核定的税额缴纳关税后，发现实际征收税额少于应当征收的税额时，责令纳税义务人补缴所差税款的一种行政行为。由于纳税人违反海关规定造成短征关税的，称为追征。非因纳税人违反海关规定造成短征关税的，称为补征。

根据《海关法》的规定，进出境货物和物品完税后，海关如发现少征或漏征税款的（非因收发货人或其代理人违规），海关有权自缴纳税款或者货物、物品放行之日起 1 年内予以补征。如因发货人或其代理人违反规定而造成少征或者漏征税款的，海关自缴纳税款或者货物、物品放行之日起 3 年内可以追征。

需由海关监管使用的减免税进口货物，在监管年限内转让或者移作他用需要补税的，海关应当根据该货物进口时间折旧估价、补征进口关税。

（四）关税退还

关税退还是关税纳税义务人按海关核定的税额缴纳关税后，因某种原因的出现，海关将实际征收多于应当征收的税额退还给原纳税义务人的一种行政行为。纳税人可以从缴纳税款之日起的 1 年内申请退税，逾期不予受理。

根据《海关法》和《关税法》的规定：

（1）海关多征的税款，海关发现后应当立即退还。

（2）纳税义务人发现的，有下列情形之一的，可以自缴纳税款之日起 1 年内，以书面形式要求海关退还多缴的税款并加算银行同期活期存款利息：

1）因海关误征，多纳税款的。

2）海关核准免验进口的货物，在完税后，发现有短卸情形，经海关审查认可的。

3）已征出口关税的货物，因故未将其运出口，申报退关，经海关查验属实的。

4）已征出口关税的出口货物和已征进口关税的进口货物，因货物品种或规格原因（非其他原因）原状复运进境或出境，经海关查验属实的。如果属于其他原因且不能原状复运进境或出境，不能退税。

即评即测

关税的征收管理

上述退税事项，海关应当自受理退税申请之日起 30 日内查实并通知纳税义务人办理退还手续。纳税义务人应当自收到通知之日起 3 个月内办理有关退税手续。

📥 知识链接 ///

海南离岛免税政策：符合年满 16 周岁，已购买离岛机票、火车票、船票，并持有效身份证件（我国港澳台地区除外的国内旅客持居民身份证、港澳台旅客持旅行证件、国外旅客持护照），离开海南本岛但不离境的国内外旅客，包括海南省居民旅客，每年每人免税购物额度为 10 万元人民币，不限次数。超出免税限额、限量的部分，照章征收进境物品进口税。离岛免税政策免税税种为关税、进口环节增值税和消费税。

📊 本章小结 ▶▶▶

纳税人	(1) 进、出口货物的收、发货人； (2) 入境物品的持有人或所有人； (3) 进口个人邮递物品的收件人	
征税范围	(1) 货物：指贸易性的进出口商品； (2) 物品：指入境旅客随身携带的行李物品、个人邮递物品、各种运输工具上的服务人员携带进口的自用物品、馈赠物品以及其他方式进境的个人物品	
税率	进口关税税率（最惠国待遇、协定税率、特惠税率、普通税率、关税配额税率和暂定税率）、行李和邮递物品进口税率、出口关税税率、特别关税（反倾销税、反补贴税、紧急关税、惩罚关税、报复关税）	
应纳税额计算	计税依据	进口货物以到岸价为基础来确定； 出口货物以离岸价为基础来确定； 行李和邮递物品进口完税价格由海关参照应税物品的境外正常零售价格确定
	应纳税额	(1) 实行从价计征：关税税额＝完税价格×关税税率； (2) 实行从量计征：关税税额＝应税进（出）口货物数量×单位货物税额； (3) 实行复合计征：关税税额＝应税进（出）口货物数量×单位货物税额＋完税价格×关税税率

第五章

企业所得税

◎ 学习目标

知识目标：

1. 掌握企业所得税的纳税人、征税范围及税率；

2. 掌握准予扣除项目、扣除范围及扣除标准的相关规定；

3. 理解企业所得税中资产的税务处理；

4. 掌握企业所得税应纳税额的计算方法；

5. 掌握企业所得税的税收优惠政策；

6. 熟悉企业所得税的征收管理规定。

能力目标：

1. 正确区分居民企业和非居民企业；

2. 正确判断应税收入额、准予扣除项目及扣除标准；

3. 正确计算企业所得税应纳税额；

4. 会填写企业所得税纳税申报表。

素养目标：

1. 党的二十大报告指出，"引导、支持有意愿有能力的企业、社会组织和个人积极参与公益慈善事业。"学习党的二十大精神，培养社会公益意识，体会企业在国家经济发展中的责任担当，坚定"四个自信"；

2. 党的二十大报告指出，"推进教育数字化，建设全民终身学习的学习型社会、学习型大国"，了解职工教育经费扣除政策，树立终身学习的理念，理解教育数字化和建设学习型社会的重要性；

3. 了解我国实施的覆盖创业投资、创新主体、研发活动等创新全链条的税收优惠政策，体会税收政策助力中国高新技术产业、小微企业发展以及西部地区发展，培养支持创新、服务人民的意识，全面理解"人民税收为人民"的内涵；

4. 企业所得税是企业对国家和社会的一种责任，理解企业在追求经济利益的同时，也要履行社会责任；

5. 树立诚信纳税、遵纪守法的良好道德品质和严谨细致的工作作风。

🎩 学习导航

企业是创新主体，为了激励企业创新，国务院多次出台阶段性支持企业创新的减税政策，减税降费是深化供给侧结构性改革的重要举措，是政府简政放权在社会经济领域的深化和体现，对于激发市场主体活力、促进经济发展具有重要意义。

企业所得税是我国的第二大税种，也是本课程非常重要的章节，是一个涉及面较广、所有企业都必须面对的重要税种。企业所得税是国家对企业的生产经营所得和其他所得征收的一种税。它是国家参与企业利润分配，处理国家与企业分配关系的一个重要税种。本章主要介绍企业所得税纳税人、征税对象、税率、应纳税所得额和应纳税额的计算、资产的税务处理、特别纳税调整、税收优惠等。本章的重点是企业所得税应纳税额的计算，难点是税会差异的理解和纳税调整。

【案例导入】 鑫鑫有限公司202×年度生产经营情况如下：

（1）销售产品取得收入5 000万元，其他业务收入300万元，销售成本2 800万元，增值税700万元，税金及附加100万元。

（2）销售费用1 500万元，其中广告费1 000万元。

（3）管理费用580万元，其中业务招待费60万元，新产品开发费80万元。

（4）财务费用80万元，其中向非金融机构借款50万元，年利息为10%，银行同期同类贷款利率为6%。

（5）营业外支出40万元，其中向供货商支付违约金4万元，工商行政管理局罚款2万元，通过民政局向灾区捐赠30万元。

（6）投资收益20万元，其中直接投资某国内企业分得税后利润18万元，国债利息2万元。

（7）该企业已经预缴企业所得税120万元。

要求：

（1）分别用直接法和间接法计算该企业的应纳税所得额。

（2）计算该企业202×年度应纳企业所得税额。

（3）计算该企业202×年度应补、退的所得税额。

知识框架图

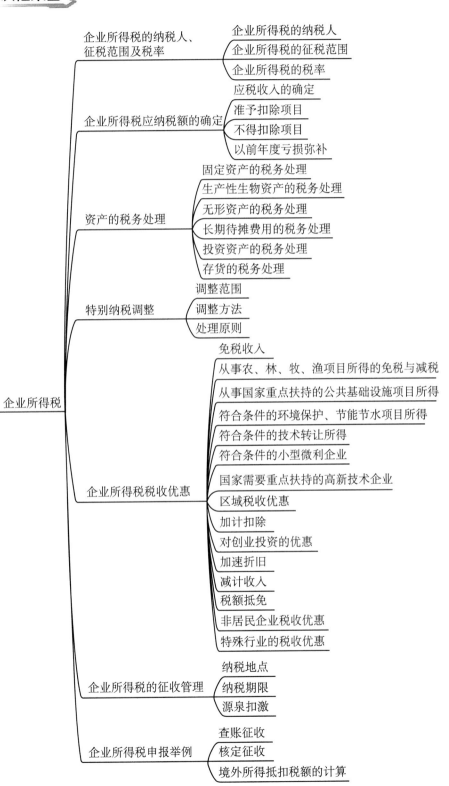

第一节 企业所得税的纳税人、征税范围及税率

一、 企业所得税的纳税人

在中华人民共和国境内，企业和其他取得收入的组织（以下统称"企业"）为企业所得税的纳税人。个人独资企业不适用企业所得税法，而适用个人所得税法，合伙企业合伙人是自然人的，缴纳个人所得税；合伙人是法人和其他组织的，缴纳企业所得税。个人所得税的详细内容见第六章。

企业所得税纳税人和征税对象

我国税法以企业的注册地和实际管理机构所在地和所得来源为标准，把企业划分为居民企业和非居民企业。

（一）居民企业

居民企业是指依法在中国境内成立，或者依照外国（地区）法律成立但实际管理机构在中国境内的企业。

在中国境内成立的企业，包括依照中国法律、行政法规在中国境内成立的企业、事业单位、社会团体以及其他取得收入的组织。

依照外国（地区）法律成立的企业，包括依照外国（地区）法律成立的企业和其他取得收入的组织。

居民企业和非居民企业

实际管理机构，是指对企业的生产经营、人员、账务、财产等实施实质性全面管理和控制的机构。

（二）非居民企业

非居民企业是指依照外国（地区）法律成立且实际管理机构不在中国境内，但在中国境内设立机构、场所的，或者在中国境内未设立机构、场所，但有来源于中国境内所得的企业。

这里的机构、场所，是指在中国境内从事生产经营活动的机构、场所，包括：

（1）管理机构、营业机构、办事机构。

（2）工厂、农场、开采自然资源的场所。

（3）提供劳务的场所。

（4）从事建筑、安装、装配、修理、勘探等工程作业的场所。

（5）其他从事生产经营活动的机构、场所。

（6）非居民企业委托营业代理人在中国境内从事生产经营活动的，包括委托单位或者个人经常代其签订合同，或者储存、交付货物等，该营业代理人视为非居民企业在中国境内设立的机构、场所。

【练一练】

多选题：企业所得税法将企业所得税纳税人分为（   ）。

A. 居民企业   B. 本地企业

C. 外地企业   D. 非居民企业

多选题：适用企业所得税法的企业有（   ）。

A. 个人独资企业   B. 股份有限公司

C. 合伙企业   D. 有限责任公司

二、企业所得税的征税范围

居民企业负有无限的纳税义务，应当就其来源于中国境内、境外的所得缴纳企业所得税；非居民企业仅承担有限纳税义务，仅就其从中国境内取得的所得，依法缴纳企业所得税。

非居民企业在中国境内设立机构、场所的，应当就其所设机构、场所取得的来源于中国境内的所得，以及发生在中国境外但与其所设机构、场所有实际联系的所得，缴纳企业所得税。

非居民企业在中国境内未设立机构、场所的，或者虽设立机构、场所但取得的所得与其所设机构、场所没有实际联系的，应当就其来源于中国境内的所得缴纳企业所得税。

所得，包括销售货物所得、提供劳务所得、转让财产所得、股息红利等权益性投资所得、利息所得、租金所得、特许权使用费所得、接受捐赠所得和其他所得。

例 5-1

甲公司是依照加拿大的法律在加拿大注册成立的，由于甲公司的主要业务均在中国以及环中国周边地区，202×年1月，该公司将其实际管理机构移到上海。甲公司202×年度来源于中国境内的所得为1 000万元，来源于韩国的所得为200万元，来源于印度的所得为800万元，来源于老挝的所得为100万元。请分析甲公司当年应纳税所得额。

解析：

由于甲公司的实际管理机构在中国，因此，属于中国的居民企业。居民企业应当就其来源于中国境内和境外的所得向中国纳税，所以甲公司202×年度的全部所得都应向中国纳税。

应当在中国申报的纳税所得额＝1 000＋200＋800＋100＝2 100（万元）

三、企业所得税的税率

企业所得税的基本税率为25%。

非居民企业在中国境内未设立机构、场所的，或者虽设立机构、场

企业所得税税率

所但取得的所得与其所设机构、场所没有实际联系的，应当就其来源于中国境内的所得缴纳企业所得税。适用税率为20%，但实际征税时适用10%（参见本章第五节中的"非居民企业税收优惠"）。

【练一练】

多选题：现行企业所得税法规定的企业所得税的适用税率有（　　）。

A. 33%　　　　　　　　　B. 25%

C. 20%　　　　　　　　　D. 15%

即评即测

企业所得税的
纳税人、征税
范围及税率

　　　　多选题：根据企业所得税法律制度的规定，下列适用25%企业所得税税率的企业有（　　）。

A. 在中国境内的居民企业

B. 在中国境内设有机构、场所，且取得的所得与其机构、场所有实际联系的非居民企业

C. 在中国境内设有机构、场所，但取得的所得与其机构、场所没有实际联系的非居民企业

D. 在中国境内未设立机构场所的非居民企业

第二节　企业所得税应纳税额的确定

企业每一纳税年度的收入总额，减除不征税收入、免税收入、各项扣除以及允许弥补的以前年度亏损后的余额，为应纳税所得额。

应纳税所得额＝收入总额－不征税收入－免税收入－各项扣除－允许弥补的以前年度亏损

一、应税收入的确定

（一）一般收入的确定

企业以货币形式和非货币形式从各种来源取得的收入为收入总额。包括：

（1）销售货物收入。这是指企业销售商品、产品、原材料、包装物、低值易耗品以及其他存货取得的收入。

（2）提供劳务收入。这是指企业从事建筑安装、修理修配、交通运输、仓储租赁、金融保险、邮电通信、咨询经纪、文化体育、科学研究、技术服务、教育培训、餐饮住宿、中介代理、卫生保健、社区服务、旅游、娱乐、加工以及其他劳务服务活动取得的收入。

收入总额

（3）转让财产收入。这是指企业转让固定资产、生物资产、无形资产、股权、债权等财产取得的收入。

（4）股息、红利等权益性投资收益。这是指企业因权益性投资从被投资方取得的收入。

（5）利息收入。这是指企业将资金提供他人使用但不构成权益性投资，或者因他人占用本企业资金取得的收入，包括存款利息、贷款利息、债券利息、欠款利息等收入。

（6）租金收入。这是指企业提供固定资产、包装物或者其他有形资产的使用权取得的收入。

（7）特许权使用费收入。这是指企业提供专利权、非专利技术、商标权、著作权以及其他特许权的使用权取得的收入。

（8）接受捐赠收入。这是指企业接受的来自其他企业、组织或者个人无偿给予的货币性资产、非货币性资产。

（9）其他收入。这是指企业取得的除上述各项收入之外的其他收入，包括企业资产溢余收入，逾期未退包装物押金收入，确实无法偿付的应付款项、已作坏账损失处理后又收回的应收款项，债务重组收入，补贴收入，违约金收入，汇兑收益等。

（二）不征税收入

不征税收入
及免税收入

收入总额中不包括下列收入：

（1）财政拨款。

（2）依法收取并纳入财政管理的行政事业性收费、政府性基金。

（3）国务院规定的其他不征税收入。

值得注意的是：企业的不征税收入用于支出所形成的费用或形成的资产计算的折旧、摊销，不得在计算应纳税所得额时扣除。

（三）免税收入

免税收入包括以下几个方面：

（1）国债利息收入。

（2）符合条件的居民企业之间的股息、红利等权益性投资收益。

（3）在中国境内设立机构、场所的非居民企业从居民企业取得与该机构、场所有实际联系的股息、红利等权益性投资收益（不包括持有居民企业公开发行并上市流通的股票不足 12 个月取得的投资收益）。

（4）特殊的免税收入。包括：符合条件的非营利组织的收入；企业取得的 2012 年及以后年度发行的地方政府债券利息所得；自 2021 年 11 月 7 日起至 2025 年 11 月 6 日止，对境外机构投资境内债券市场取得的债券利息收入等。企业投资者持有 2019 年至 2027 年发行的铁路债券取得的利息收入，减半征收企业所得税。

值得注意的是：企业取得各项免税收入对应的各项成本费用，除另有规定外，可以在计算应纳税所得额时准予扣除。

【比一比】

　不征税收入与免税收入有何区别？

例5-2

B公司202×年度获得如下收入：销售货物收入5 000万元，转让财产收入3万元，租金收入70万元，财政拨款收入40万元，国债利息收入5万元，从符合条件的居民企业获得股息、红利收入30万元。请计算该公司的应纳税收入。

解析：

该公司的不征税收入为财政拨款收入40万元，免税收入为国债利息收入5万元以及从符合条件的居民企业获得的股息、红利收入30万元。

应纳税收入＝5 000＋3＋70＝5 073（万元）

 【练一练】

判断题：不征税收入是指属于企业的应税所得，但是按照税法规定免予征收企业所得税的收入。（　　）

 【小提示】

免税收入，是指属于企业所得税的征税范围，但是按照税法规定免予征收企业所得税的收入；不征税收入，是指从性质和根源上不属于企业营利性活动带来的经济利益、不作为应纳税所得额组成部分的收入。不征税收入为"不征"，并不是"免税"。所以不征税收入不等于免税收入。

 【练一练】

单选题：根据企业所得税法律制度的规定，下列各项中，属于不征税收入的是（　　）。

A. 国债利息收入　　　　　　　　B. 违约金收入

C. 股息收入　　　　　　　　　　D. 财政拨款

单选题：企业所得税的计税依据是（　　）。

A. 净利润　　　　　　　　　　　B. 收入总额

C. 利润总额　　　　　　　　　　D. 应纳税所得额

扣除原则和范围

 二、**准予扣除项目**

（一）扣除原则和范围

企业申报的扣除项目和金额要真实、合法。所谓真实，是指能提供证明，证明有关支出确属已经实际发生；所谓合法，是指符合国家税法的规定，若其他法规规定与税收法规规定不一致，应以税收法规的规定为标准。除税收法规另有规定外，税前扣除一般应遵循以下原则：

（1）权责发生制原则。它是指企业费用应在发生的所属期扣除，而不是在实际支付时确认扣除。

（2）配比原则。它是指企业发生的费用应当与收入配比扣除。除特殊规定外，企业发生的费用不得提前或滞后申报扣除。

（3）相关性原则。企业可扣除的费用从性质和根源上必须与取得的应税收入直接相关。

（4）确定性原则。即企业可扣除的费用不论何时支付，其金额必须是确定的。

（5）合理性原则。符合生产经营活动常规，应当计入当期损益或者有关资产成本的必要和正常的支出。

（二）准予扣除项目的一般规定

企业实际发生的与取得收入有关的、合理的支出，包括成本、费用、税金、损失和其他支出，准予在计算应纳税所得额时扣除。企业的不征税收入用于支出所形成的费用或者财产不得扣除或者计算对应的折旧、摊销扣除。

成本，是指企业销售商品（产品、材料、下脚料、废料、废旧物资等），提供劳务，转让固定资产、无形资产（包括技术转让）的成本。

费用，是指企业每一个纳税年度在生产、经营商品及提供劳务等过程中发生的销售费用、管理费用和财务费用，已计入成本的有关费用除外。

税金，是指企业发生的除企业所得税和允许抵扣的增值税以外的各项税金及其附加。纳税人按照规定缴纳的消费税、资源税、土地增值税、关税、城市维护建设税、教育费附加、房产税、车船税、城镇土地使用税、印花税等税金及附加，准予在计算应纳税所得额时扣除。

损失，是指企业在生产经营活动中发生的固定资产和存货的盘亏、毁损、报废损失，转让财产损失，呆账损失，坏账损失，自然灾害等不可抗力因素造成的损失以及其他损失。企业发生的损失，减除责任人赔偿和保险赔款后的余额，依照国务院财政、税务主管部门的规定扣除。企业已经作为损失处理的资产，在以后纳税年度又全部收回或者部分收回时，应当计入当期收入。

【小提示】

　　罚没损失不得扣除。

其他支出，是指除成本、费用、税金、损失外，企业在生产经营活动中发生的与生产经营活动有关的、合理的支出。

（三）扣除项目范围和标准

1. 工资、薪金支出

企业发生的合理的工资、薪金支出，准予据实扣除。

工资、薪金，是指企业每一纳税年度支付给在本企业任职或者受雇的员工的所有现金形式或者非现金形式的劳动报酬，包括基本工资、奖

工资薪金及
三项经费

金、津贴、补贴、年终加薪、加班工资以及与员工任职或者受雇有关的其他支出。

2. 职工福利、工会经费、职工培训教育经费支出

与工资薪金有关的职工福利费、工会经费、职工教育费等也可按规定扣除，具体标准为：

（1）企业实际发生的职工福利费支出，不超过工资薪金总额14％的部分，准予扣除。

（2）企业拨缴的工会经费，不超过工资薪金总额2％的部分，准予扣除。

（3）自2018年1月1日起，除国务院财政、税务主管部门另有规定外，企业发生的职工教育经费支出，不超过工资薪金总额8％的部分，准予扣除；超过部分，准予在以后纳税年度结转扣除。软件生产企业发生的职工教育经费中的职工培训费用，可以据实全额在企业所得税前扣除；核力发电企业为培养核电厂操纵员发生的培养费用，可作为企业的发电成本在税前扣除。

例 5 - 3

某公司202×年度发生以下支出：（1）工人工资200万元；（2）年终奖金80万元；（3）劳动补贴40万元；（4）广告费300万元；（5）加班工资40万元；（6）财务费用150万元。计算该公司202×年度发生的允许税前扣除的工资、薪金支出总额。

解析：

公司发生的上述支出中，属于工资、薪金支出的包括第（1）（2）（3）（5）项，因此，该公司发生的允许税前扣除的工资、薪金支出总额是：200＋80＋40＋40＝360（万元）。

---

3. 社会保险费支出

企业依照国务院有关主管部门或者省级人民政府规定的范围和标准为职工缴纳的基本养老保险费、基本医疗保险费、失业保险费、工伤保险费等基本社会保险费和住房公积金，准予扣除。

企业为投资者或者职工支付的补充养老保险费、补充医疗保险费，在国务院财政、税务主管部门规定的范围和标准内，准予扣除。企业根据有关政策规定，为在本企业任职或受雇的全体员工支付的补充养老保险费和补充医疗保险费，分别在不超过职工工资总额5％标准以内的部分，在计算应纳税所得额时准予扣除；超过部分不予扣除。企业职工因公出差乘坐交通工具发生的人身意外保险支出，准予企业在计算应纳税所得额时扣除。

除企业依照国家有关规定为特殊工种职工支付的人身安全保险费和国务院财政、税务主管部门规定可以扣除的其他商业保险费外，企业为投资者或者职工支付的商业保险费，不得扣除。

4. 借款和利息支出

企业在生产经营活动中发生的合理的、不需要资本化的借款费用，准予扣除。

企业为购置、建造固定资产、无形资产和经过12个月以上的建造才能达到预定可销售状态的存货发生借款的，在有关资产购置、建造期间发生的合理的借款费用，应当作为资本性支出计入有关资产的成本，不得一次性扣除。

利息和借款费用

企业在生产经营活动中发生的下列利息支出，准予扣除：

（1）非金融企业向金融企业借款的利息支出、金融企业的各项存款利息支出和同业拆借利息支出、企业经批准发行债券的利息支出。

（2）非金融企业向非金融企业借款的利息支出，不超过按照金融企业同期同类贷款利率计算的数额的部分。

5. 汇兑损失支出

业务招待费

企业在货币交易中，以及纳税年度终了时将人民币以外的货币性资产、负债按照期末即期人民币汇率中间价折算为人民币时产生的汇兑损失，除已经计入有关资产成本以及与向所有者进行利润分配相关的部分外，准予扣除。

6. 业务招待费支出

企业发生的与生产经营活动有关的业务招待费支出，按照发生额的60％扣除，但最高不得超过当年销售（营业）收入的5‰，也就是两者中较低者。

例5-4

某企业202×年发生业务招待费10万元，同时当年企业的销售收入为1 500万元，计算企业业务招待费的扣除限额。

解析：

　　按业务招待费的60％计算扣除限额＝10×60％＝6（万元）

　　按销售收入的5‰计算扣除限额＝1 500×5‰＝7.5（万元）

因为6万元小于7.5万元，所以，当年业务招待费扣除标准为6万元。

7. 广告费和业务宣传费支出

广告费和业务宣传费

企业发生的符合条件的广告费和业务宣传费支出，除国务院财政、税务主管部门另有规定外，不超过当年销售（营业）收入15％的部分，准予扣除；超过部分，准予在以后纳税年度结转扣除。

自2021年1月1日起至2025年12月31日，对化妆品、医药制造和饮料制造（不含酒类制造）企业发生的广告费和业务宣传费支出不超过当年销售收入30％的部分，准予扣除。

烟草企业的烟草广告费和业务宣传费支出，一律不得在计算应纳税所得额时扣除。

例5-5

接例5-4的资料，该企业202×年发生广告费支出250万元，计算该企业广告费支出的扣除限额。

解析：

　　按销售收入15％计算的扣除限额＝1 500×15％＝225（万元）

因为225万元小于250万元，所以广告费扣除限额为225万元，超出标准的25万元可以在以后年度结转。

【小提示】

　　广告费和业务宣传费扣除计算中计算基数相同，都是营业收入即主营业务收入加其他业务收入之和。广告费和业务宣传费超过标准的部分可以无限期向以后年度结转，而业务招待费超过标准的部分不能向以后年度结转。

8. 环境保护专项资金支出

企业依照法律、行政法规有关规定提取的用于环境保护、生态恢复等方面的专项资金，准予扣除。上述专项资金提取后改变用途的，不得扣除。

9. 财产保险费支出

企业参加财产保险，按照规定缴纳的保险费，准予扣除。

10. 固定资产租赁费支出

企业根据生产经营活动的需要租入固定资产支付的租赁费，按照以下方法扣除：

（1）以经营租赁方式租入固定资产发生的租赁费支出，按照租赁期限均匀扣除。

（2）以融资租赁方式租入固定资产发生的租赁费支出，按照规定构成融资租入固定资产价值的部分应当提取折旧费用，分期扣除。

11. 劳动保护支出

企业发生的合理的劳动保护支出，准予扣除。

12. 与总机构分摊的管理费用支出

非居民企业在中国境内设立的机构、场所，就其中国境外总机构发生的与该机构、场所生产经营有关的费用，能够提供总机构出具的费用汇集范围、定额、分配依据和方法等证明文件，并合理分摊的，准予扣除。

捐赠

13. 公益性捐赠支出

公益性捐赠，是指企业通过公益性社会组织或者县级以上人民政府及其部门，用于符合法律规定的慈善活动、公益事业的捐赠。

公益性社会团体，是指同时符合下列条件的基金会、慈善组织以及其他社会组织：

（1）依法登记，具有法人资格。

（2）以发展公益事业为宗旨，且不以营利为目的。

（3）全部资产及其增值为该法人所有。

（4）收益和营运结余主要用于符合该法人设立目的的事业。

（5）终止后的剩余财产不归属任何个人或者营利组织。

（6）不经营与其设立目的无关的业务。

（7）有健全的财务会计制度。

（8）捐赠者不以任何形式参与该法人财产的分配。

（9）国务院财政、税务主管部门会同国务院民政部门等登记管理部门规定的其他条件。

【小提示】

现行可以据实全额在企业所得税税前扣除的特定事项捐赠支出项目主要有三项，我国的税法根据社会经济发展的情况，会调整项目，请学习者关注国家税务总局网站，了解最新规定。

（1）自2019年1月1日至2025年12月31日，企业通过公益性社会组织或者县级（含县级）以上人民政府及其组成部门和直属机构，用于目标脱贫地区的扶贫捐赠支出，准予在计算企业所得税应纳税所得额时据实扣除。

在政策执行期限内，目标脱贫地区实现脱贫的，可继续适用上述政策。

目标脱贫地区包括832个国家扶贫开发工作重点县、集中连片特困地区县（新疆阿克苏地区6县1市享受片区政策）和建档立卡贫困村。

企业同时发生扶贫捐赠支出和其他公益性捐赠支出，在计算公益性捐赠支出年度扣除限额时，符合上述条件的扶贫捐赠支出不计算在内。

企业在2015年1月1日至2018年12月31日期间已发生的符合上述条件的扶贫捐赠支出，尚未在计算企业所得税应纳税所得额时扣除的部分，可执行上述企业所得税政策。

（2）对北京2022年冬奥会、冬残奥会、测试赛参与者实行以下税收政策：

对企业、社会组织和团体赞助、捐赠北京2022年冬奥会、冬残奥会、测试赛的资金、物资、服务支出，在计算企业应纳税所得额时予以全额扣除。

（3）对企业、社会组织和团体赞助、捐赠杭州亚运会的资金、物资、服务支出，在计算企业应纳税所得额时予以全额扣除。

<u>企业当年发生以及以前年度结转的公益性捐赠支出，不超过年度利润总额12%的部分，准予扣除。超过年度利润总额12%的部分，准予结转以后三年内在计算应纳税所得额时扣除。</u>

年度利润总额，是指企业依照国家统一会计制度的规定计算的年度会计利润。

例5-6

某公司202×年度会计利润为100万元，当年通过红十字会捐赠20万元。该公司当年可以在税前扣除的公益性捐赠额为多少？

解析：

该公司会计利润的12%＝100×12%＝12（万元）

实际捐赠额为20万元，大于12万元，因此该公司可税前扣除的公益性捐赠额为12万元，超出部分8万元不得在税前扣除。

14. 手续费及佣金支出

企业发生与生产经营有关的手续费及佣金支出，不超过以下规定计算限额以内的部分，准予扣除；超过部分，不得扣除。

（1）保险企业：保险企业发生与其经营活动有关的手续费及佣金支出，不超过当年全部保费收入扣除退保金等后余额的18%（含本数）的部分，在计算应纳税所得额时准予扣除；超过部分，允许结转以后年度扣除。

（2）其他企业：按与具有合法经营资格中介服务机构或个人（不含交易双方及其雇员、代理人和代表人等）所签订服务协议或合同确认的收入金额的5%计算限额，限额以内的部分，准予扣除；超过部分，不得扣除。

15. 有关资产的费用

企业转让各类固定资产发生的费用，允许扣除。企业按规定发生的固定资产折旧费、无形资产和递延资产的摊销费，准予扣除。

16. 其他项目

依据有关法律、行政法规和国家有关税法规定准予扣除的其他项目，如会员费、合理的会议费、违约金、诉讼费用等。

【练一练】

单选题：根据企业所得税法律制度的规定，企业发生的下列项目在计算企业所得税应纳税所得额时，准予扣除的是（　　）。

A. 赞助支出　　　　　　　　B. 固定资产修理支出

C. 企业所得税税款　　　　　D. 联营企业的亏损

单选题：根据企业所得税法律制度的规定，下列说法正确的是（　　）。

A. 企业发生的费用一律不得重复扣除

B. 企业的不征税收入产生的费用可以按一般的费用进行扣除

C. 企业依法缴纳的增值税税金可以税前扣除

D. 企业依照有关规定为特殊工种职工支付的人身安全保险费可以扣除

【小提示】

除另有规定外，企业实际发生的成本、费用、税金、损失和其他支出，不得重复扣除，如"三新"费用可以加计扣除，支付给残疾人员的工资也可以加计扣除。企业的不征税收入用于支出所形成的费用或者财产，不得扣除或者计算对应的折旧、摊销扣除。企业缴纳的增值税属于价外税，不得税前扣除。

【练一练】

多选题：根据企业所得税法律制度的规定，在计算所得税时，准予扣除的有（　　）。

A. 向客户支付的合同违约金　　　　　B. 向税务机关支付的税收滞纳金

C. 向银行支付的逾期利息　　　　　　D. 向公安部门缴纳的交通违章罚款

单选题：某个人独资企业202×年的销售收入为5 000万元，实际支出的业务招待费为50万元，根据个人所得税法律的规定，在计算应纳税所得额时允许扣除的业务招待费是（　　）万元。

A. 18　　　　　　B. 24　　　　　　C. 25　　　　　　D. 30

企业发生的与生产经营活动有关的业务招待费支出,按照发生额的 60% 扣除,即 50×60% = 30(万元),但最高不得超过当年销售(营业)收入的 5‰,即 5 000×5‰ = 25(万元),所以该企业业务招待费可以扣除的金额是 25 万元。

三、 不得扣除项目

不得扣除项目

不得扣除项目包括:

(1) 向投资者支付的股息、红利等权益性投资收益款项。

(2) 企业所得税税款。

(3) 税收滞纳金。

(4) 罚金、罚款和被没收财物的损失。

(5) 超过规定标准的捐赠支出。

(6) 赞助支出。

(7) 未经核定的准备金支出。

(8) 与取得收入无关的其他支出。

(9) 企业之间支付的管理费、企业内营业机构之间支付的租金和特许权使用费,以及非银行企业内营业机构之间支付的利息。

其中,赞助支出是指企业发生的与生产经营活动无关的各种非广告性质的支出。

未经核定的准备金支出,是指不符合国务院财政、税务主管部门规定的各项资产减值准备、风险准备等准备金支出。

四、 以前年度亏损弥补

亏损的弥补

企业纳税年度发生的亏损,准予向以后年度结转,用以后年度的所得弥补,但结转年限最长不得超过 5 年。从 2018 年 1 月 1 日起对高新技术和科技型中小企业亏损年限延长至 10 年。企业在汇总计算缴纳企业所得税时,其境外营业机构的亏损不得抵减境内营业机构的盈利。5 年内无论是盈利或者亏损,都作为实际弥补期限计算,不得以亏损为由延长时限。这里所说的亏损是指企业财务报表中的亏损额,即经主管税务机关按税法规定核实调整后的金额。

例 5-7

某企业 2019 年亏损 800 万元,2020 年盈利 150 万元,2021 年盈利 300 万元,2022 年盈利 100 万元,2023 年盈利 150 万元,2024 年盈利 400 万元,计算该企业各年度的应纳所得税额。(以上所称亏损、盈利额均为应纳税所得额)

解析:

根据企业所得税法中亏损弥补的相关规定,2019 年的亏损可在以后连续 5 年内税前弥补，因此该企业的亏损弥补期限为 2020 年到 2024 年。

即评即测

企业所得税应纳税额的确定

2020 年盈利 150 万元弥补亏损后，还亏损 650 万元，可在以后年度弥补，本年度不需要纳税。

2021 年盈利 300 万元弥补亏损后，还亏损 350 万元，本年度不需要纳税。

2022 年盈利 100 万元弥补亏损后，还亏损 250 万元，本年度不需要纳税。

2023 年盈利 150 万元弥补亏损后，还亏损 100 万元，本年度不需要纳税。

2024 年盈利 400 万元弥补亏损后，盈利 300 万元，应纳税所得额为 300 万元。

企业所得税税率为 25%，则应纳所得税额 = 300 × 25% = 75（万元）。

第三节　资产的税务处理

企业的各项资产，包括固定资产、生物资产、无形资产、长期待摊费用、投资资产、存货等，以历史成本为计税基础。历史成本，是指企业取得该项资产时实际发生的支出。

企业持有各项资产期间资产增值或者减值，除国务院财政、税务主管部门规定可以确认损益外，不得调整该资产的计税基础。

固定资产和
生物性资产

一　固定资产的税务处理

税法所称固定资产，是指企业为生产产品、提供劳务、出租或者经营管理而持有的、使用时间超过 12 个月的非货币性资产，包括房屋、建筑物、机器、机械、运输工具以及其他与生产经营活动有关的设备、器具、工具等。

（一）固定资产的计税基础

外购的固定资产，以购买价款和支付的相关税费以及直接归属于使该资产达到预定用途发生的其他支出为计税基础。

自行建造的固定资产，以竣工结算前发生的支出为计税基础。

融资租入的固定资产，以租赁合同约定的付款总额和承租人在签订租赁合同过程中发生的相关费用为计税基础，租赁合同未约定付款总额的，以该资产的公允价值和承租人在签订租赁合同过程中发生的相关费用为计税基础。

盘盈的固定资产，以同类固定资产的重置完全价值为计税基础。

通过捐赠、投资、非货币性资产交换、债务重组等方式取得的固定资产，以该资产的公允价值和支付的相关税费为计税基础。

改建的固定资产，除已足额提取折旧的固定资产的改建支出和租入固定资产的改建支出外，其他固定资产以改建过程中发生的改建支出增加计税基础。

（二）折旧的相关规定

固定资产按照直线法计算的折旧，准予扣除。企业应当自固定资产投入使用月份的次月起计算折旧；停止使用的固定资产，应当自停止使用月份的次月起停止计算折旧。即当月增加的固定资产当月不提折旧，当月减少的固定资产当月要提折旧。

企业应当根据固定资产的性质和使用情况，合理确定固定资产的预计净残值。固定资产的预计净残值一经确定，不得变更。

1. 折旧年限的相关规定

除国务院财政、税务主管部门另有规定外，固定资产计算折旧的最低年限如下：

（1）房屋、建筑物，为 20 年。

（2）飞机、火车、轮船、机器、机械和其他生产设备，为 10 年。

（3）与生产经营活动有关的器具、工具、家具等，为 5 年。

（4）飞机、火车、轮船以外的运输工具，为 4 年。

（5）电子设备，为 3 年。

从事开采石油、天然气等矿产资源的企业，在开始商业性生产前发生的费用和有关固定资产的折耗、折旧方法，由国务院财政、税务主管部门另行规定。

2. 折旧的计提范围

在计算应纳税所得额时，企业按照规定计算的固定资产折旧，准予扣除。

下列固定资产不得计算折旧扣除：

（1）房屋、建筑物以外未投入使用的固定资产。

（2）以经营租赁方式租入的固定资产。

（3）以融资租赁方式租出的固定资产。

（4）已足额提取折旧仍继续使用的固定资产。

（5）与经营活动无关的固定资产。

（6）单独估价作为固定资产入账的土地。

（7）其他不得计算折旧扣除的固定资产。

二、生产性生物资产的税务处理

生产性生物资产，是指企业为生产农产品、提供劳务或者出租等而持有的生物资产，包括经济林、薪炭林、产畜和役畜等。

（一）生物性资产的计税基础

生产性生物资产按照以下方法确定计税基础：

（1）外购的生产性生物资产，以购买价款和支付的相关税费为计税基础。

（2）通过捐赠、投资、非货币性资产交换、债务重组等方式取得的生产性生物资产，以该资产的公允价值和支付的相关税费为计税基础。

（二）生物性资产的折旧

生产性生物资产按照直线法计算的折旧，准予扣除。

企业应当自生产性生物资产投入使用月份的次月起计算折旧；停止使用的生产性生物资产，应当自停止使用月份的次月起停止计算折旧。即当月增加的生物资产当月不提折旧，当月减少的生物资产当月要提折旧。

企业应当根据生产性生物资产的性质和使用情况，合理确定生产性生物资产的预计净残值。生产性生物资产的预计净残值一经确定，不得变更。

生产性生物资产计算折旧的最低年限如下：

（1）林木类生产性生物资产，为 10 年。

（2）畜类生产性生物资产，为 3 年。

无形资产

三、　无形资产的税务处理

无形资产，是指企业为生产产品、提供劳务、出租或者经营管理而持有的、没有实物形态的非货币性长期资产，包括专利权、商标权、著作权、土地使用权、非专利技术、商誉等。在计算应纳税所得额时，企业按照规定计算的无形资产摊销费用，准予扣除。

（一）无形资产的计税基础

无形资产按照以下方法确定计税基础：

（1）外购的无形资产，以购买价款和支付的相关税费以及直接归属于使该资产达到预定用途发生的其他支出为计税基础。

（2）自行开发的无形资产，以开发过程中该资产符合资本化条件后至达到预定用途前发生的支出为计税基础。

（3）通过捐赠、投资、非货币性资产交换、债务重组等方式取得的无形资产，以该资产的公允价值和支付的相关税费为计税基础。

（二）无形资产的摊销

无形资产按照直线法计算的摊销费用，准予扣除。无形资产的摊销年限不得低于10 年。

作为投资或者受让的无形资产，有关法律规定或者合同约定了使用年限的，可以按照规定或者约定的使用年限分期摊销。

外购商誉的支出，在企业整体转让或者清算时，准予扣除。

下列无形资产不得计算摊销费用扣除：

（1）自行开发的支出已在计算应纳税所得额时扣除的无形资产。

（2）自创商誉。

（3）与经营活动无关的无形资产。

（4）其他不得计算摊销费用扣除的无形资产。

四、 长期待摊费用的税务处理

长期待摊费用

长期待摊费用，是指企业发生的应在 1 个年度以上进行摊销的费用。

企业发生的下列长期待摊费用，按照规定摊销的，准予扣除：

（1）已足额提取折旧的固定资产的改建支出。

（2）租入固定资产的改建支出。

（3）固定资产的大修理支出。

（4）其他应当作为长期待摊费用的支出。

固定资产的改建支出，是指改变房屋或者建筑物结构、延长使用年限等发生的支出。按照固定资产预计尚可使用年限分期摊销；租入固定资产的改建支出，按照合同约定的剩余租赁期限分期摊销。

改建的固定资产延长使用年限的，除已足额提取折旧的固定资产的改建支出、租入固定资产的改建支出外，应当适当延长折旧年限。

固定资产的大修理支出，是指同时符合下列条件的支出：

（1）修理支出达到取得固定资产时的计税基础 50％以上。

（2）修理后固定资产的使用年限延长 2 年以上。

固定资产的大修理支出，按照固定资产尚可使用年限分期摊销。

其他应当作为长期待摊费用的支出，自支出发生月份的次月起，分期摊销，摊销年限不得低于 3 年。

五、 投资资产的税务处理

投资资产和存货

投资资产，是指企业对外进行权益性投资和债权性投资形成的资产。

企业对外投资期间，投资资产的成本在计算应纳税所得额时不得扣除。企业在转让或者处置投资资产时，投资资产的成本准予扣除。

投资资产按照以下方法确定成本：

（1）通过支付现金方式取得的投资资产，以购买价款为成本。

（2）通过支付现金以外的方式取得的投资资产，以该资产的公允价值和支付的相关税费为成本。

六、 存货的税务处理

存货，是指企业持有以备出售的产品或者商品，处在生产过程中的在产品、在生产或者提供劳务过程中耗用的材料和物料等。企业使用或者销售存货，按照规定计算的存货成本，准予在计算应纳税所得额时扣除。

存货按照以下方法确定成本：

（1）通过支付现金方式取得的存货，以购买价款和支付的相关税费为成本。

（2）通过支付现金以外的方式取得的存货，以该存货的公允价值和支付的相关税费为成本。

（3）生产性生物资产收获的农产品，以产出或者采收过程中发生的材料费、人工费和分摊的间接费用等必要支出为成本。

企业使用或者销售的存货的成本计算方法，可以在先进先出法、加权平均法、个别计价法中选用一种。计价方法一经选用，不得随意变更。

 【练一练】

即评即测

资产的税务处理

多选题：根据企业所得税法律制度的规定，下列固定资产中，在计算企业所得税应纳税所得额时，不得计算折旧扣除的有（　　）。

A. 购入的一台尚在运输途中的生产设备

B. 经营租入的某街边门店

C. 已提足折旧但仍使用的某台机床

D. 融资租入的一台机器设备

第四节　特别纳税调整

一、调整范围

企业与其关联方之间的业务往来，不符合独立交易原则而减少企业或者其关联方应纳税收入或者所得额的，税务机关有权按照合理方法调整。所谓独立交易原则，是指没有关联关系的交易各方，按照公平成交价格和营业常规进行业务往来遵循的原则。

关联方，是指与企业有下列关联关系之一的企业、其他组织或者个人：

（1）在资金、经营、购销等方面存在直接或者间接的控制关系。

（2）直接或者间接地同为第三者控制。

（3）在利益上具有相关联的其他关系。

二、调整方法

关联方交易的调整方法有以下几种：

（1）可比非受控价格法，是指按照没有关联关系的交易各方进行相同或者类似业务往来的价格进行定价的方法。

（2）再销售价格法，是指按照从关联方购进商品再销售给没有关联关系的交易方的价格，减除相同或者类似业务的销售毛利进行定价的方法。

（3）成本加成法，是指按照成本加合理的费用和利润进行定价的方法。

（4）交易净利润法，是指按照没有关联关系的交易各方进行相同或者类似业务往来取得的净利润水平确定利润的方法。

（5）利润分割法，是指将企业与其关联方的合并利润或者亏损在各方之间采用合理标准进行分配的方法。

（6）其他符合独立交易原则的方法。

三、 处理原则

关联方交易按以下原则处理：

（1）企业与其关联方共同开发、受让无形资产，或者共同提供、接受劳务发生的成本，在计算应纳税所得额时应当按照独立交易原则进行分摊。

（2）企业可以向税务机关提出与其关联方之间业务往来的定价原则和计算方法，税务机关与企业协商、确认后，达成预约定价安排。

（3）企业向税务机关报送年度企业所得税纳税申报表时，应当就其与关联方之间的业务往来，附送年度关联业务往来报告表。

税务机关在进行关联业务调查时，企业及其关联方，以及与关联业务调查有关的其他企业，应当按照规定提供相关资料。这些相关资料包括：

1）与关联业务往来有关的价格、费用的制定标准、计算方法和说明等同期资料；

2）关联业务往来所涉及的财产、财产使用权、劳务等的再销售（转让）价格或者最终销售（转让）价格的相关资料；

3）与关联业务调查有关的其他企业应当提供的与被调查企业可比的产品价格、定价方式以及利润水平等资料；

4）其他与关联业务往来有关的资料。

（4）企业不提供与其关联方之间业务往来资料，或者提供虚假、不完整资料，未能真实反映其关联业务往来情况的，税务机关有权依法核定其应纳税所得额。

核定企业的应纳税所得额时，可以采用下列方法：

1）参照同类或者类似企业的利润率水平核定；

2）按照企业成本加合理的费用和利润的方法核定；

3）按照关联企业集团整体利润的合理比例核定；

4）按照其他合理方法核定。

（5）由居民企业，或者由居民企业和中国居民控制的设立在实际税负明显低于25％的国家（地区）的企业，并非由于合理的经营需要而对利润不作分配或者减少分配的，上述利润中应归属于该居民企业的部分，应当计入该居民企业的当期收入。

（6）企业从其关联方接受的债权性投资与权益性投资的比例超过规定标准而发生的利息支出，不得在计算应纳税所得额时扣除。

（7）企业实施其他不具有合理商业目的的安排而减少其应纳税收入或者所得额的，税务机关有权按照合理方法调整。

即评即测

特别纳税调整

（8）税务机关依照相关规定做出纳税调整，需要补征税款的，应当补征税款，并按照国务院规定加收利息。利息应当按照税款所属纳税年度中国人民银行公布的与补税期间同期的人民币贷款基准利率加 5 个百分点计算。税务机关根据税收法律、行政法规的规定，对企业做出特别纳税调整的，应当对补征的税款，自税款所属纳税年度的次年 6 月 1 日起至补缴税款之日止的期间，按日加收利息。加收的利息，不得在计算应纳税所得额时扣除。

企业与其关联方之间的业务往来，不符合独立交易原则，或者企业实施其他不具有合理商业目的安排的，税务机关有权在该业务发生的纳税年度起 10 年内，进行纳税调整。

第五节　企业所得税税收优惠

税收优惠是国家根据经济和社会发展的需要，在一定的期限内对特定地区、行业和企业的纳税人应缴纳的税款，给予减征或者免征的一种鼓励和照顾措施。企业所得税的税收优惠体现了国家的政策导向，如我国现行的企业所得税法对技术创新和科技进步、基础设施建设、农业发展及环境保护与节能、安全生产、公益事业等都给予税收优惠。

企业所得税税收优惠的基本原则是：国家对重点扶持和鼓励发展的产业和项目，给予企业所得税优惠。优惠方式包括免税、减税、加计扣除、加速折旧、减计收入、税额抵免等。

一、免税收入

免税收入是指对纳税人收入总额中的部分符合一定条件的收入免税。此部分内容详见第二节。

> 【想一想】
>
> 　为什么税法规定：在中国境内设立机构、场所的非居民企业从居民企业取得与该机构、场所有实际联系的股息、红利等权益性投资收益免税，而居民企业从非居民企业取得与该机构、场所有实际联系的股息、红利等权益性投资收益不免税呢？

二、从事农、林、牧、渔项目所得的免税与减税

（一）免税

企业从事下列项目的所得，免征企业所得税：

（1）蔬菜、谷物、薯类、油料、豆类、棉花、麻类、糖料、水果、坚果的种植。

（2）农作物新品种的选育。

（3）中药材的种植。

（4）林木的培育和种植。

（5）牲畜、家禽的饲养。

（6）林产品的采集。

（7）灌溉、农产品初加工、兽医、农技推广、农机作业和维修等农、林、牧、渔服务业项目。

（8）远洋捕捞。

（二）减税

企业从事下列项目的所得，减半征收企业所得税：

（1）花卉、茶以及其他饮料作物和香料作物的种植。

（2）海水养殖、内陆养殖。

企业从事国家限制和禁止发展的项目，不得享受上述企业所得税优惠。

三、从事国家重点扶持的公共基础设施项目所得

企业所得税税收优惠——三免三减半

企业所得税法中国家重点扶持的公共基础设施项目，是指《公共基础设施项目企业所得税优惠目录》规定的港口码头、机场、铁路、公路、城市公共交通、电力、水利等项目。

企业从事上述国家重点扶持的公共基础设施项目的投资经营的所得，自项目取得第一笔生产经营收入所属纳税年度起，第一年至第三年免征企业所得税，第四年至第六年减半征收企业所得税。

企业承包经营、承包建设和内部自建自用上述规定的项目，不得享受企业所得税优惠。

四、符合条件的环境保护、节能节水项目所得

符合条件的环境保护、节能节水项目，包括公共污水处理、公共垃圾处理、沼气综合开发利用、节能减排技术改造、海水淡化等。项目的具体条件和范围由国务院财政、税务主管部门会同国务院有关部门制定，报国务院批准后公布施行。

企业从事上述符合条件的环境保护、节能节水项目的所得，自项目取得第一笔生产经营收入所属纳税年度起，第一年至第三年免征企业所得税，第四年至第六年减半征收企业所得税。

享受从事国家重点扶持的公共基础设施项目所得，符合条件的环境保护、节能节水项目所得优惠的项目，在减免税期限内转让的，受让方自受让之日起，可以在剩余期限内享

受规定的减免税优惠；减免税期限届满后转让的，受让方不得就该项目重复享受减免税优惠。

五、 符合条件的技术转让所得

符合条件的技术转让所得免征、减征企业所得税，是指一个纳税年度内，居民企业技术转让所得不超过 500 万元的部分，免征企业所得税；超过 500 万元的部分，减半征收企业所得税。

技术转让所得＝技术转让收入－技术转让成本－相关税费

例 5-8

202×年某汽车厂取得技术转让所得 720 万元，要求计算该转让收入应纳企业所得税税额。

解析：

因为该技术转让所得超过 500 万元，超过部分减半征收企业所得税。

应纳企业所得税税额＝（720－500）×25％×50％＝27.5（万元）

企业所得税税收
优惠——小型
微利企业

六、 符合条件的小型微利企业

根据财政部、税务总局相关规定，自 2023 年 1 月 1 日至 2027 年 12 月 31 日，对小型微利企业年应纳税所得额不超过 300 万元的部分，减按 25％计入应纳税所得额，按 20％的税率缴纳企业所得税。

小型微利企业是指从事国家非限制和禁止行业，且同时符合年度应纳税所得额不超过 300 万元、从业人数不超过 300 人、资产总额不超过 5 000 万元三个条件的企业。

季度平均值＝（季初值＋季末值）÷2

全年季度平均值＝全年各季度平均值之和÷4

年度中间开业或者终止经营活动的，以其实际经营期作为一个纳税年度确定上述相关指标。

原不符合小型微利企业条件的企业，在年度中间预缴企业所得税时，按照相关政策标准判断符合小型微利企业条件的，应按照截至本期预缴申报所属期末的累计情况，计算减免税额。当年度此前期间如因不符合小型微利企业条件而多预缴的企业所得税税款，可在以后季度应预缴的企业所得税税款中抵减。

企业预缴企业所得税时享受了小型微利企业所得税优惠政策，但在汇算清缴时发现不符合相关政策标准的，应当按照规定补缴企业所得税税款。

小型微利企业无论按查账征收方式或核定征收方式缴纳企业所得税，均可享受上述优惠政策。

【想一想】

为什么国家要对小型微利企业出台各种税收优惠政策?

 【小提示】

国家对小型微利企业每年均会更新税收优惠政策,请读者关注国家税务总局网站最新政策。

例 5-9

利民厂是专门生产灭蚊系列产品的街道小厂,在职人员 62 人,资产总值 300 万元,202× 年应纳税所得额 26 万元。 计算该厂应纳企业所得税税额。

解析:

该厂属于小型微利企业,适用 20% 的税率,且所得可以减按 25% 计算。

应纳企业所得税税额 = 26 × 20% × 25% = 1.3(万元)

例 5-10

新华厂是专门生产日用化工产品的小型企业,在职人员 156 人,资产总值 1 000 万元,202× 年应纳税所得额 220 万元。 计算该厂应纳企业所得税税额。

解析:

该厂属于小型微利企业,适用 20% 的税率,且所得可以减按 25% 计算。

应纳企业所得税税额 = 220 × 20% × 25% = 11(万元)

七、 国家需要重点扶持的高新技术企业

国家需要重点扶持的高新技术企业,减按 15% 的税率征收企业所得税。

国家需要重点扶持的高新技术企业,是指拥有核心自主知识产权,并同时符合下列条件的企业:

(1)产品(服务)属于《国家重点支持的高新技术领域》规定的范围。

(2)研究开发费用占销售收入的比例不低于规定比例。

(3)高新技术产品(服务)收入占企业总收入的比例不低于规定比例。

(4)科技人员占企业职工总数的比例不低于规定比例。

(5)高新技术企业认定管理办法规定的其他条件。

《国家重点支持的高新技术领域》和《高新技术企业认定管理办法》由科技部等部门商国务院有关部门制定,报国务院批准后公布施行。

八、 区域税收优惠

（1）民族自治地方的减免税。民族自治地方的自治机关对本民族自治地方的企业应缴纳的企业所得税中属于地方分享的部分，可以决定减征或者免征。自治州、自治县决定减征或者免征的，须报省、自治区、直辖市人民政府批准。民族自治地方，是指依照《中华人民共和国民族区域自治法》的规定，实行民族区域自治的自治区、自治州、自治县。对民族自治地方内国家限制和禁止行业的企业，不得减征或者免征企业所得税。民族自治地方只能对地方财政分享的40％企业所得税收入部分实行减征、免征。

（2）国家西部大开发税收优惠。2021年1月1日至2030年12月31日，对设在西部地区以《西部地区鼓励类产业目录》中规定的产业项目为主营业务，且其主营业务收入占企业收入总额60％以上的企业，可减按15％的税率征收企业所得税。享受原定期减免税优惠的企业可以继续执行税收优惠至期满，涉及享受减半征税优惠的，可以按照企业适用税率计算的应纳税额减半征收。

（3）西部地区的行业、企业，符合规定的，可享受"两免三减半"优惠，即第一年至第二年免征企业所得税，第三年至第五年减半征收企业所得税。

企业所得税税收优惠——加计扣除

九、 加计扣除

企业的下列支出，可以在计算应纳税所得额时加计扣除：

（1）开发新技术、新产品、新工艺发生的研究开发费用。

研究开发费用的加计扣除，是指企业为开发新技术、新产品、新工艺发生的研究开发费用。

除烟草制造业、住宿和餐饮业、批发和零售业、房地产业、租赁和商务服务业、娱乐业以外，其他企业均可享受研发费用加计扣除。

企业未设立专门的研发机构或企业研发机构同时承担生产经营任务的，应对研发费用和生产经营费用分别核算，准确合理地计算各项研究开发费用支出，对划分不清的，不得实行加计扣除。

企业开展研发活动中实际发生的研发费用，未形成无形资产计入当期损益的，在按规定据实扣除的基础上，自2023年1月1日起，再按照实际发生额的100％在税前加计扣除；形成无形资产的，自2023年1月1日起，按照无形资产成本的200％在税前摊销。

符合条件的集成电路企业和工业母机企业开展研发活动中实际发生的研发费用，未形成无形资产计入当期损益的，在按规定据实扣除的基础上，在2023年1月1日至2027年12月31日期间，再按照实际发生额的120％在税前扣除；形成无形资产的，在上述期间按照无形资产成本的220％在税前摊销。

（2）安置残疾人员及国家鼓励安置的其他就业人员所支付的工资。

企业安置残疾人员所支付的工资的加计扣除，是指企业安置残疾人员的，在按照支付给残疾职工工资据实扣除的基础上，按照支付给残疾职工工资的100％加计扣除。残疾人员的范围适用《中华人民共和国残疾人保障法》的有关规定。

企业安置国家鼓励安置的其他就业人员所支付的工资的加计扣除办法，由国务院另行规定。

例 5 - 11

202×年某汽车厂新产品研究开发费发生 100 万元，未形成无形资产计入当期损益。支付残疾人员工资 20 万元，202×年利润额为 300 万元，要求计算企业应纳税所得额。

解析：

开发新技术、新产品、新工艺发生的研究开发费用未形成无形资产计入当期损益的，在按照规定据实扣除的基础上，按照研究开发费用的 100% 加计扣除。企业安置残疾人员的，在按照支付给残疾职工工资据实扣除的基础上，按照支付给残疾职工工资的 100% 加计扣除。

企业应纳税所得额＝300－（100×100%）－（20×100%）＝180（万元）

十、　对创业投资的优惠

企业所得税税收优惠——创投企业抵扣优惠

创业投资企业从事国家需要重点扶持和鼓励的创业投资，可以按投资额的一定比例抵扣应纳税所得额。抵扣应纳税所得额，是指创业投资企业采取股权投资方式投资于未上市的中小高新技术企业 2 年以上的，可以按照其投资额的 70% 在股权持有满 2 年的当年抵扣该创业投资企业的应纳税所得额；当年不足抵扣的，可以在以后纳税年度结转抵扣。

例 5 - 12

R 公司属于未上市的中小高新技术企业，2022 年 1 月 1 日，W 公司以股权投资的方式投资于 R 公司 1 000 万元，2022—2024 年 W 公司的应纳税所得额分别为 100 万元、500 万元、800 万元。要求计算 W 公司 2022—2024 年度的应纳企业所得税税额。

解析：

W 公司属于创业投资企业，R 公司属于未上市的中小高新技术企业，W 公司以股权投资的方式投资于 R 公司满 2 年以后可以享受抵扣所得税的优惠政策。

2022 年度，W 公司不能享受税收优惠政策，应纳企业所得税税额为：100×25%＝25（万元）。

2023 年度，W 公司股权持有已经满 2 年，可以享受抵扣投资额的 70% 的优惠政策，应纳税所得额为：500－1 000×70%＝－200（万元），不需要缴纳企业所得税。

2023 年度的应纳税所得额不足以抵扣，可以继续抵扣 2024 年的应纳税所得额。

2024 年度，W 公司应纳税额为：（800－200）×25%＝150（万元）。

十一、　加速折旧

企业按税法规定实行加速折旧的，按其加速折旧办法计算的折旧额可全额在税前

企业所得税税收
优惠——加速折旧

扣除。

根据《财政部 国家税务总局关于进一步完善固定资产加速折旧企业所得税政策的通知》（财税〔2015〕106 号）的规定，对轻工、纺织、机械、汽车等四个领域重点行业企业 2015 年 1 月 1 日后新购进的固定资产，可由企业选择缩短折旧年限或采取加速折旧方法。

对四个领域重点行业小型微利企业 2015 年 1 月 1 日后新购进的研发和生产经营共用的仪器、设备，单位价值不超过 100 万元（含）的，允许一次性计入当期成本费用在计算应纳税所得额时扣除，不再分年度计算折旧；单位价值超过 100 万元的，允许缩短折旧年限或采取加速折旧方法。

根据《财政部 国家税务总局关于完善固定资产加速折旧企业所得税政策的通知》（财税〔2014〕75 号）的规定：

（1）对生物药品制造业，专用设备制造业，铁路、船舶、航空航天和其他运输设备制造业，计算机、通信和其他电子设备制造业，仪器仪表制造业，信息传输、软件和信息技术服务业等 6 个行业的企业 2014 年 1 月 1 日后新购进的固定资产，可缩短折旧年限或采取加速折旧的方法。

对上述 6 个行业的小型微利企业 2014 年 1 月 1 日后新购进的研发和生产经营共用的仪器、设备，单位价值不超过 100 万元的，允许一次性计入当期成本费用在计算应纳税所得额时扣除，不再分年度计算折旧；单位价值超过 100 万元的，可缩短折旧年限或采取加速折旧的方法。

（2）对所有行业企业 2014 年 1 月 1 日后新购进的专门用于研发的仪器、设备，单位价值不超过 100 万元的，允许一次性计入当期成本费用在计算应纳税所得额时扣除，不再分年度计算折旧；单位价值超过 100 万元的，可缩短折旧年限或采取加速折旧的方法。

（3）对所有行业企业持有的单位价值不超过 5 000 元的固定资产，允许一次性计入当期成本费用在计算应纳税所得额时扣除，不再分年度计算折旧。

（4）企业按（1）、（2）的规定缩短折旧年限的，最低折旧年限不得低于《企业所得税法实施条例》第六十条规定折旧年限的 60%；采取加速折旧方法的，可采取双倍余额递减法或者年数总和法。

（5）企业在 2018 年 1 月 1 日至 2027 年 12 月 31 日期间新购进的设备、器具（不含房屋、建筑物），单位价值不超过 500 万元的，允许一次性计入当期成本费用在计算应纳税所得额时扣除，不再分年度计算折旧；单位价值超过 500 万元的，仍按相关规定按月计提折旧在计算应纳税所得额时扣除。

根据《财政部 税务总局关于扩大固定资产加速折旧优惠政策适用范围的公告》（财税〔2019〕66 号）的规定，从 2019 年 1 月 1 日起，适用财税〔2014〕75 号和财税〔2015〕106 号规定固定资产加速折旧优惠的行业范围，扩大至全部制造业领域。

十二、 减计收入

（1）企业综合利用资源生产符合国家产业政策规定的产品所取得的收入，可以在计算应纳税所得额时减计收入。

企业以《资源综合利用企业所得税优惠目录》规定的资源作为主要原材料，生产国家非限制和禁止并符合国家和行业相关标准的产品取得的收入，减按90％计入收入总额。

企业所得税税收优惠——减计收入及应纳税额抵免

上述所称原材料占生产产品材料的比例不得低于《资源综合利用企业所得税优惠目录》规定的标准。

（2）自2019年6月1日至2025年12月31日，社区提供养老、托育、家政等服务的机构，提供社区养老、托育、家政服务取得的收入，在计算应纳税所得额时，减按90％计入收入总额。社区包括城市社区和农村社区。

（3）2027年12月31日前，对金融机构农户小额贷款的利息收入，在计算应纳税所得额时，按90％计入收入总额。小额贷款，是指单笔且该农户贷款余额总额在10万元（含本数）以下的贷款。金融机构应对符合条件的农户小额贷款利息收入进行单独核算，不能单独核算的不得适用前述优惠政策。

（4）2027年12月31日前，对保险公司为种植业、养殖业提供保险业务取得的保费收入，在计算应纳税所得额时，按90％计入收入总额。保费收入，是指原保险保费收入加上分保费收入减去分出保费后的余额。

（5）2027年12月31日前，对经省级地方金融监督管理部门批准成立的小额贷款公司取得的农户小额贷款利息收入，在计算应纳税所得额时，按90％计入收入总额。小额贷款，是指单笔且该农户贷款余额总额在10万元（含本数）以下的贷款。

十三、 税额抵免

企业购置用于环境保护、节能节水、安全生产等专用设备的投资额，可以按一定比例实行税额抵免。

税额抵免，是指企业购置并实际使用《环境保护专用设备企业所得税优惠目录》《节能节水专用设备企业所得税优惠目录》《安全生产专用设备企业所得税优惠目录》规定的环境保护、节能节水、安全生产等专用设备的，该专用设备的投资额的10％可以从企业当年的应纳税额中抵免；当年不足抵免的，可以在以后5个纳税年度结转抵免。

享受上述规定的企业所得税优惠的企业，应当实际购置并自身实际投入使用上述规定的专用设备；企业购置上述专用设备在5年内转让、出租的，应当停止享受企业所得税优惠，并补缴已经抵免的企业所得税税款。

例 5-13

2023年度A公司购置了《环境保护专用设备企业所得税优惠目录》内的设备，价值300万元，该年度的纳税所得额为100万元，2024年度的应纳税所得额为150万元。企业所得税适用税率为25％。要求计算A公司2023年度和2024年度的应纳企业所得税税额。

解析：

A公司可以享受抵免投资额的10％的优惠政策。

2023年度可以抵免的数额为：300×10％＝30（万元）。

2023 年度应纳税额 ＝ 100 × 25％ － 30 ＝ － 5（万元），即不用缴税。

尚未抵扣完的 5（30 － 25）万元可以结转到以后 5 年继续抵扣。

2024 年度应纳税额为：150 × 25％ － 5 ＝ 32.5（万元）。

十四、 非居民企业税收优惠

非居民企业在中国境内未设立机构、场所的，或者虽设立机构、场所但取得的所得与其所设机构、场所没有实际联系的，应当就其来源于中国境内的所得缴纳企业所得税，并减按 10％ 的税率征收企业所得税。

该类企业的下列所得可以免征企业所得税：

（1）外国政府向中国政府提供贷款取得的利息所得。

（2）国际金融组织向中国政府和居民企业提供优惠贷款取得的利息所得。

（3）经国务院批准的其他所得。

特别注意：企业同时从事适用不同企业所得税待遇项目的，其优惠项目应当单独计算所得，并合理分摊企业的期间费用；没有单独计算的，不得享受企业所得税优惠。

十五、 特殊行业的税收优惠

（一） 促进集成电路产业和软件产业发展的税收优惠

根据《国务院关于印发新时期促进集成电路产业和软件产业高质量发展若干政策的通知》（国发〔2020〕8 号）有关要求，为促进集成电路产业和软件产业高质量发展，自2020 年 1 月 1 日起，国家鼓励的重点集成电路设计企业和软件企业，自获利年度起，第 1 年至第 5 年免征企业所得税，接续年度减按 10％ 的税率征收企业所得税。

国家鼓励的重点集成电路设计和软件企业清单由国家发展改革委、工业和信息化部会同财政部、税务总局等相关部门制定。

（二） 鼓励证券投资基金发展的税收优惠

对证券投资基金从证券市场中取得的收入，包括买卖股票、债券的差价收入，股权的股息、红利收入，债券的利息收入及其他收入，暂不征收企业所得税。

对投资者从证券投资基金分配中取得的收入，暂不征收企业所得税。

对证券投资基金管理人运用基金买卖股票、债券的差价收入，暂不征收企业所得税。

（三） 促进节能服务公司发展的税收优惠

对符合条件的节能服务公司实施合同能源管理项目，符合企业所得税税法有关规定的，自项目取得第一笔生产经营收入所属纳税年度起，第 1 年至第 3 年免征企业所得税，第 4 年至第 6 年按照 25％ 的法定税率减半征收企业所得税。

（四） 电网企业电网新建项目的税收优惠

居民企业从事符合《公共基础设施项目企业所得税优惠目录（2008 年版）》规定条件和标准的电网（输变电设施）的新建项目，可依法享受"三免三减半"的企业所得税优惠政策。

 【练一练】

单选题：企业所得税法规定，符合条件的小型微利企业，减按（ ）的税率征收企业所得税；国家需要重点扶持的高新技术企业，减按（ ）的税率征收企业所得税。

A. 20%；15%   B. 15%；20%

C. 20%；18%   D. 20%；17%

多选题：根据《企业所得税实施条例》的规定，企业从事下列项目的所得，可以免征企业所得税的有（ ）。

A. 蔬菜种植   B. 中药材的种植

C. 远洋捕捞   D. 内陆养殖

即评即测

企业所得税
税收优惠

 【小提示】

内陆养殖所得属于减半征收企业所得税的所得。

第六节 企业所得税的征收管理

 一、 纳税地点

除税收法律、行政法规另有规定外，居民企业以企业登记注册地为纳税地点；但登记注册地在境外的，以实际管理机构所在地为纳税地点。

居民企业在中国境内设立不具有法人资格的营业机构的，应当汇总计算并缴纳企业所得税。

企业所得税
纳税地点

非居民企业在中国境内设立机构、场所的，应当就其所设机构、场所取得的来源于中国境内的所得，以及发生在中国境外但与其所设机构、场所有实际联系的所得，缴纳企业所得税。非居民企业取得上述所得，以机构、场所所在地为纳税地点。非居民企业在中国境内设立两个或者两个以上机构、场所，符合国务院税务主管部门规定条件的，可以选择由其主要机构、场所汇总缴纳企业所得税。

非居民企业在中国境内未设立机构、场所的，或者虽设立机构、场所但取得的所得与其所设机构、场所没有实际联系的，应当就其来源于中国境内的所得缴纳企业所得税，以扣缴义务人所在地为纳税地点。

除国务院另有规定外，企业之间不得合并缴纳企业所得税。

企业所得税纳税期限与纳税申报

二、纳税期限

企业所得税按纳税年度计算。纳税年度自公历 1 月 1 日起至 12 月 31 日止。企业在一个纳税年度中间开业，或者终止经营活动，使该纳税年度的实际经营期不足 12 个月的，应当以其实际经营期为一个纳税年度。

企业依法清算时，应当以清算期间作为一个纳税年度。

企业所得税分月或者分季预缴。企业应当自月份或者季度终了之日起 15 日内，向税务机关报送预缴企业所得税纳税申报表，预缴税款。

企业应当自年度终了之日起 5 个月内，向税务机关报送年度企业所得税纳税申报表，并汇算清缴，结清应缴应退税款。

企业在报送企业所得税纳税申报表时，应当按照规定附送财务会计报告和其他有关资料。

企业在年度中间终止经营活动的，应当自实际经营终止之日起 60 日内，向税务机关办理当期企业所得税汇算清缴。

企业应当在办理注销登记前，就其清算所得向税务机关申报并依法缴纳企业所得税。

纳税人缴纳的企业所得税，以人民币计算。所得以人民币以外的货币计算的，应当折合成人民币计算并缴纳税款。

例 5 - 14

某企业经税务机关同意，每个季度按实际利润数预缴所得税，202 × 年第一季度实现利润额为 150 万元，第二季度实现利润额为 180 万元，第三季度实现利润额为 200 万元，第四季度实现利润额为 100 万元。 202 × 年全年应纳税所得额为 800 万元。 要求计算 202 × 年各季度应预缴和年终汇算清缴的企业所得税税额。

即评即测

企业所得税的征收管理

解析：

（1）第一季度预缴企业所得税税额为：150 × 25% = 37.5（万元）。

（2）第二季度预缴企业所得税税额为：180 × 25% = 45（万元）。

（3）第三季度预缴企业所得税税额为：200 × 25% = 50（万元）。

（4）第四季度预缴企业所得税税额为：100 × 25% = 25（万元）。

（5）年终汇算清缴：

全年应纳企业所得税税额 = 800 × 25% = 200（万元）。

全年累计预缴企业所得税税额 = 37.5 + 45 + 50 + 25 = 157.5（万元）。

（6）应补缴所得税额为：200 - 157.5 = 42.5（万元）。

三、 源泉扣缴

非居民企业在中国境内未设立机构、场所的，或者虽设立机构、场所但取得的所得与其所设机构、场所没有实际联系的，应当就其来源于中国境内的所得缴纳企业所得税，实行源泉扣缴，以支付人为扣缴义务人。税款由扣缴义务人在每次支付或者到期应支付时，从支付或者到期应支付的款项中扣缴。

对非居民企业在中国境内取得工程作业和劳务所得应缴纳的所得税，税务机关可以指定工程价款或者劳务费的支付人为扣缴义务人。

按规定应当扣缴的所得税，扣缴义务人未依法扣缴或者无法履行扣缴义务的，由纳税人在所得发生地缴纳。纳税人未依法缴纳的，税务机关可以从该纳税人在中国境内其他收入项目的支付人应付的款项中，追缴该纳税人的应纳税款。

扣缴义务人每次代扣的税款，应当自代扣之日起 7 日内缴入国库，并向所在地的税务机关报送扣缴企业所得税报告表。

第七节 企业所得税纳税申报举例[①]

对企业所得税的征收方式按照纳税人的财务核算状况，分为查账征收企业和核定征收。

一、 查账征收

查账征收适用于会计核算制度健全的企业。

直接计算法：

应纳税所得额＝收入总额－不征税收入－免税收入－各项准予扣除项目金额－以前年度亏损

间接计算法：

应纳税所得额＝会计利润＋纳税调增项目金额－纳税调减项目金额

应纳企业所得税税额＝应纳税所得额×税率－减免税额－抵免税额

【小提示】

应纳税所得额是在会计利润的基础上计算的，税法与会计有税会差异，但是，绝大部分的业务处理是相同的，因此，在计算应纳税所得额的时候通常是以会计利润为基础，把税会差异做纳税调整。

---

① 本节的内容，教师可以根据教学进度自行选择。

例 5－15

资料见案例导入。

解析：

（1）直接法：

该企业从企业分回的税后利润是免税收入，国债利息收入也是免税收入，因此投资收益 20 万元免税；增值税是价外税，因此不能扣除；营业外支出中的工商行政管理局罚款不得在税前扣除；企业间的违约金可以在税前扣除；捐赠支出需要计算扣除限额；广告费、业务招待费、新产品开发费、向非金融机构借款利息支出等需要计算扣除限额。

1）销售费用。

　　广告费扣除限额＝（销售收入＋其他业务收入）×15％＝（5 000＋300）×15％＝795（万元）

　　超过标准的部分＝1 000－795＝205（万元）

　　销售费用扣除标准＝1 500－205＝1 295（万元）

2）业务招待费。

　　按业务招待费的 60％计算扣除额＝60×60％＝36（万元）

　　按销售收入的 5‰计算扣除限额＝（5 000＋300）×5‰＝26.5（万元）

因为 26.5 万元小于 36 万元，所以，当年业务招待费扣除标准为 26.5 万元。

　　超过标准的部分＝60－26.5＝33.5（万元）

3）新产品开发费可按实际发生额的 100％加计扣除。

　　实际发生额的 100％＝80×100％＝80（万元）

　　管理费用的扣除标准＝580－33.5＋80＝626.5（万元）

4）向非金融机构借款利息支出。

　　按银行同期同类贷款利息率计算的利息支出＝50×6％＝3（万元）

　　实际支出的利息＝50×10％＝5（万元）

可以在税前扣除的利息支出为 3 万元。

　　超过标准的部分＝5－3＝2（万元）

　　财务费用的扣除标准＝80－2＝78（万元）

5）捐赠支出。

　　会计利润＝5 000＋300－2 800－100－1 500－580－80－40＋20＝220（万元）

　　捐赠支出的扣除标准＝220×12％＝26.4（万元）

实际捐赠额为 30 万元，超过标准的部分＝30－26.4＝3.6（万元）。

　　营业外支出的扣除标准＝40－2－3.6＝34.4（万元）

　　应纳税所得额＝5 000＋300－2 800－100－1 295－626.5－78－34.4

　　　　　　　＝366.1（万元）

（2）间接法：

计算分析步骤见直接法相关内容，广告费用纳税调增 205 万元；业务招待费纳税调增 33.5 万元；新产品开发费纳税调减 80 万元；利息支出纳税调增 2 万元；营业外支出纳税调增 5.6 万元；投资收益纳税调减 20 万元。

　　会计利润＝220（万元）

应纳税所得额＝220－20＋205＋33.5－80＋2＋5.6＝366.1（万元）

（3）该企业全年应纳所得税额＝366.1×25％＝91.525（万元）。

（4）该企业已经预缴企业所得税120万元，因此，应退税额＝120－91.525＝28.475（万元）。

根据上例资料，我们填列了企业所得税纳税申报表中的两张主要表格（见表5－1、表5－2），在实际工作中需要填列的表格总计41张。

表 5－1　A100000 中华人民共和国企业所得税年度纳税申报表（A 类）　　　单位：元

行次	类别	项　目	金额
1	利润总额计算	一、营业收入（填写 A101010 \ 101020 \ 103000）	53 000 000
2		减：营业成本（填写 A102010 \ 102020 \ 103000）	28 000 000
3		减：税金及附加	1 000 000
4		减：销售费用（填写 A104000）	15 000 000
5		减：管理费用（填写 A104000）	5 800 000
6		减：财务费用（填写 A104000）	800 000
7		减：资产减值损失	
8		加：公允价值变动收益	
9		加：投资收益	200 000
10		二、营业利润（1－2－3－4－5－6－7＋8＋9）	2 600 000
11		加：营业外收入（填写 A101010 \ 101020 \ 103000）	
12		减：营业外支出（填写 A102010 \ 102020 \ 103000）	400 000
13		三、利润总额（10＋11－12）	2 200 000
14	应纳税所得额计算	减：境外所得（填写 A108010）	
15		加：纳税调整增加额（填写 A105000）	2 461 000
16		减：纳税调整减少额（填写 A105000）	0
17		减：免税、减计收入及加计扣除（填写 A107010）	1 000 000
18		加：境外应税所得抵减境内亏损（填写 A108000）	
19		四、纳税调整后所得（13－14＋15－16－17＋18）	3 661 000
20		减：所得减免（填写 A107020）	
21		减：弥补以前年度亏损（填写 A106000）	
22		减：抵扣应纳税所得额（填写 A107030）	
23		五、应纳税所得额（19－20－21－22）	3 661 000
24		税率（25％）	25％
25		六、应纳所得税额（23×24）	915 250

续表

行次	类别	项 目	金额
26	应纳税额计算	减：减免所得税额（填写 A107040）	
27		减：抵免所得税额（填写 A107050）	
28		七、应纳税额（25—26—27）	915 250
29		加：境外所得应纳所得税额（填写 A108000）	
30		减：境外所得抵免所得税额（填写 A108000）	
31		八、实际应纳所得税额（28＋29—30）	915 250
32		减：本年累计实际已缴纳的所得税额	1 200 000
33		九、本年应补（退）所得税额（31—32）	−284 750
34		其中：总机构分摊本年应补（退）所得税额（填写 A109000）	
35		财政集中分配本年应补（退）所得税额（填写 A109000）	
36		总机构主体生产经营部门分摊本年应补（退）所得税额（填写 A109000）	
37	实际应纳税额计算	减：民族自治地区企业所得税地方分享部分：（□免征□减征：减征幅度____％）	
38		十、本年实际应补（退）所得税额（33—37）	−284 750

表 5－2　A105000 纳税调整项目明细表（2019 年版）

行次	项目	账载金额	税收金额	调增金额	调减金额
		1	2	3	4
1	一、收入类调整项目（2＋3＋…＋8＋10＋11）	＊	＊		
2	（一）视同销售收入（填写 A105010）	＊			＊
3	（二）未按权责发生制原则确认的收入（填写 A105020）				
4	（三）投资收益（填写 A105030）				
5	（四）按权益法核算长期股权投资对初始投资成本调整确认收益	＊	＊	＊	
6	（五）交易性金融资产初始投资调整	＊	＊		＊
7	（六）公允价值变动净损益		＊		
8	（七）不征税收入	＊	＊		
9	其中：专项用途财政性资金（填写 A105040）	＊	＊		
10	（八）销售折扣、折让和退回				
11	（九）其他				
12	二、扣除类调整项目（13＋14＋…＋24＋26＋27＋28＋29＋30）	＊	＊	2 461 000	0
13	（一）视同销售成本（填写 A105010）	＊		＊	
14	（二）职工薪酬（填写 A105050）				

续表

行次	项目	账载金额	税收金额	调增金额	调减金额
		1	2	3	4
15	（三）业务招待费支出	600 000	265 000	335 000	＊
16	（四）广告费和业务宣传费支出（填写 A105060）	＊	＊	2 050 000	
17	（五）捐赠支出（填写 A105070）	300 000	264 000	36 000	
18	（六）利息支出	50 000	30 000	20 000	
19	（七）罚金、罚款和被没收财物的损失	20 000	＊	20 000	＊
20	（八）税收滞纳金、加收利息		＊		＊
21	（九）赞助支出		＊		＊
22	（十）与未实现融资收益相关在当期确认的财务费用				
23	（十一）佣金和手续费支出（保险企业填写 A105060）				
24	（十二）不征税收入用于支出所形成的费用	＊	＊		＊
25	其中：专项用途财政性资金用于支出所形成的费用（填写 A105040）	＊	＊		＊
26	（十三）跨期扣除项目				
27	（十四）与取得收入无关的支出		＊		＊
28	（十五）境外所得分摊的共同支出	＊	＊		＊
29	（十六）党组织工作经费				
30	（十七）其他				
31	三、资产类调整项目（32＋33＋34＋35）	＊	＊		
32	（一）资产折旧、摊销（填写 A105080）				
33	（二）资产减值准备金		＊		
34	（三）资产损失（填写 A105090）				
35	（四）其他				
36	四、特殊事项调整项目（37＋38＋…＋43）	＊	＊		
37	（一）企业重组及递延纳税事项（填写 A105100）				
38	（二）政策性搬迁（填写 A105110）	＊	＊		
39	（三）特殊行业准备金（填写 A105120）				
40	（四）房地产开发企业特定业务计算的纳税调整额（填写 A105010）	＊			
41	（五）合伙企业法人合伙人应分得的应纳税所得额				
42	（六）发行永续债利息支出				
43	（七）其他	＊	＊		
44	五、特别纳税调整应税所得	＊	＊		
45	六、其他	＊	＊		
46	合计（1＋12＋31＋36＋44＋45）	＊	＊	2 461 000	0

企业所得税实行按年计算、分月（或季）预缴，年终汇算清缴。表 5-1、表 5-2 为年终汇算清缴申报表。为减轻纳税人办税负担，有效落实企业所得税各项政策，国家税务总局发布《国家税务总局关于修订企业所得税年度纳税申报表有关问题的公告》（国家税务总局公告 2019 年第 41 号），修订并发布了《中华人民共和国企业所得税月（季）度预缴纳税申报表（A 类，2019 年版）》和《中华人民共和国企业所得税月（季）度预缴和年度纳税申报表（B 类，2019 年版）》，适用于 2019 年度及以后年度企业所得税汇算清缴申报。国家税务总局公告 2022 年第 27 号修改了部分明细表。

例 5-16

某查账征收企业之一科技有限公司（符合小型微利企业条件），纳税人识别号：91240200057440013A，202×年第 4 季度的营业收入为 165 万元，营业成本为 120 万元，利润总额分别为 45 万元，本季度发生符合税法规定的对目标扶贫地区捐赠支出 5 万元，本年度实际已缴纳企业所得税 0.4 万元。该企业符合小型微利企业认定条件，利润总额小于 100 万元，减按 25％计入应纳税所得额，按 20％的税率缴纳企业所得税，企业发生的对目标扶贫地区捐赠支出 5 万元全额扣除税款。

解析：

应预缴税额＝（45－5）×25％×20％－0.4＝1.6（万元）

编制 202×年第 4 季度企业所得税月（季）度预缴纳税申报表见表 5-3：

表 5-3   A200000   中华人民共和国企业所得税月（季）度预缴纳税申报表（A 类）

税款所属期间：202×年 10 月 1 日至 202×年 12 月 31 日

纳税人识别号（统一社会信用代码）：91240200057440013A

纳税人名称：之一科技有限公司   金额单位：人民币元（列至角分）

优惠及附报事项有关信息									
项目	一季度		二季度		三季度		四季度		季度平均值
	季初	季末	季初	季末	季初	季末	季初	季末	
从业人数	30	40	40	50	50	40	40	60	44
资产总额（万元）	800	900	900	1 100	1 100	1 000	1 000	1 200	1 000
国家限制或禁止行业	□是☑否				小型微利企业				☑是□否
附报事项名称									金额或选项
事项 1	对目标扶贫地区捐赠支出全额扣除								50 000
事项 2	（填写特定事项名称）								
预缴税款计算									本年累计
1	营业收入								1 650 000.00
2	营业成本								1 200 000.00
3	利润总额								450 000.00
4	加：特定业务计算的应纳税所得额								0
5	减：不征税收入								0
6	减：资产加速折旧、摊销（扣除）调减额（填写 A201020）								0

续表

	预缴税款计算	本年累计
7	减：免税收入、减计收入、加计扣除（7.1＋7.2＋…）	0
7.1	对目标扶贫地区捐赠支出全额扣除	50 000.00
7.2	（填写优惠事项名称）	
8	减：所得减免（8.1＋8.2＋…）	0
8.1	（填写优惠事项名称）	
8.2	（填写优惠事项名称）	
9	减：弥补以前年度亏损	0
10	实际利润额（3＋4－5－6－7－8－9）\按照上一纳税年度应纳税所得额平均额确定的应纳税所得额	400 000.00
11	税率（25%）	0.25
12	应纳所得税额（10×11）	100 000.00
13	减：减免所得税额（13.1＋13.2＋…）	80 000.00
13.1	符合条件的小型微利企业减免企业所得税	80 000.00
13.2	（填写优惠事项名称）	
14	减：本年实际已缴纳所得税额	4 000.00
15	减：特定业务预缴（征）所得税额	
16	本期应补（退）所得税额（12－13－14－15）\税务机关确定的本期应纳所得税额	16 000.00

	汇总纳税企业总分机构税款计算		
17	总机构	总机构本期分摊应补（退）所得税额（18＋19＋20）	
18		其中：总机构分摊应补（退）所得税额（16×总机构分摊比例____%）	
19		财政集中分配应补（退）所得税额（16×财政集中分配比例____%）	
20		总机构具有主体生产经营职能的部门分摊所得税额（16×全部分支机构分摊比例____%×总机构具有主体生产经营职能部门分摊比例____%）	
21	分支机构	分支机构本期分摊比例	
22		分支机构本期分摊应补（退）所得税额	

	实际缴纳企业所得税计算		
23		减：民族自治地区企业所得税地方分享部分：□免征□减征；减征幅度____%）	本年累计应减免金额〔（12－13－15）×40%×减征幅度〕
24		实际应补（退）所得税额	16 000.00

续表

谨声明：本纳税申报表是根据国家税收法律法规及相关规定填报的，是真实的、可靠的、完整的。 　　　　　　　　　　　　纳税人（签章）：202×年 1 月 10 日

经办人： 经办人身份证号： 代理机构签章： 代理机构统一社会信用代码：	受理人： 受理税务机关（章）： 　受理日期：　　　年　月　日

国家税务总局监制

【小提示】

　　小型微利企业是否能享受实际税率 5% 的税收优惠，需要判断从业人员数、资产总额数和利润总额数，只要其中一个不能满足条件，均不能享受。

　　小型微利企业所得税统一实行按季度预缴。按月度预缴企业所得税的企业，在当年度 4 月、7 月、10 月预缴申报时，若按相关政策标准判断符合小型微利企业条件的，下一个预缴申报期起调整为按季度预缴申报，一经调整，当年度内不再变更。

 核定征收

　　纳税人具有下列情形之一的，核定征收企业所得税：

　　（1）依照法律、行政法规的规定可以不设置账簿的。

　　（2）依照法律、行政法规的规定应当设置但未设置账簿的。

　　（3）擅自销毁账簿或者拒不提供纳税资料的。

　　（4）虽设置账簿，但账目混乱或者成本资料、收入凭证、费用凭证残缺不全，难以查账的。

　　（5）发生纳税义务，未按照规定的期限办理纳税申报，经税务机关责令限期申报，逾期仍不申报的。

　　（6）申报的计税依据明显偏低，又无正当理由的。

　　采用应税所得率方式核定征收企业所得税的，应纳所得税额计算公式如下：

$$应纳所得税额 = 应纳税所得额 \times 适用税率$$

$$应纳税所得额 = 应税收入额 \times 应税所得率$$

或：

$$应纳税所得额 = 成本（费用）支出额 / （1 - 应税所得率）\times 应税所得率$$

应税所得率如表 5-4 所示。

表 5-4 应税所得率表

行业	应税所得率
农、林、牧、渔业	3%~10%
制造业	5%~15%
批发和零售贸易业	4%~15%
交通运输业	7%~15%
建筑业	8%~20%
饮食业	8%~25%
娱乐业	15%~30%
其他行业	10%~30%

【想一想】

在核定征收中适用税率和应税所得率分别指的是什么?

 例 5-17

某农业企业 2024 年向税务机关申报 2023 年度取得收入总额 186 万元,发生的直接成本 150 万元、其他费用 30 万元,全年应纳企业所得税 1.62 万元,税款已经入库。 后经过税务机关检查,其成本、费用无误,但是收入总额不能准确核算。 假定应税所得率为10%,按照核定征收企业所得税的办法,该企业 2023 年度还应补缴或者退多少企业所得税?

解析:

因为收入不能准确核算,因此按成本费用推算税额。

应纳税所得额=(150+30)÷(1-10%)×10%=20(万元)

该企业的应纳税所得额小于 300 万元,属于小型微利企业,适用 20%的优惠税率。

应纳所得税额=20×20%×25%=1(万元)

应退企业所得税额=1.62-1=0.62(万元)

三、 境外所得抵扣税额的计算

企业取得的下列所得已在境外缴纳的所得税税额,可以从其当期应纳税额中抵免,抵免限额为该项所得依照《企业所得税法》规定计算的应纳税额;超过抵免限额的部分,可以在以后 5 个年度内,用每年度抵免限额抵免当年应抵税额后的余额进行抵补:

(1)居民企业来源于中国境外的应税所得。

(2)非居民企业在中国境内设立机构、场所,取得发生在中国境外但与该机构、场所有实际联系的应税所得。

境外所得抵扣
税额的计算

居民企业从其直接或者间接控制的外国企业分得的来源于中国境外的股息、红利等权益性投资收益，外国企业在境外实际缴纳的所得税税额中属于该项所得负担的部分，可以作为该居民企业的可抵免境外所得税税额，在企业所得税法规定的抵免限额内抵免。

上述所称直接控制，是指居民企业直接持有外国企业 20％以上股份。

上述所称间接控制，是指居民企业以间接持股方式持有外国企业 20％以上股份，具体认定办法由国务院财政、税务主管部门另行制定。

已在境外缴纳的所得税税额，是指企业来源于中国境外的所得依照中国境外税收法律以及相关规定应当缴纳并已经实际缴纳的企业所得税性质的税款。企业依照《企业所得税法》的规定抵免企业所得税税额时，应当提供中国境外税务机关出具的税款所属年度的有关纳税凭证。

抵免限额，是指企业来源于中国境外的所得，依照《企业所得税法》和相关条例的规定计算的应纳税额。除国务院财政、税务主管部门另有规定外，该抵免限额应当分国（地区）不分项计算，计算公式为：

抵免限额＝中国境内、境外所得依照企业所得税法和条例规定计算的应纳税总额
　　　　　×来源于某国（地区）的应纳税所得额÷中国境内、境外应纳税所得
　　　　　总额

前述 5 个年度，是指从企业取得的来源于中国境外的所得，已经在中国境外缴纳的企业所得税性质的税额超过抵免限额的当年的次年起连续 5 个纳税年度。

例 5 - 18

某企业 202×年度境内应纳税所得额为 400 万元，适用 25％的企业所得税税率。另外，该企业分别在 A、B 两国设有分支机构（我国与 A、B 两国已经缔结避免双重征税协定），在 A 国的分支机构的应纳税所得额为 60 万元，A 国企业所得税税率为 20％；在 B 国的分支机构的应纳税所得额为 40 万元，B 国企业所得税税率为 30％。假设该企业在 A、B 两国所得按我国税法计算的应纳税所得额和按 A、B 两国税法计算的应纳税所得额一致，两个分支机构在 A、B 两国分别缴纳了 12 万元的企业所得税。

要求：计算该企业汇总时在我国应缴纳的企业所得税税额。

解析：

（1）该企业按我国税法计算的境内、境外所得的应纳税额为：

应纳税额＝（400＋60＋40）×25％＝125（万元）

（2）A、B 两国的扣除限额为：

A 国扣除限额＝125×［60÷（400＋60＋40）］＝15（万元）
B 国扣除限额＝125×［40÷（400＋60＋40）］＝10（万元）

在 A 国缴纳的所得税为 12 万元，低于扣除限额 15 万元，可全额扣除。

在 B 国缴纳的所得税为 12 万元，高于扣除限额 10 万元，其超过扣除限额的部分 2 万元当年不能扣除。可以在以后连续 5 个年度内抵免。

（3）汇总时在我国应缴纳的所得税＝125－12－10＝103（万元）。

即评即测

企业所得税计算
运用举例

本章小结 >>>

纳税人	中华人民共和国境内的企业和其他取得收入的组织，分为居民企业和非居民企业
纳税义务	居民企业负无限纳税义务，应就境内外所得计算缴纳企业所得税；非居民企业负有限纳税义务，仅就其从中国境内取得的所得计算缴纳所得税
税率	基本税率：25%； 小型微利企业：20%； 符合条件的高新技术企业：15%
计税依据	直接计算法： 应纳税所得额＝收入总额－不征税收入－免税收入－各项扣除－允许弥补的以前年度亏损
	间接计算法：应纳税所得额＝会计利润＋纳税调增项目金额－纳税调减项目金额
	企业以货币形式和非货币形式从各种来源取得的收入为收入总额。包括：销售货物收入，提供劳务收入，转让财产收入，股息、红利等权益性投资收益，利息收入，租金收入，特许权使用费收入，接受捐赠收入和其他收入
	企业实际发生的与取得收入有关的、合理的支出，包括成本、费用、税金、损失和其他支出，准予在计算应纳税所得额时扣除，其中三项经费、业务招待费、广告费和业务宣传费、公益性捐赠等符合规定条件和限额的准予扣除，超过限定条件和标准的不得扣除
不得扣除项目	(1) 向投资者支付的股息、红利等权益性投资收益款项； (2) 企业所得税税款； (3) 税收滞纳金； (4) 罚金、罚款和被没收财物的损失； (5) 超过规定标准的捐赠支出； (6) 赞助支出； (7) 未经核定的准备金支出； (8) 企业之间支付的管理费、企业内营业机构之间支付的租金和特许权使用费，以及非银行企业内营业机构之间支付的利息，不得扣除； (9) 与取得收入无关的其他支出
应纳税额计算	应纳所得税额＝应纳税所得额×税率－减免税额－抵免税额
资产的计税基础	企业的各项资产，包括固定资产、生物资产、无形资产、长期待摊费用、投资资产、存货等，以历史成本为计税基础
税收优惠	企业所得税的税收优惠体现了国家的政策导向，其基本原则是：国家对重点扶持和鼓励发展的产业和项目，给予企业所得税优惠。优惠方式包括免税、减税、加计扣除、加速折旧、减计收入、税额抵免等
征收管理	企业所得税实行按年计算、分月（或季）预缴，年终汇算清缴。纳税年度自公历1月1日起至12月31日止

第六章
个人所得税

学习目标

知识目标：

1. 理解个人所得税的概念；

2. 掌握个人所得税的纳税人、征税范围和税率；

3. 掌握居民纳税人个人所得税各项目应纳税额的计算方法；

4. 理解非居民纳税人"综合所得"应纳税额的计算方法；

5. 熟悉个人所得税的税收优惠政策及特殊规定；

6. 熟悉个人所得税的征收管理规定。

能力目标：

1. 正确区分个人所得税的居民纳税人、非居民纳税人；

2. 能根据经济业务正确判断个人所得税征税范围和适用税率；

3. 正确计算居民纳税人和非居民纳税人各项目的应纳税额；

4. 会填写居民纳税人个人所得税纳税申报表。

素养目标：

1. 党的二十大报告指出，"完善个人所得税制度，规范收入分配秩序，规范财富积累机制，保护合法收入，调节过高收入，取缔非法收入。"体会个人所得税在调节收入分配、实现社会公平正义中的重要作用，树立纳税光荣的理念；

2. 党的二十大报告指出，"深入贯彻以人民为中心的发展思想，在幼有所育、学有所教、劳有所得、病有所医、老有所养、住有所居、弱有所扶上持续用力，人民生活全方位改善。"结合专项附加扣除政策，体会个人所得税制度设计中的人文关怀；

3. 个人所得税超额累进税率体现了公平的社会主义核心价值观，是实现共同富裕的重要手段；

4. 通过学习捐赠税收优惠政策，树立积极履行社会责任、支持社会公益的价值观；

5. 通过学习国家最高科学奖税收优惠，懂得在追求个人经济利益时也要履行社会责任，培养爱国情怀与奉献精神。

📚 学习导航

个人所得税不仅是国家筹集财政收入的重要税种，也是调节社会收入分配、促进经济稳定增长的重要工具，对保障和改善民生、实现社会公平正义具有重要意义。

你在日常生活中可能不能真切体会到其他的税种，但个人所得税是一种你必须面对的税种。学好这个税种将会使你受益无穷！让我们赶快来看看这章的内容吧！

个人所得税是对个人取得的各项应税所得征收的一种税，我们只要有应税所得，就应该缴纳个人所得税。本章主要介绍了个人所得税的纳税人、征税范围、税率和不同应税类别应纳所得税额的确定和计算等，并对在个人所得税计算中的一些特殊项目也进行了讲解。

本章重点是居民纳税人综合所得预扣预缴和汇算清缴，难点是居民纳税人年终汇算清缴。

【案例导入】① 202×年李某为中国居民纳税人，全年取得工资、薪金收入 180 000 元。当地规定的社会保险和住房公积金个人缴存比例为：基本养老保险 8%，基本医疗保险 2%，失业保险 0.5%，住房公积金 12%。缴纳社会保险费核定的缴费工资基数为 10 000 元。该纳税人的独生子正就读大学三年级；该纳税人正在偿还首套住房贷款利息；该纳税人为独生女，其父母均已年过 60 周岁。该纳税人夫妻约定由其扣除贷款利息和子女教育费。

该纳税人到某企业讲座取得收入 2 000 元；出版一本著作，获得稿酬 18 000 元；投资某上市公司，持有期已经超过一年，获得分红 2 000 元。

假设李某 1—11 月已经预缴个人所得税额为 2 256 元。

根据以上资料，思考李某的收入会涉及个人所得税的哪些征税范围？每月应如何预缴个人所得税？哪些项目需要年终汇算？应如何汇算清缴个人所得税？

---

① 本例题根据 2024 年初级会计师考试题目改编。

知识框架图

```
                                    ┌── 个人所得税的纳税义务人
                  个人所得税纳税人、征税范 ──┼── 个人所得税的征税范围
                  围及税率              └── 个人所得税税率

                                    ┌── 居民纳税人综合所得预缴税
                                    │   额及年度综合所得应纳税额
                                    │   的计算
                                    ├── 非居民纳税人"综合所得"应
                                    │   纳税额的计算
                  个人所得税应纳税额的计算 ──┼── 经营所得应纳税额的计算
                                    ├── 财产租赁所得应纳税额的计算
                                    ├── 财产转让所得应纳税额的计算
                                    └── 利息、股息、红利所得,偶
                                        然所得应纳税额的计算

                                    ┌── 个人所得税免税项目
                                    ├── 个人所得税减税项目
                                    ├── 个人取得全年一次性奖金的征税规定
                                    ├── 捐赠支出应纳税额
个人所得税 ──┤       个人所得税的税收优惠及特 ──┼── 境外所得的计税问题
                  殊规定              ├── 两个以上纳税人共同取得同
                                    │   一项所得的计税问题
                                    ├── 一个纳税年度内首次取得工
                                    │   资、薪金所得和正在接受全
                                    │   日制学历教育的学生因实习
                                    │   取得劳务报酬所得的计税问题
                                    └── 纳税调整

                                    ┌── 税款征收方式
                  个人所得税的征收管理 ──────┼── 纳税期限
                                    └── 申报地点

                  个人所得税纳税申报举例
```

第一节 个人所得税纳税人、征税范围及税率

个人所得税是世界各国普遍开征的一个税种，最早于 1799 年在英国创立，我国开征得比较晚，1980 年 9 月 10 日第五届全国人民代表大会第三次会议审议通过了《中华人民共和国个人所得税法》，适用于在中国境内居住和不在中国境内居住但在中国取得所得的个人。由于社会经济环境的不断变化，我国对《个人所得税法》进行了多次修订，现适用的法律是 2018 年 8 月 31 日第七次修正的。

一、 个人所得税的纳税义务人

个人所得税的纳税义务人根据住所和居住时间两个标准分为居民纳税义务人和非居民纳税义务人，分别承担不同的纳税义务。

个人所得税纳税人

（一） 居民个人

在中国境内有住所，或者无住所而一个纳税年度内在中国境内居住累计满一百八十三天的个人，为居民个人。中国境内有住所，是指因户籍、家庭、经济利益关系而在中国境内习惯性居住。如王先生因到美国访学生活了一年，虽然在这一年之内他没有居住在国内，但是他仍然是中国的居民个人。

居民个人从中国境内和境外取得的所得，缴纳个人所得税。从中国境内和境外取得的所得，分别是指来源于中国境内的所得和来源于中国境外的所得。如王先生在美国访学期间其在国内的单位按月支付工资，同时，在国外取得一项讲学收入，这两项收入王先生都需要在中国缴纳个人所得税。

（二） 非居民个人

在中国境内无住所又不居住，或者无住所而一个纳税年度内在中国境内居住累计不满一百八十三天的个人，为非居民个人。非居民个人从中国境内取得的所得，缴纳个人所得税。

在中国境内无住所的个人，在中国境内居住累计满一百八十三天的年度连续不满六年的，经向主管税务机关备案，其来源于中国境外且由境外单位或者个人支付的所得，免予缴纳个人所得税；在中国境内居住累计满一百八十三天的任一年度中有一次离境超过三十天的，其在中国境内居住累计满一百八十三天的年度的连续年限重新起算。

 【想一想】

为什么个人独资企业和合伙企业适用的是《个人所得税法》而不是《企业所得税法》？

【练一练】

多项选择题：将个人所得税的纳税人分为居民纳税人和非居民纳税人，依据的标准有（　　）。

A. 境内有无住所 　　　　　　B. 境内工作时间

C. 境内收入多少 　　　　　　D. 境内居住时间

判断题：居民纳税人负有无限纳税义务，无论是来源于中国境内还是境外的所得，都要在中国缴纳个人所得税。（　　）

个人所得税
征税范围

二、个人所得税的征税范围

（一）工资、薪金所得

工资、薪金所得是指个人因任职或者受雇取得的工资、薪金、奖金、年终加薪、劳动分红、津贴、补贴以及与任职或者受雇有关的其他所得。

下列不属于工资、薪金性质的补贴、津贴或者不属于纳税人本人工资、薪金所得项目的收入，不征税：

（1）独生子女补贴。

（2）执行公务员工资制度未纳入基本工资总额的补贴、津贴差额和家属成员的副食品补贴。

（3）托儿补助费。

（4）差旅费津贴、误餐补助。

（二）劳务报酬所得

劳务报酬所得，是指个人从事劳务取得的所得，包括从事设计、装潢、安装、制图、化验、测试、医疗、法律、会计、咨询、讲学、翻译、审稿、书画、雕刻、影视、录音、录像、演出、表演、广告、展览、技术服务、介绍服务、经纪服务、代办服务以及其他劳务取得的所得。

（三）稿酬所得

稿酬所得，是指个人因其作品以图书、报刊等形式出版、发表而取得的所得。

（四）特许权使用费所得

特许权使用费所得，是指个人提供专利权、商标权、著作权、非专利技术以及其他特许权的使用权取得的所得；提供著作权的使用权取得的所得，不包括稿酬所得。

居民个人取得第（一）项至第（四）项所得（以下称"综合所得"），发生纳税业务时先预缴税款，年终按纳税年度合并计算个人所得税。

（五） 经营所得

经营所得是指：

（1）个体工商户从事生产、经营活动取得的所得，个人独资企业投资人、合伙企业的个人合伙人来源于境内注册的个人独资企业、合伙企业生产、经营的所得。

（2）个人依法从事办学、医疗、咨询以及其他有偿服务活动取得的所得。

（3）个人对企业、事业单位承包经营、承租经营以及转包、转租取得的所得。

（4）个人从事其他生产、经营活动取得的所得。

（六） 利息、 股息、 红利所得

利息、股息、红利所得，是指个人拥有债权、股权等而取得的利息、股息、红利所得。

（七） 财产租赁所得

财产租赁所得，是指个人出租不动产、机器设备、车船以及其他财产取得的所得。

（八） 财产转让所得

财产转让所得，是指个人转让有价证券、股权、合伙企业中的财产份额、不动产、机器设备、车船以及其他财产取得的所得。

（九） 偶然所得

偶然所得，是指个人得奖、中奖、中彩以及其他偶然性质的所得。

即评即测

个人所得税纳税人、征税范围及税率

知识链接

工资、薪金所得是属于非独立个人劳务活动，即在机关、团体、学校、部队、企事业单位及其他组织中任职、受雇而得到的报酬；劳务报酬所得则是个人独立从事各种技艺、提供各项劳务取得的报酬。两者的主要区别在于，前者存在雇佣与被雇佣关系，后者则不存在这种关系。

【练一练】

单项选择题：下列项目中，属于综合所得的是（   ）。

A. 偶然所得　　　　　　B. 财产租赁所得

C. 经营所得　　　　　　D. 工资、薪金所得

三、 个人所得税税率

（1）居民个人综合所得，适用七级超额累进税率，税率为3%至

个人所得税税率

45％（见表6-1）。

表6-1 个人所得税税率表（综合所得适用）

级数	全年应纳税所得额	税率	速算扣除数
1	不超过36 000元的	3％	0
2	超过36 000元到144 000元的部分	10％	2 520
3	超过144 000元到300 000元的部分	20％	16 920
4	超过300 000元到420 000元的部分	25％	31 920
5	超过420 000元到660 000元的部分	30％	52 920
6	超过660 000元到960 000元的部分	35％	85 920
7	超过960 000元的部分	45％	181 920

注1：本表所称全年应纳税所得额是指居民个人取得综合所得以每一纳税年度收入额减除费用6万元以及专项扣除、专项附加扣除和依法确定的其他扣除后的余额。

注2：非居民个人取得工资、薪金所得，劳务报酬所得，稿酬所得和特许权使用费所得，依照本表按月换算后计算应纳税额。

（2）个体工商户的生产、经营所得和对企事业单位的承包经营、承租经营所得，适用5％至35％的超额累进税率（见表6-2）。

表6-2 个人所得税税率表（经营所得适用）

级数	全年应纳税所得额	税率	速算扣除数
1	不超过30 000元的	5％	0
2	超过30 000元到90 000元的部分	10％	1 500
3	超过90 000元到300 000元的部分	20％	10 500
4	超过300 000元到500 000元的部分	30％	40 500
5	超过500 000元的部分	35％	65 500

注：本表所称全年应纳税所得额是以每一纳税年度的收入总额减除成本、费用以及损失后的余额。

（3）财产租赁所得，财产转让所得，利息、股息、红利所得，偶然所得和其他所得，适用比例税率，税率为20％。

第二节 个人所得税应纳税额的计算

 一、 居民纳税人综合所得预缴税额及年度综合所得应纳税额的计算

（一）综合所得计税依据

1. 收入额的确定

居民个人的综合所得，以每一纳税年度的收入额减除费用6万元以及专项扣除、专项附加扣除和依法确定的其他扣除后的余额，为应纳税所得额。

劳务报酬所得、稿酬所得、特许权使用费所得以收入减除 20% 的费用后的余额为收入额。稿酬所得的收入额减按 70% 计算。

2. 专项扣除

专项扣除，包括居民个人按照国家规定的范围和标准缴纳的基本养老保险、基本医疗保险、失业保险等社会保险费和住房公积金等。

3. 专项附加扣除

专项附加扣除，包括子女教育、继续教育、大病医疗、住房贷款利息、住房租金、赡养老人、3 岁以下婴幼儿照护等支出。

（1）子女教育。

纳税人的子女接受全日制学历教育的相关支出，按照每个子女每月 2 000 元的标准定额扣除。

学历教育包括义务教育（小学、初中教育）、高中阶段教育（普通高中、中等职业、技工教育）、高等教育（大学专科、大学本科、硕士研究生、博士研究生教育）。

年满 3 岁至小学入学前处于学前教育阶段的子女，按照每个子女每月 2 000 元的标准定额扣除。

父母可以选择由其中一方按扣除标准的 100% 扣除，也可以选择由双方分别按扣除标准的 50% 扣除，具体扣除方式在一个纳税年度内不能变更。

纳税人子女在中国境外接受教育的，纳税人应当留存境外学校录取通知书、留学签证等相关教育的证明资料备查。

起止时间：学前教育阶段，为子女年满 3 周岁当月至小学入学前一月。学历教育，为子女接受全日制学历教育入学的当月至全日制学历教育结束的当月。

（2）继续教育。

纳税人在中国境内接受学历（学位）继续教育的支出，在学历（学位）教育期间按照每月 400 元定额扣除。同一学历（学位）继续教育的扣除期限不能超过 48 个月。纳税人接受技能人员职业资格继续教育、专业技术人员职业资格继续教育的支出，在取得相关证书的当年，按照 3 600 元定额扣除。

个人接受本科及以下学历（学位）继续教育，符合规定扣除条件的，可以选择由其父母扣除，也可以选择由本人扣除。

纳税人接受技能人员职业资格继续教育、专业技术人员职业资格继续教育的，应当留存相关证书等资料备查。

起止时间：学历（学位）继续教育，为在中国境内接受学历（学位）继续教育入学的当月至学历（学位）继续教育结束的当月，同一学历（学位）继续教育的扣除期限最长不得超过 48 个月。技能人员职业资格继续教育、专业技术人员职业资格继续教育，为取得相关证书的当年。

居民个人综合
所得计税规定

个人所得税专项
附加扣除

 【小提示】

学历教育和学历（学位）继续教育的期间，包含因病或其他非主观原因休学但学籍继续保留的休学期间，以及施教机构按规定组织实施的寒暑假等假期。

（3）大病医疗。

在一个纳税年度内，纳税人发生的与基本医保相关的医药费用支出，扣除医保报销后个人负担（指医保目录范围内的自付部分）累计超过 15 000 元的部分，由纳税人在办理年度汇算清缴时，在 80 000 元限额内据实扣除。

纳税人发生的医药费用支出可以选择由本人或者其配偶扣除；未成年子女发生的医药费用支出可以选择由其父母一方扣除。纳税人及其配偶、未成年子女发生的医药费用支出，分别计算扣除额。

纳税人应当留存医药服务收费及医保报销相关票据原件（或者复印件）等资料备查。医疗保障部门应当向患者提供在医疗保障信息系统记录的本人年度医药费用信息查询服务。

起止时间：为医疗保障信息系统记录的医药费用实际支出的当年。

（4）住房贷款利息。

纳税人本人或者配偶单独或者共同使用商业银行或者住房公积金个人住房贷款为本人或者其配偶购买中国境内住房，发生的首套住房贷款利息支出，在实际发生贷款利息的年度，按照每月 1 000 元的标准定额扣除，扣除期限最长不超过 240 个月。纳税人只能享受一次首套住房贷款的利息扣除。

首套住房贷款是指购买住房享受首套住房贷款利率的住房贷款。

经夫妻双方约定，可以选择由其中一方扣除，具体扣除方式在一个纳税年度内不能变更。

夫妻双方婚前分别购买住房发生的首套住房贷款，其贷款利息支出，婚后可以选择其中一套购买的住房，由购买方按扣除标准的 100% 扣除，也可以由夫妻双方对各自购买的住房分别按扣除标准的 50% 扣除，具体扣除方式在一个纳税年度内不能变更。

纳税人应当留存住房贷款合同、贷款还款支出凭证备查。

起止时间：为贷款合同约定开始还款的当月至贷款全部归还或贷款合同终止的当月，扣除期限最长不得超过 240 个月。

（5）住房租金。

纳税人在主要工作城市没有自有住房而发生的住房租金支出，可以按照以下标准定额扣除：

1）直辖市、省会（首府）城市、计划单列市以及国务院确定的其他城市，扣除标准为每月 1 500 元。

2）除第一项所列城市以外，市辖区户籍人口超过 100 万的城市，扣除标准为每月 1 100 元；市辖区户籍人口不超过 100 万的城市，扣除标准为每月 800 元。

3）纳税人的配偶在纳税人的主要工作城市有自有住房的，视同纳税人在主要工作城市有自有住房。

市辖区户籍人口，以国家统计局公布的数据为准。

主要工作城市是指纳税人任职受雇的直辖市、计划单列市、副省级城市、地级市（地区、州、盟）全部行政区域范围；纳税人无任职受雇单位的，为受理其综合所得汇算清缴的税务机关所在城市。

夫妻双方主要工作城市相同的，只能由一方扣除住房租金支出。

住房租金支出由签订租赁住房合同的承租人扣除。

纳税人及其配偶在一个纳税年度内不能同时分别享受住房贷款利息和住房租金专项附加扣除。纳税人可以根据自身实际情况选择专项附加扣除项目，通过税收筹划，适当减少税负。

纳税人应当留存住房租赁合同、协议等有关资料备查。

起止时间：为租赁合同（协议）约定的房屋租赁期开始的当月至租赁期结束的当月。提前终止合同（协议）的，以实际租赁期限为准。

（6）赡养老人。

纳税人赡养一位及以上被赡养人的赡养支出，统一按照以下标准定额扣除：

1）纳税人为独生子女的，按照每月 3 000 元的标准定额扣除。

2）纳税人为非独生子女的，由其与兄弟姐妹分摊每月 3 000 元的扣除额度，每人分摊的额度不能超过每月 1 500 元。可以由赡养人均摊或者约定分摊，也可以由被赡养人指定分摊。约定或者指定分摊的须签订书面分摊协议，指定分摊优先于约定分摊。具体分摊方式和额度在一个纳税年度内不能变更。

被赡养人是指年满 60 岁的父母，以及子女均已去世的年满 60 岁的祖父母、外祖父母。

起止时间：为被赡养人年满 60 周岁的当月至赡养义务终止的年末。

（7）3 岁以下婴幼儿照护。

纳税人照护 3 岁以下婴幼儿子女的相关支出，按照每个婴幼儿每月 2 000 元的标准定额扣除。为婴幼儿出生的当月至年满 3 周岁的前一个月。

父母可以选择由其中一方按扣除标准的 100% 扣除，也可以选择由双方分别按扣除标准的 50% 扣除，具体扣除方式在一个纳税年度内不能变更。

4．其他扣除

其他扣除包括：个人缴付符合国家规定的企业年金、职业年金，个人购买符合国家规定的商业健康保险、税收递延型商业养老保险的支出，以及国务院规定可以扣除的其他项目。

专项扣除、专项附加扣除和依法确定的其他扣除，以居民个人一个纳税年度的应纳税所得额为限额；一个纳税年度扣除不完的，不结转以后年度扣除。

【练一练】

多项选择题：根据个人所得税法律制度的规定，下列各项中，属于专项附加扣除的有（ ）。

A．子女抚养 B．子女教育 C．继续教育 D．赡养老人

（二）居民纳税人综合所得预缴税款的计算

扣缴义务人在支付居民纳税人工资、薪金所得，劳务报酬所得，稿酬所得，特许权使用费所得时，应代扣代缴个人所得税。纳税人从扣缴义务人处得到的收入应为税后收入。

居民个人综合所得计算（例题讲解）

1. 工资、薪金所得预缴税款

扣缴义务人向居民个人支付工资、薪金所得时，应当按照累计预扣法计算预扣税款，并按月办理全员全额扣缴申报。

$$本期应预扣预缴税额＝（累计预扣预缴应纳税所得额×预扣率－速算扣除数）－$$
$$累计减免税额－累计已预扣预缴税额$$

$$累计预扣预缴应纳税所得额＝累计收入－累计免税收入－累计减除费用－累计专$$
$$项扣除－累计专项附加扣除－累计依法确定的其他$$
$$扣除$$

其中：累计减除费用，按照 5 000 元/月乘以纳税人当年截至本月在本单位的任职受雇月份数计算。

居民个人工资、薪金所得预扣预缴税额的预扣率、速算扣除数，按表 6-1 个人所得税税率表（综合所得适用）执行。

例 6-1

王某为中国居民纳税人，202×年每月应发工资均为 12 000 元，"三险一金"等专项扣除为 1 500 元。王某有一个孩子正在上小学，其父母已满 60 岁，王某是独生子，王某夫妻协商子女教育费由其扣除，除此之外没有其他减免收入及减免税额等情况。计算 202×年 1—3 月王某预扣预缴税额。

解析：

子女教育专项附加扣除 2 000 元/月，赡养老人专项附加扣除 3 000 元/月。

1 月份预扣预缴税额：（12 000－5 000－1 500－2 000－3 000）×3%＝15（元）；

2 月份预扣预缴税额：（12 000×2－5 000×2－1 500×2－2 000×2－3 000×2）× 3%－15＝15（元）；

3 月份预扣预缴税额：（12 000×3－5 000×3－1 500×3－2 000×3－3 000×3）× 3%－15－15＝15（元）。

↓ 知识链接 ///

根据《国家税务总局关于进一步简便优化部分纳税人个人所得税预扣预缴方法的公告》（国家税务总局公告 2020 年 19 号）的相关规定，对上一完整纳税年度内每月均在同一单位预扣预缴工资、薪金所得个人所得税且全年工资、薪金收入不超过 6 万元的居民个人，扣缴义务人在预扣预缴本年度工资、薪金所得个人所得税时，累计减除费用自 1 月份起直接按照全年 6 万元计算扣除。即在纳税人累计收入不超过 6 万元的月份，暂不预扣预缴个人所得税；在其累计收入超过 6 万元的当月及年内后续月份，再预扣预缴个人所得税。

2. 劳务报酬所得、稿酬所得、特许权使用费所得预缴税额

扣缴义务人向居民个人支付劳务报酬所得、稿酬所得、特许权使用费所得，按次或者按月预扣预缴个人所得税。

劳务报酬所得、稿酬所得、特许权使用费所得以收入减除费用后的余额为收入额。其

中，稿酬所得的收入额减按 70% 计算。

减除费用：劳务报酬所得、稿酬所得、特许权使用费所得每次收入不超过 4 000 元的，减除费用按 800 元计算；每次收入 4 000 元以上的，减除费用按 20% 计算。

应纳税所得额：劳务报酬所得、稿酬所得、特许权使用费所得，以每次收入额为预扣预缴应纳税所得额。劳务报酬所得适用 20% 至 40% 的超额累进预扣率（见表 6-3），稿酬所得、特许权使用费所得适用 20% 的比例预扣率。

劳务报酬所得应预扣预缴税额＝预扣预缴应纳税所得额×预扣率－速算扣除数

稿酬所得、特许权使用费所得应预扣预缴税额＝预扣预缴应纳税所得额×20%

表 6-3　个人所得税预扣率

（居民个人劳务报酬所得预扣预缴适用）

级数	预扣预缴应纳税所得额	预扣率（%）	速算扣除数
1	不超过 20 000 元的	20	0
2	超过 20 000 元至 50 000 元的部分	30	2 000
3	超过 50 000 元的部分	40	7 000

例 6-2

王先生是中国居民，某企业请其担任顾问，并支付报酬 3 000 元。计算该企业应代扣代缴税额。

解析：

此项目是劳务报酬所得，收入 < 4 000 元，因此扣除额为 800 元。

应纳税所得额＝3 000－800＝2 200（元）

应代扣代缴税额＝2 200×20%＝440（元）

例 6-3

某居民个人出版一本畅销书，出版社应支付其稿酬 20 000 元。计算该出版社应代扣代缴税额。

解析：

此项目是稿酬所得，收入 > 4 000 元，因此扣除额为 20%。

应纳税所得额＝20 000×（1－20%）×70%＝11 200（元）

应代扣代缴税额＝11 200×20%＝2 240（元）

例 6-4

某居民个人转让一项专利，取得收入 10 000 元，计算该项目应预缴税额。

解析：

此项目是特许权使用费所得，收入 > 4 000 元，因此扣除额为 20%。

应纳税所得额＝10 000×（1－20%）＝8 000（元）

应预缴税额＝8 000×20%＝1 600（元）

例6-5

陈某为中国居民纳税人，其202×年1月收入相关情况如下：

（1）扣除"三险一金"后工资、薪金所得为19 000元，专项附加扣除为4 000元。

（2）劳务报酬8 000元。

（3）稿酬5 000元。

计算陈某1月综合所得应预缴个人所得税税额。

解析：

工资、薪金所得应纳税所得额＝19 000－5 000－4 000＝10 000（元）

工资、薪金所得应预缴税额＝10 000×3％＝300（元）

劳务报酬所得预缴税额＝8 000×（1－20％）×20％＝1 280（元）

稿酬报酬所得预缴税额＝5 000×（1－20％）×70％×20％＝560（元）

本月应预缴税额＝300＋1 280＋560＝2 140（元）

（三）　居民纳税人综合所得年终汇算与清缴

居民个人的综合所得，以每一纳税年度的收入额减除费用6万元以及专项扣除、专项附加扣除和依法确定的其他扣除后的余额，为应纳税所得额。

收入额的确定：

工资、薪金所得收入额＝工资、薪金额

劳务报酬所得收入额＝收入×（1－20％）

稿酬所得收入额＝收入×（1－20％）×70％

特许权使用费所得收入额＝收入×（1－20％）

综合所得应纳税所得额＝四项所得年收入合计－免税收入－费用扣除（60 000）

－专项扣除－专项附加扣除

综合所得应税所得税额＝综合所得应纳税所得额×适用税率－速算扣除数

　【小提示】

在汇总时，劳务报酬所得、稿酬所得和特许权使用费所得先按80％计算应纳税所得额，稿酬所得还可以再扣除30％，不再采用4 000元以下扣除800元的方法计算。请读者查看个人所得税纳税申报表相关信息。

例6-6

陈某为中国居民纳税人，其202×年1—12月收入相关情况如下：

（1）扣除"三险一金"后的工资、薪金所得每月19 000元，专项附加扣除每月4 000元。

（2）劳务报酬8 000元，稿酬5 000元。

假设已经缴纳8 000元税款，计算陈某综合所得应缴个人所得税税额及应补缴税额。

解析：

工资、薪金收入额＝19 000×12＝228 000（元）

劳务报酬所得收入额＝8 000×（1－20％）＝6 400（元）

稿酬所得收入额＝5 000×（1－20％）×70％＝2 800（元）

全年应纳税所得额＝(228 000＋6 400＋2 800－60 000－4 000)

×12＝129 200（元）

全年应纳税额＝129 200×10％－2 520＝10 400（元）

应补缴税额＝10 400－8 000＝2 400（元）

非居民个人工资薪
金所得、劳务报酬
所得、稿酬所得、特
许权使用费所得
计税规定

二、 **非居民纳税人"综合所得"应纳税额的计算**

非居民纳税人没有综合所得，为了方便读者理解居民纳税人与非居民纳税人工资、薪金所得，劳务报酬所得，稿酬所得和特许权使用费所得计算应纳税额的差异，特单独设此部分内容。请注意看各项计算上的扣除项目的差异及税率的差异。非居民纳税人"综合所得"税率表是居民纳税人年综合所得税率表除以12，如表6-4所示。

表6-4 个人所得税税率表

（非居民工资、薪金所得，劳务报酬所得，稿酬所得，特许权使用费所得适用）

级数	月度应纳税所得额	税率	速算扣除数
1	不超过3 000元的	3％	0
2	超过3 000元到12 000元的部分	10％	210
3	超过12 000元到25 000元的部分	20％	1 410
4	超过25 000元到35 000元的部分	25％	2 660
5	超过35 000元到55 000元的部分	30％	4 410
6	超过55 000元到80 000元的部分	35％	7 160
7	超过80 000元的部分	45％	15 160

（一）工资、薪金所得应纳税额的计算

非居民个人的工资、薪金所得，以每月收入额减除费用5 000元后的余额为应纳税所得额。注意：非居民纳税人没有专项扣除和专项附加扣除。

工资、薪金所得应纳税额＝（工资、薪金收入－5 000）×适用税率－速算扣除数

例6-7

美国人艾米是非居民纳税人，202×年1月取得工资收入58 000元，计算其应纳个人所得税额。

解析：

应纳税所得额＝58 000－5 000＝53 000（元）

应纳税额＝53 000×30％－4 410＝11 490（元）

（二）劳务报酬所得、稿酬所得和特许权使用费所得应纳税额的计算

劳务报酬所得、稿酬所得、特许权使用费所得，以每次收入额为应纳税所得额。

劳务报酬所得、稿酬所得、特许权使用费所得以收入减除20％的费用后的余额为收入额。稿酬所得的收入额减按70％计算。

 【小提示】

这几项所得非居民纳税人与居民纳税人每次预扣预缴时的扣除额是有区别的，主要体现在非居民没有收入4 000元以下减800元的规定，统一按20％扣除，劳务报酬所得没有加成征收。

劳务报酬所得、稿酬所得、特许权使用费所得应缴税额＝应纳税所得额×20％

例6-8

杰克是英国居民，某企业请其担任顾问，并支付报酬3 000元，计算该企业应代扣代缴税额。

　　解析：

应纳税所得额＝3 000×（1－20％）＝2 400（元）

应代扣代缴税额＝2 400×3％＝72（元）

例6-9

某非居民个人出版一本畅销书，出版社应支付其稿酬20 000元，计算该出版社应代扣代缴税额。

　　解析：

应纳税所得额＝20 000×（1－20％）×70％＝11 200（元）

应代扣代缴税额＝11 200×10％－210＝910（元）

例6-10

美国人莉莉是非居民个人，转让一项专利取得收入10 000元，计算该项目应缴税额。

　　解析：

应纳税所得额＝10 000×（1－20％）＝8 000（元）

应缴税额＝8 000×10％－210＝590（元）

 【比一比】

居民纳税人和非居民纳税人取得相同的税前收入时，每月（次）实际缴纳的个人所得税各是多少。

【小提示】

　　注意居民个人和非居民个人取得劳务报酬所得、稿酬所得和特许权使用费所得，在每次纳税义务发生时，应纳税额的计算原理是相同的，但是，税率不同。非居民纳税人按月或者按次缴纳个人所得税，不需要年终汇算清缴。

三、经营所得应纳税额的计算

经营所得应纳
税额的计算

　　经营所得，以每一纳税年度的收入总额减除成本、费用以及损失后的余额，为应纳税所得额。

　　所称成本、费用，是指生产、经营活动中发生的各项直接支出和分配计入成本的间接费用以及销售费用、管理费用、财务费用。所称损失，是指生产、经营活动中发生的固定资产和存货的盘亏、毁损、报废损失，转让财产损失，坏账损失，自然灾害等不可抗力因素造成的损失以及其他损失。

　　取得经营所得的个人，没有综合所得的，计算其每一纳税年度的应纳税所得额时，应当减除费用6万元、专项扣除、专项附加扣除以及依法确定的其他扣除。专项附加扣除在办理汇算清缴时减除。

　　从事生产、经营活动，未提供完整、准确的纳税资料，不能正确计算应纳税所得额的，由主管税务机关核定应纳税所得额或者应纳税额。

　　　　经营所得应纳税额＝应纳税所得额×适用税率－速算扣除数
　　　　　　　　　　　＝（全年收入额－成本、费用、损失）×适用税率－速算扣除数

知识链接

　　自2023年1月1日至2027年12月31日，对个体工商户年应纳税所得额不超过200万元的部分，减半征收个人所得税。个体工商户在享受现行其他个人所得税优惠政策的基础上，可叠加享受本条优惠政策。个体工商户不区分征收方式，均可享受。

　　个体工商户按照以下方法计算减免税额：

　　　　减免税额＝（经营所得应纳税所得额不超过200万元部分的应纳税额－其他政策
　　　　　　　　减免税额×经营所得应纳税所得额不超过200万元部分
　　　　　　　　÷经营所得应纳税所得额）×50%

例6-11

　　王先生为个体工商户，202×年应纳税所得额为120万元，可以享受残疾人政策减免税额6 000元。计算王先生202×年应纳个人所得税额。

　　解析：

　　王先生的应纳税所得额为120万元，适用税率35%，速算扣除数65 500。应纳税所得额没有超过200万元，因此，在计算应纳税所得额时，需要先计算出减免税额。

减免税额＝［（1 200 000×35％－65 500）－6 000］×50％＝174 250（元）

应纳个人所得税额＝（1 200 000×35％－65 500）－174 250－6 000＝174 250（元）

假设王先生应纳税所得额为300万元，减免税额的计算如下：

减免税额＝［（2 000 000×35％－65 500）－6 000×2 000 000÷3 000 000］×
　　　　50％＝315 250（元）

应纳个人所得税额＝（3 000 000×35％－65 500）－315 250－6 000＝663 250（元）

财产租赁所得应纳
税额的计算

四、 财产租赁所得应纳税额的计算

财产租赁所得，是指个人出租不动产、机器设备、车船以及其他财产取得的所得。

财产租赁所得，每次收入不超过4 000元的，减除费用800元；4 000元以上的，减除20％的费用，其余额为应纳税所得额。

个人出租居住用房，暂减按10％计算征收个人所得税。

根据《国家税务总局关于个人转租房屋取得收入征收个人所得税问题的通知》（国税函〔2009〕639号）的规定，有关财产租赁所得个人所得税前扣除税费的扣除次序为：

（1）财产租赁过程中缴纳的税费。

（2）向出租方支付的租金（此项为转租适用）。

（3）由纳税人负担的租赁财产实际开支的修缮费用（允许扣除的修缮费用，以每次800元为限，一次扣除不完的，准予在下一次继续扣除，直至扣完为止）。

（4）税法规定的费用扣除标准（每次收入不超过4 000元的，减除费用800元；4 000元以上的，减除20％的费用）。

每次收入不超过4 000元的：

应纳税额＝［每次收入额－准予扣除项目－修缮费用（800元为限）－800］×适用税率

每次收入超过4 000元的：

应纳税额＝［每次收入额－准予扣除项目－修缮费用（800元为限）］×（1－20％）×适用税率

例6-12

王某202×年1月份将自家住房出租，月租金3 880元，租期一年。计算王某每月应纳个人所得税额。

解析：

增值税、印花税免征。

房产税按4％征收＝3 880×4％＝155.2（元）

应纳个人所得税额＝（3 880－155.2－800）×10％＝292.48（元/月）

财产转让所得
应纳税额的计算

五、　财产转让所得应纳税额的计算

财产转让所得，是指个人转让有价证券、股权、建筑物、土地使用权、机器设备、车船以及其他财产取得的所得。

财产转让所得，以转让财产的收入额减除财产原值和合理费用后的余额，为应纳税所得额。

财产原值，是指：

（1）有价证券，为买入价以及买入时按照规定交纳的有关费用；

（2）建筑物，为建造费或者购进价格以及其他有关费用；

（3）土地使用权，为取得土地使用权所支付的金额、开发土地的费用以及其他有关费用；

（4）机器设备、车船，为购进价格、运输费、安装费以及其他有关费用；

（5）其他财产，参照以上方法确定。

纳税义务人未提供完整、准确的财产原值凭证，不能正确计算财产原值的，由主管税务机关核定其财产原值。

📥 知识链接 ///

根据财政部、国家税务总局《关于个人转让股票所得继续暂免征收个人所得税的通知》（财税字〔1998〕61 号）的精神，为了配合企业改制，促进股票市场的稳健发展，经报国务院批准，从 1997 年 1 月 1 日起，对个人转让上市公司股票取得的所得继续暂免征收个人所得税。

应纳税额＝应纳税所得额×适用税率

　　　　＝（收入总额－财产原值和合理费用）×20％

例 6-13

某人转让持有时间为一年的自有住房一套，取得转让收入 100 万元（不含增值税），在转让过程中按规定缴纳各种税费 3 万元，支付中介费 1 万元，税务机关核定的房产原值是 80 万元。计算其应纳个人所得税额。

解析：

应纳税所得额＝100－80－3－1＝16（万元）

应纳所得税额＝16×20％＝3.2（万元）

📥 知识链接 ///

个人转让自用 5 年以上，并且是家庭唯一生活用房，取得的所得免征个人所得税；个人转让购入不满 5 年或非家庭唯一住房，以其转让收入额减除财产原值、转让住房过程中缴纳的税金（不包括本次转让缴纳的增值税）和合理费用后的余额为应纳税所得额，按财产转让所得缴纳个人所得税，税率为 20％。

利息、股息、红利
所得和偶然所得
应纳税额的计算

六、利息、股息、红利所得，偶然所得应纳税额的计算

利息、股息、红利所得，是指个人拥有债权、股权而取得的利息、股息、红利所得。

偶然所得，是指个人得奖、中奖、中彩以及其他偶然性质的所得。

利息、股息、红利所得，偶然所得，以每次收入额为应纳税所得额。注意它们没有税前扣除额，必须全额缴税。因为这些所得不是纳税人劳动报酬所得，所以税法没有给予税收扣除优惠。

📥 **知识链接**

为了鼓励居民购买国债，我国税法对国债利息和国家发行的金融债券利息免税。国债利息，是指个人持有中华人民共和国财政部发行的债券而取得的利息；所说的国家发行的金融债券利息，是指个人持有经国务院批准发行的金融债券而取得的利息。

自 2008 年 10 月 9 日起，对储蓄存款利息所得暂免征收个人所得税。

个人从公开发行和转让市场取得的上市公司股票，持股期限超过 1 年的，股息、红利所得暂免征收个人所得税。个人从公开发行和转让市场取得的上市公司股票，持股期限在 1 个月以内（含 1 个月）的，其股息、红利所得全额计入应纳税所得额；持股期限在 1 个月以上至 1 年（含 1 年）的，暂减按 50% 计入应纳税所得额。上述所得统一适用 20% 的税率计征个人所得税。

对个人购买福利彩票、体育彩票，一次中奖收入在 1 万元以下的（含 1 万元）暂免征收个人所得税，超过 1 万元的全额征收个人所得税。

应纳所得税额＝每次收入额×20%

例 6-14

某人购买彩票，中奖 500 万元，计算其应纳个人所得税额。

解析：

应纳所得税额＝500×20%＝100（万元）

📥 **知识链接**

对纳税义务人取得的劳务报酬等收入，个人所得税法对按次征收时，如何准确划分"次"，做出了具体规定：

（1）劳务报酬所得，属于一次性收入的，以取得该项收入为一次；属于同一项目连续性收入的，以一个月内取得的收入为一次。

（2）稿酬所得，以每次出版、发表取得的收入为一次。具体又可以细分为：

1）同一作品再版取得的所得，应视作另一次稿酬所得计征个人所得税。

2）同一作品先在报刊上连载，后再出版，或先出版，再在报刊上连载的，应视为两

次稿酬所得征税。

3）同一作品在报刊上连载取得收入的，以连载完成后取得所有收入合并为一次征税。

4）同一作品在出版和发表时，以预付稿酬或分次支付稿酬等形式取得的稿酬收入，应合并计算为一次征税。

5）同一作品出版、发表后，因添加印数而追加稿酬的，应与以前出版、发表时取得的稿酬合并为一次计税。

即评即测

个人所得税应纳
税额的计算

（3）特许权使用费所得，以一项特许权的一次许可使用所取得的收入为一次。

（4）财产租赁所得，以一个月内取得的收入为一次。

（5）利息、股息、红利所得，以支付利息、股息、红利时取得的收入为一次。

（6）偶然所得，以每次取得该项收入为一次。

【练一练】

多项选择题：个人所得税实行全额计税的项目包括（　　）。

A. 利息所得　　　　　　　　　　B. 股息、红利所得

C. 偶然所得　　　　　　　　　　D. 特许权使用费所得

第三节　个人所得税的税收优惠及特殊规定

一、个人所得税免税项目

个人所得税
税收优惠

（1）省级人民政府、国务院部委和中国人民解放军军以上单位，以及外国组织、国际组织颁发的科学、教育、技术、文化、卫生、体育、环境保护等方面的奖金。

（2）国债和国家发行的金融债券利息。

（3）按照国家统一规定发给的补贴、津贴。

（4）福利费、抚恤金、救济金。

（5）保险赔款。

（6）军人的转业费、复员费、退役金。

（7）按照国家统一规定发给干部、职工的安家费、退职费、基本养老金或者退休费、离休费、离休生活补助费。

（8）依照有关法律规定应予免税的各国驻华使馆、领事馆的外交代表、领事官员和其他人员的所得。

（9）中国政府参加的国际公约、签订的协议中规定免税的所得。

（10）国务院规定的其他免税所得。

第（10）项免税规定，由国务院报全国人民代表大会常务委员会备案。

二、个人所得税减税项目

有下列情形之一的，可以减征个人所得税，具体幅度和期限，由省、自治区、直辖市人民政府规定，并报同级人民代表大会常务委员会备案：

（1）残疾、孤老人员和烈属的所得。

（2）因自然灾害遭受重大损失的。

国务院可以规定其他减税情形，报全国人民代表大会常务委员会备案。国家统一规定发给的补贴、津贴，是指按照国务院规定发给的政府特殊津贴、院士津贴，以及国务院规定免予缴纳个人所得税的其他补贴、津贴。

福利费，是指根据国家有关规定，从企业、事业单位、国家机关、社会组织提留的福利费或者工会经费中支付给个人的生活补助费。所称救济金，是指各级人民政府民政部门支付给个人的生活困难补助费。

三、个人取得全年一次性奖金的征税规定

全年一次性奖金是指行政机关、企事业单位等扣缴义务人根据其全年经济效益和对雇员全年工作业绩的综合考核情况，向雇员发放的一次性奖金。一次性奖金也包括年终加薪、实行年薪制和绩效工资办法的单位根据考核情况兑现的年薪和绩效工资。

2027年12月31日前，居民个人取得全年一次性奖金，符合规定的，不并入当年综合所得，以全年一次性奖金收入除以12个月得到的数额，按照按月换算后的综合所得税率表，确定适用税率和速算扣除数，单独计算应纳税额。计算公式为：

应纳个人所得税税额＝全年一次性奖金收入×适用税率－速算扣除数

居民个人取得全年一次性奖金，也可以选择并入当年综合所得计算纳税。

例6-15

张某系中国公民，202×年取得全年工资收入250 000元，专项扣除30 000元，无专项附加扣除。12月取得全年一次性奖金36 000元，选择不并入当年综合所得单独计算纳税。要求：计算该纳税人全年一次性奖金应缴纳个人所得税额、全年工资应纳税额。

解析：

全年一次性奖金收入除以12＝36 000÷12＝3 000（元）

全年一次性奖金适用税率：3%，速算扣除数0。

全年一次性奖金应纳个人所得税额＝36 000×3%－0＝1 080（元）

全年工资应纳税所得额＝250 000－60 000－30 000＝160 000（元）

适用税率为20%，速算扣除数为16 920元。

应纳个人所得税额＝160 000×20％－16 920＝15 080（元）

全年合计应纳税额＝1 080＋15 080＝16 160（元）

例6-16

接上例，假设张某选择全年一次性奖金并入当年综合所得计算纳税。 要求：计算该纳税人应缴纳个人所得税额。

解析：

全年应纳税所得额＝250 000＋36 000－60 000－30 000＝196 000（元）

适用税率为20％，速算扣除数为16 920元。

应纳个人所得税额＝196 000×20％－16 920＝22 280（元）

 【比一比】

把全年一次性奖金单独计算和并入全年综合所得计算，张某应纳个人所得税额相差多少？ 想一想，为什么会产生这样的差异？ 如果你是张某，会选择哪种计税方法？

四、　捐赠支出应纳税额

捐赠支出的个人所得税处理

个人将其所得对教育、扶贫、济困等公益慈善事业进行捐赠，捐赠额未超过纳税人申报的应纳税所得额30％的部分，可以从其应纳税所得额中扣除。捐赠必须是个人将其所得通过中国境内的公益性社会组织、国家机关向教育、扶贫、济困等公益慈善事业的捐赠才能扣除。

国务院规定对公益慈善事业捐赠实行全额税前扣除的，从其规定。目前全额扣除的捐赠对象主要有：

（1）红十字事业。

（2）农村义务教育。

（3）公益性青少年活动场所。

（4）福利性、非营利性老年服务机构。

（5）符合条件的基金会（中华健康快车基金会和孙冶方经济科学基金会、中华慈善总会、中国法律援助基金会和中华见义勇为基金会等）。

（6）地震灾区。

应纳税所得额，是指计算扣除捐赠额之前的应纳税所得额。

例6-17

某演员取得演出收入150 000元，并用该项收入向希望工程捐赠50 000元。 要求：计算该演员此次演出应预缴的个人所得税额。

解析：

扣除捐赠前的应纳税所得额＝150 000×（1－20％）＝120 000（元）

捐赠的扣除限额为应纳税所得额的 30%: 120 000 × 30% = 36 000（元）< 50 000（元），因此扣除限额为 36 000 元。

应纳税所得额超过 5 万元，预扣率为 40%。

$$应预缴个人所得税额 =（120\,000 - 36\,000）\times 40\% - 7\,000 = 26\,600（元）$$

境外所得的计算

五、 境外所得的计税问题

居民纳税人具有无限纳税义务，对于境内外所得都负有纳税义务。但对于纳税人境外所得征税时，会存在其境外所得已经在来源国家或者地区缴纳的实际情况。基于国家之间对同一所得应避免双重征税的原则，我国对纳税人的境外所得行使税收管辖权时，对该所得在境外已纳税额准予抵扣，但扣除额不得超过该纳税义务人境外所得依照个人所得税法规定计算的应纳税额。

纳税人境外所得依照个人所得税法规定计算的应纳税额，是居民个人抵免已在境外缴纳的综合所得、经营所得以及其他所得的所得税税额的限额（以下简称"抵免限额"）。除国务院财政、税务主管部门另有规定外，来源于中国境外一个国家（地区）的综合所得抵免限额、经营所得抵免限额以及其他所得抵免限额之和，为来源于该国家（地区）所得的抵免限额。

居民个人在中国境外一个国家（地区）实际已经缴纳的个人所得税税额，低于依照前款规定计算出的来源于该国家（地区）所得的抵免限额的，应当在中国缴纳差额部分的税款；超过来源于该国家（地区）所得的抵免限额的，其超过部分不得在本纳税年度的应纳税额中抵免，但是可以在以后纳税年度来源于该国家（地区）所得的抵免限额的余额中补扣。补扣期限最长不得超过五年。

纳税人按税法规定申请扣除已在境外缴纳的个人所得税额时，应当提供境外税务机关填发的完税凭证原件。如果纳税人分别在境内、外取得所得，应当分别计算应纳税额。

居民个人从中国境内和境外取得的综合所得、经营所得，应当分别合并计算应纳税额；从中国境内和境外取得的其他所得，应当分别单独计算应纳税额。

例 6-18

居民个人王教授 202× 年取得工资、薪金收入 300 000 元，另外，在 A 国讲学取得收入折合人民币 10 000 元，在 A 国已经缴纳个人所得税 500 元；在 B 国取得稿酬 8 000 元，在 B 国已经缴纳个人所得税 800 元，符合条件的专项附加扣除有子女教育，扣除标准为 2 000元/月。假定不考虑其他扣除项目，计算王教授在 A、B 两国的扣除限额。

解析：

（1）境内、境外全部综合所得应纳税额。

来源于境内工资、薪金收入额 = 300 000（元）

来源于 A 国的劳务报酬收入额 = 10 000×（1-20%）= 8 000（元）

来源于 B 国的稿酬收入额 = 8 000×（1-20%）×70% = 4 480（元）

全部综合所得收入额 = 300 000 + 8 000 + 4 480 = 312 480（元）

境内、境外全部综合所得应纳税所得额＝312 480－60 000－2 000×12＝228 480（元）

境内、境外全部综合所得应纳税额＝228 480×20％－16 920＝28 776（元）

（2）A国所得税抵免限额。

综合所得的抵免限额＝中国境内和境外综合所得应纳税额×来源于该国（地区）
的综合所得收入额÷中国境内和境外综合所得收入额合计

A国抵免限额＝28 776×8 000÷312 480＝736.71（元）

抵免限额大于在A国实际缴纳的所得税500元，按实际发生额500元抵免。

（3）B国所得税抵免限额。

B国抵免限额＝28 776×4 480÷312 480＝412.56（元）

抵免限额小于在B国实际缴纳的所得税800元，按抵免限额412.56元抵免。

B国未抵免税额＝800－412.56＝387.44（元）

超出的387.44元可用以后年度B国扣除限额的余额补扣，但补扣期限最长不得超过5年。

六、 两个以上纳税人共同取得同一项所得的计税问题

两个或者两个以上的个人共同取得同一项目收入的，应当对每个人取得的收入分别按照税法规定减除费用后计算纳税。实际上这与两个人分别取得独立的收入的计算方法是相同的。

例6-19

张某和李某是中国居民纳税人，两人共同参加一项设计，张某取得设计费5 000元，李某取得2 800元，分别计算她们两人应预缴的个人所得税额。

解析：

设计费属于劳务报酬所得，张某的收入已经超过4 000元，因此费用扣除标准为收入的20％；李某的收入没有超过4 000元，因此费用扣除标准为800元。

张某应预缴个人所得税额＝5 000×（1－20％）×20％＝800（元）

李某应预缴个人所得税额＝（2 800－800）×20％＝400（元）

七、 一个纳税年度内首次取得工资、薪金所得和正在接受全日制学历教育的学生因实习取得劳务报酬所得的计税问题

一个纳税年度内首次取得工资、薪金所得和正在接受全日制学历教育的学生因实习取得劳务报酬所得的居民个人，扣缴义务人在预扣预缴个人所得税时，可按照5 000元/月乘以纳税人当年截至本月月份数计算累计减除费用。

例6-20

彭某是中国居民纳税人，202×年7月大学毕业后参加工作，当月取得工资收入8 000

元。 计算其应预缴个人所得税额。

解析：

由于彭某是首次取得工资、薪金所得，因此，扣缴义务人在预扣预缴个人所得税时，可按照 5 000 元/月乘以 7 计算累计减除费用。

应纳税所得额＝8 000－5 000×7＝－27 000（元）＜0

彭某当月不需要缴纳个人所得税。

八、 纳税调整

有下列情形之一的，税务机关有权按照合理方法进行纳税调整：

（1）个人与其关联方之间的业务往来不符合独立交易原则而减少本人或者其关联方应纳税额，且无正当理由。

（2）居民个人控制的，或者居民个人和居民企业共同控制的设立在实际税负明显偏低的国家（地区）的企业，无合理经营需要，对应当归属于居民个人的利润不做分配或者减少分配。

（3）个人实施其他不具有合理商业目的的安排而获取不当税收利益。

税务机关依照上述规定做出纳税调整，需要补征税款的，应当补征税款，并依法加收利息。

即评即测

个人所得税的税收优惠及特殊规定

第四节　个人所得税的征收管理

一、 税款征收方式

我国的个人所得税实行源泉扣缴和个人自行申报纳税两种方法。

（一）源泉扣缴

个人所得税以所得人为纳税人，以支付所得的单位或者个人为扣缴义务人。各项所得的计算，以人民币为单位。所得为外国货币的，按照国家外汇管理机关规定的外汇牌价折合成人民币缴纳税款。

扣缴义务人应当按照国家规定办理全员全额扣缴申报，并向纳税人提供其个人所得和已扣缴税款等信息。

对扣缴义务人按照所扣缴的税款，付给 2% 的手续费。

（二）自行申报

我国目前规定自行申报纳税的有以下几种情况：取得综合所得的纳税人；取得经营所得的纳税人；非居民个人从中国境内两处或两处以上取得工资、薪金所得的；从中国境外取得所得的；取得应税所得，扣缴义务人未扣缴税款的纳税人；因移居境外注销中国户籍的纳税人；国务院规定的其他情形。

个人所得税
征收管理

有下列情形之一的，纳税人应当依法办理纳税申报：

（1）取得综合所得需要办理汇算清缴。

（2）取得应税所得没有扣缴义务人。

（3）取得应税所得，扣缴义务人未扣缴税款。

（4）取得境外所得。

（5）因移居境外注销中国户籍。

（6）非居民个人在中国境内从两处以上取得工资、薪金所得。

（7）国务院规定的其他情形。

取得综合所得需要办理汇算清缴的情形包括：

（1）从两处以上取得综合所得，且综合所得年收入额减除专项扣除后的余额超过 6 万元。

（2）取得劳务报酬所得、稿酬所得、特许权使用费所得中一项或者多项所得，且综合所得年收入额减除专项扣除的余额超过 6 万元。

（3）纳税年度内预缴税额低于应纳税额。

（4）纳税人申请退税。

📥 **知识链接** ///

2024 年 1 月 1 日至 2027 年 12 月 31 日居民个人取得综合所得，年度综合所得收入不超过 12 万元且需要汇算清缴补税的，或年度汇算清缴补税金额不超过 400 元的，可免于办理汇算清缴，但取得所得时存在扣缴义务人未依法预扣预缴的除外。

🐬【练一练】

单项选择题：居民个人取得综合所得按（　　）纳税。

A. 次　　　　　　B. 期　　　　　　C. 年　　　　　　D. 月

 纳税期限

扣缴义务人每月或者每次预扣、代扣的税款，应当在次月 15 日内缴入国库，并向税务机关报送扣缴个人所得税申报表。

居民个人取得综合所得，按年计算个人所得税；有扣缴义务人的，由扣缴义务人按月或者按次预扣预缴税款；需要办理汇算清缴的，应当在取得所得的次年 3 月 1 日至 6 月 30 日内办理汇算清缴。预扣预缴办法由国务院税务主管部门制定。

非居民个人取得工资、薪金所得，劳务报酬所得，稿酬所得和特许权使用费所得，有扣缴义务人的，由扣缴义务人按月或者按次代扣代缴税款，不办理汇算清缴。

纳税人取得经营所得，按年计算个人所得税，由纳税人在月度或者季度终了后 15 日内向税务机关报送纳税申报表，并预缴税款；在取得所得的次年 3 月 31 日前办理汇算清缴。

纳税人取得利息、股息、红利所得，财产租赁所得，财产转让所得和偶然所得，按月或者按次计算个人所得税，有扣缴义务人的，由扣缴义务人按月或者按次代扣代缴税款。

纳税人取得应税所得没有扣缴义务人的，应当在取得所得的次月 15 日内向税务机关报送纳税申报表，并缴纳税款。

纳税人取得应税所得，扣缴义务人未扣缴税款的，纳税人应当在取得所得的次年 6 月 30 日前，缴纳税款；税务机关通知限期缴纳的，纳税人应当按照期限缴纳税款。

居民个人从中国境外取得所得的，应当在取得所得的次年 3 月 1 日至 6 月 30 日内申报纳税。

非居民个人在中国境内从两处以上取得工资、薪金所得的，应当在取得所得的次月 15 日内申报纳税。

纳税人因移居境外注销中国户籍的，应当在注销中国户籍前办理税款清算。

 【练一练】

多项选择题：个人所得税的征收方法有（　　）。

A. 按季计征　　　　　　　B. 按次计征

C. 按月计征　　　　　　　D. 按年计征

 申报地点

（一）居民纳税人综合所得纳税地点

（1）在中国境内有任职、受雇单位的，向任职、受雇单位所在地主管税务机关申报。

（2）在中国境内有两处或者两处以上任职、受雇单位的，选择并固定向其中一处单位所在地主管税务机关申报。

（二）居民纳税人其他所得纳税地点

纳税人取得经营所得，按年计算个人所得税，由纳税人在月度或季度终了后 15 日内，向经营管理所在地主管税务机关办理预缴纳税申报。从两处以上取得经营所得的，选择向其中一处经营管理所在地主管税务机关办理年度汇总申报。

纳税人取得利息、股息、红利所得，财产租赁所得，财产转让所得和偶然所得的，扣缴义务人未扣缴税款的，按相关规定向主管税务机关办理纳税申报。

（三） 非居民纳税人取得 "综合所得" 纳税地点

即评即测

个人所得税的
纳税申报与缴纳

非居民个人取得工资、薪金所得，劳务报酬所得，稿酬所得，特许权使用费所得的，应当在取得所得的次年 6 月 30 日前，向扣缴义务人所在地主管税务机关办理纳税申报；有两个以上扣缴义务人均未扣缴税款的，选择向其中一处扣缴义务人所在地主管税务机关办理纳税申报。

纳税人不得随意变更纳税申报地点，因特殊情况变更纳税申报地点的，须报原主管税务机关备案。

第五节　个人所得税纳税申报举例①

【案例导入解析】

个人所得税纳税申报表基础信息不提供，读者可以根据自己的实际情况填写。

李某涉及个人所得税的征税范围有工资、薪金所得、劳务报酬所得、稿酬所得和利息、股息、红利所得，本案例中，分红因为持有期已经超过 1 年，免税。

工资、薪金所得按月预缴个人所得税，劳务报酬所得、稿酬所得按次预缴个人所得税，年终汇算清缴。

（一） 预缴个人所得税

讲座收入为劳务报酬所得，预缴税额＝（2 000−800）×20％＝240（元）

稿酬所得预缴税额＝18 000×80％×70％×20％＝2 016（元）

（二） 综合所得汇算清缴

1. 收入额计算

工资、薪金收入额＝180 000（元）

劳务报酬收入额＝2 000×80％＝1 600（元）

稿酬收入额＝18 000×80％×70％＝10 080（元）

收入额合计＝180 000＋1 600＋10 080＝191 680（元）

2. 专项扣除计算

基本养老保险＝10 000×12×8％＝9 600（元）

基本医疗保险＝10 000×12×2％＝2 400（元）

失业保险＝10 000×12×0.5％＝600（元）

---

① 本节的内容，教师可以根据教学进度自行选择。

住房公积金＝10 000×12×12％＝14 400（元）

专项扣除合计＝10 000×12×（8％＋2％＋0.5％＋12％）＝27 000（元）

3. 专项附加扣除计算

子女教育费扣除额＝2 000×12＝24 000（元）

住房贷款扣除额＝1 000×12＝12 000（元）

赡养老人扣除额＝3 000×12＝36 000（元）

专项附加扣除合计＝24 000＋12 000＋36 000＝72 000（元）

4. 综合所得应纳税所得额计算

综合所得应纳税所得额＝191 680－60 000－27 000－72 000＝32 680（元）

应纳税所得额为32 680元，查综合所得税率表，适用税率3％。

全年应纳个人所得税额＝32 680×3％＝980.4（元）

应退个人所得税额＝2 256－980.4＝1 275.6（元）

📥 知识链接 ///

年度汇算清缴后需补税金额不超过400元的，可以申请免补缴，具体操作方法为：登录个人所得税 App 主页，点击"综合所得年度汇算"，根据系统指引计算出补缴税款，点击"享受免申报"，就可以豁免相应税款。

填制个人所得税纳税申报表如表6－5所示：

即评即测

个人所得税纳税
申报表的填制

表6－5　个人所得税年度自行纳税申报表（A表）
（仅取得境内综合所得年度汇算适用）

税款所属期：202×年1月1日至202×年12月31日

纳税人姓名：

纳税人识别号：□□□□□□□□□□□□□□□□□□-□□

金额单位：人民币元（列至角分）

基本情况					
手机号码		电子邮箱		邮政编码	□□□□□□
联系地址	____省（区、市）____市____区（县）____街道（乡、镇）____				
纳税地点（单选）					
1. 有任职受雇单位的，需选本项并填写"任职受雇单位信息"：			□任职受雇单位所在地		
任职受雇单位信息	名称				
	纳税人识别号	□□□□□□□□□□□□□□□□□□			
2. 没有任职受雇单位的，可以从本栏次选择一地：			□户籍所在地　□经常居住地　□主要收入来源地		
户籍所在地/经常居住地/主要收入来源地	____省（区、市）____市____区（县）____街道（乡、镇）____				
申报类型（单选）					
□首次申报				□更正申报	
综合所得个人所得税计算					

续表

项目	行次	金额
一、收入合计（第1行＝第2行＋第3行＋第4行＋第5行）	1	200 000
（一）工资、薪金	2	180 000
（二）劳务报酬	3	2 000
（三）稿酬	4	18 000
（四）特许权使用费	5	
二、费用合计［第6行＝（第3行＋第4行＋第5行）×20％］	6	4 000
三、免税收入合计（第7行＝第8行＋第9行）	7	4 320
（一）稿酬所得免税部分［第8行＝第4行×（1－20％）×30％］	8	4 320
（二）其他免税收入（附报《个人所得税减免税事项报告表》）	9	
四、减除费用	10	60 000
五、专项扣除合计（第11行＝第12行＋第13行＋第14行＋第15行）	11	27 000
（一）基本养老保险费	12	9 600
（二）基本医疗保险费	13	2 400
（三）失业保险费	14	600
（四）住房公积金	15	14 400
六、专项附加扣除合计（附报《个人所得税专项附加扣除信息表》） （第16行＝第17行＋第18行＋第19行＋第20行＋第21行＋第22行＋第23行）	16	72 000
（一）子女教育	17	24 000
（二）继续教育	18	
（三）大病医疗	19	
（四）住房贷款利息	20	12 000
（五）住房租金	21	
（六）赡养老人	22	36 000
（七）3岁以下婴幼儿照护	23	
七、其他扣除合计（第24行＝第25行＋第26行＋第27行＋第28行＋第29行＋第30行）	24	
（一）年金	25	
（二）商业健康保险（附报《商业健康保险税前扣除情况明细表》）	26	
（三）税延养老保险（附报《个人税收递延型商业养老保险税前扣除情况明细表》）	27	
（四）允许扣除的税费	28	
（五）个人养老金	29	
（六）其他	30	
八、准予扣除的捐赠额（附报《个人所得税公益慈善事业捐赠扣除明细表》）	31	
九、应纳税所得额 （第32行＝第1行－第6行－第7行－第10行－第11行－第16行－第24行－第31行）	32	32 680

续表

项目	行次	金额
十、税率（％）	33	3
十一、速算扣除数	34	0
十二、应纳税额（第 35 行＝第 32 行×第 33 行－第 34 行）	35	980.4
全年一次性奖金个人所得税计算 （无住所居民个人预判为非居民个人取得的数月奖金，选择按全年一次性奖金计税的填写本部分）		
一、全年一次性奖金收入	36	
二、准予扣除的捐赠额（附报《个人所得税公益慈善事业捐赠扣除明细表》）	37	
三、税率（％）	38	
四、速算扣除数	39	
五、应纳税额［第 40 行＝（第 36 行－第 37 行）×第 38 行－第 39 行］	40	
税额调整		
一、综合所得收入调整额（需在"备注"栏说明调整具体原因、计算方式等）	41	
二、应纳税额调整额	42	
应补/退个人所得税计算		
一、应纳税额合计（第 43 行＝第 35 行＋第 40 行＋第 42 行）	43	980.4
二、减免税额（附报《个人所得税减免税事项报告表》）	44	
三、已缴税额	45	2 256
四、应补/退税额（第 46 行＝第 43 行－第 44 行－第 45 行）	46	－1 275.6

无住所个人附报信息			
纳税年度内在 中国境内居住天数		已在中国境内居住年数	

退税申请
（应补/退税额小于 0 的填写本部分）

☑申请退税（需填写"开户银行名称""开户银行省份""银行账号"）　　　□放弃退税

开户银行名称		开户银行省份	
银行账号			

备注

　　谨声明：本表是根据国家税收法律法规及相关规定填报的，本人对填报内容（附带资料）的真实性、可靠性、完整性负责。

纳税人签字：　　　　　　　　　年　　月　　日

经办人签字： 经办人身份证件类型： 经办人身份证件号码： 代理机构签章： 代理机构统一社会信用代码：	受理人： 受理税务机关（章）： 受理日期：　　年　　月　　日

本章小结

纳税人	包括中国大陆公民、个体工商户、个人独资企业、合伙企业以及在中国境内有所得的外籍人员和香港、澳门、台湾地区居民，并根据住所和居住时间两个标准，分为居民纳税人和非居民纳税人
纳税义务	居民纳税人负无限纳税义务，应就境内外所得计算缴纳个人所得税；非居民纳税人负有限纳税义务，仅就其从中国境内取得的所得计算缴纳所得税
征税项目	包括工资、薪金所得，经营所得，劳务报酬所得，稿酬所得，特许权使用费所得，利息、股息、红利所得，财产租赁所得，财产转让所得，偶然所得
税率	根据不同项目分别适用超额累进税率和比例税率：居民综合所得适用七级超额累进税率；非居民工资、薪金所得，劳务报酬所得，稿酬所得，特许权使用费所得适用七级超额累进税率；经营所得适用五级超额累进税率；利息、股息、红利所得，财产租赁所得，财产转让所得，偶然所得税率为20%
应纳税所得额	居民纳税人综合所得按月预缴，年终汇算，可以扣除的项目包括：费用60 000元，专项扣除、专项附加扣除和其他扣除；居民纳税人劳务报酬所得、稿酬所得、特许权使用费所得可扣除费用20%，稿酬所得减按70%计算；经营所得按年计征，年收入可扣除成本、费用和损失；非居民纳税人工资、薪金所得费用扣除额为5 000元/月；非居民纳税人劳务报酬所得、稿酬所得、特许权使用费所得可扣除费用20%；财产租赁所得按次计征，每次收入不超过4 000元的可扣除费用800元，每次收入超过4 000元的，可扣除费用20%；财产转让所得按次计征，每次收入可扣除财产原值和合理费用；利息、股息、红利所得，偶然所得，全额计税，不得扣除任何费用
应纳税额计算	综合所得、经营所得应纳税额＝应纳税所得额×税率－速算扣除数 其他所得应纳税额＝应纳税所得额×税率
特殊规定	捐赠支出应纳税额的处理； 境外所得的计税问题； 两个以上纳税人共同取得同一项所得的计税问题
税收优惠	个人所得税的税收优惠分为免税项目、减税项目、暂时免税项目
纳税申报	自行申报、源泉扣缴

第七章
资源类税

学习目标

知识目标：

1. 理解资源税、城镇土地使用税、耕地占用税、烟叶税、环境保护税的纳税人、扣缴义务人；

2. 掌握资源税、城镇土地使用税、耕地占用税、烟叶税、环境保护税的征税范围、税率、计税依据及应纳税额的计算方法；

3. 了解资源税、城镇土地使用税、耕地占用税、烟叶税、环境保护税的征收管理和税收优惠政策。

能力目标：

1. 正确判断资源税、城镇土地使用税、耕地占用税、烟叶税、环境保护税的纳税义务人、征税范围和适用税率；

2. 正确计算资源税、城镇土地使用税、耕地占用税、烟叶税、环境保护税的应纳税额。

素养目标：

1. 党的二十大报告指出，"完善支持绿色发展的财税、金融、投资、价格政策和标准体系，发展绿色低碳产业，健全资源环境要素市场化配置体系，加快节能降碳先进技术研发和推广应用，倡导绿色消费，推动形成绿色低碳的生产方式和生活方式。"培养珍惜资源、合理利用资源的意识，树立可持续发展观念；

2. 树立积极履行社会责任的价值观，认识到资源类税收在促进社会公平、保护环境、促进经济社会可持续发展中的作用；

3. 树立绿水青山就是金山银山的理念，培养保护环境、造福人类的意识，树立珍惜资源、合理使用资源的观念，认识到税收在调节环境污染和生态保护中的重要作用。

学习导航

我国近年对资源税进行了改革，资源税的改革可以提高资源利用效率，抑制高耗能行业的发展，实现社会经济的稳定与发展，进而排除资源优劣分配的不合理，并且增加国家财政收入。

　　资源是指一切为人类所开发和利用的客观存在。相对于人类无穷的欲望而言，资源总是稀缺的。为合理、有效利用和保护有限的自然资源，调节因资源禀赋差异而形成的级差收入，世界各国普遍开征了资源类的税种。本教材中资源类税税种包括资源税、城镇土地使用税、耕地占用税、烟叶税、环境保护税等。

　　通过本章的学习，可对我国目前所征收的资源类税有一个较全面的了解。本章重点是各资源税应纳税额的计算，难点是对资源税的税目及税率的理解。

知识框架图

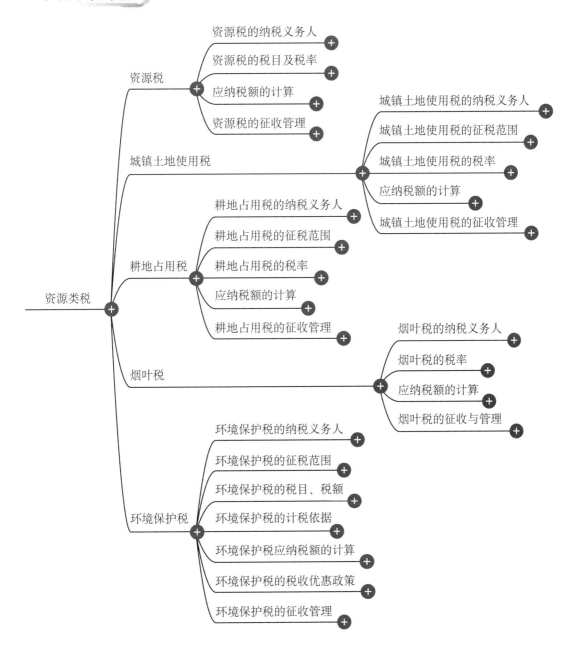

第一节　资源税

　　资源税是在中华人民共和国领域和中华人民共和国管辖的其他海域开发应税资源的单位和个人，就其应税资源销售数量或自用数量为课税对象而征收的一种税。资源税属于对自然资源占用课税的范畴。资源税的征收能有效发挥组织收入、调控经济、促进资源节约集约利用和生态环境保护的作用。

　　我国现行的资源税开征于 1984 年，是以调节资源级差收入、促进企业平等竞争和保护自然资源为主要目的而设置的一个税种。1993 年 12 月 25 日国务院颁布《中华人民共和国资源税暂行条例》，2011 年 9 月国务院对《中华人民共和国资源税暂行条例》进行了修订。2015 年财政部、国家税务总局发布《关于实施稀土、钨、钼资源税从价计征改革的通知》（财税〔2015〕52 号）规定对稀土、钨、钼资源税从价计征；2016 年财政部、国家税务总局对资源税再次修订，根据《财政部 国家税务总局关于全面推进资源税改革的通知》（财税〔2016〕53 号）的规定，2016 年 7 月 1 日起全面推进资源税改革；2019 年 8 月26 日，经中华人民共和国第十三届全国人民代表大会常务委员会第十二次会议表决，《中华人民共和国资源税法》（以下简称《资源税法》）正式通过，于 2020 年 9 月 1 日正式实施，1993 年 12 月 25 日国务院发布的《中华人民共和国资源税暂行条例》同时废止。

　　本次资源税全面改革主要遵循四个原则：一是清费立税。着力解决当前存在的税费重叠、功能交叉问题，将矿产资源补偿费等收费基金适当并入资源税，取缔违规、越权设立的各项收费基金，进一步理顺税费关系。二是从价计征、合理负担。兼顾企业经营的实际情况和承受能力，借鉴煤炭等资源税费改革经验，合理确定资源税计税依据和税率水平，全面构建从价计征为主、从量计征为辅的计征方式，增强税收弹性，总体上不增加企业负担。三是适度分权。结合我国资源分布不均衡、地域差异较大等情况，在不影响全国统一市场前提下，赋予地方适当的税政管理权。四是循序渐进。在煤炭、原油、天然气等实施从价计征改革基础上，对其他矿产资源全面实施改革。积极创造条件，逐步对水、森林、草场、滩涂等自然资源开征资源税。

资源税税收要素

一、资源税的纳税义务人

　　资源税的纳税义务人是指在中华人民共和国领域和中华人民共和国管辖的其他海域开发应税资源的单位和个人。

　　上述单位是指企业、行政单位、事业单位、军事单位、社会团体及其他单位。个人，是指个体工商户和其他个人。

资源税的税目及税率

（一）税目

应税资源的具体范围由《资源税法》所附"资源税税目税率表"确定。具体包括能源矿产（13 个税目）、金属矿产（45 个税目）、非金属矿产（95 个税目）、水气矿产（5 个税目）和盐（6 个税目），共 164 个税目。应税产品为矿产品的，征税对象包括原矿和选矿产品（海盐的征税对象不区分原矿、选矿）。

（二）税率

根据不同的资源品目分别实行固定税率和幅度税率。其中实行固定税率的包括原油、天然气、页岩气、天然气水合物、铀、钍、钨、钼和中重稀土 9 个税目；其余 155 个税目实行幅度税率，由省、自治区、直辖市人民政府统筹考虑该应税资源的品位、开采条件以及对生态环境的影响等情况确定具体适用税率。

（三）税目税率表

资源税税目税率表如表 7-1 所示。

表 7-1 资源税税目税率表

税目		征税对象	税率
能源矿产	原油	原矿	6%
	天然气、页岩气、天然气水合物	原矿	6%
	煤	原矿或者选矿	2%~10%
	煤成（层）气	原矿	1%~2%
	铀、钍	原矿	4%
	油页岩、油砂、天然沥青、石煤	原矿或者选矿	1%~4%
	地热	原矿	1%~20%或者每立方米 1~30 元
金属矿产	黑色金属 铁、锰、铬、钒、钛	原矿或者选矿	1%~9%
	有色金属 铜、铅、锌、锡、镍、锑、镁、钴、铋、汞	原矿或者选矿	2%~10%
	铝土矿	原矿或者选矿	2%~9%
	钨	选矿	6.50%
	钼	选矿	8%
	金、银	原矿或者选矿	2%~6%
	铂、钯、钌、锇、铱、铑	原矿或者选矿	5%~10%
	轻稀土	选矿	7%~12%
	中重稀土	选矿	20%

续表

税目			征税对象	税率
金属矿产	有色金属	铍、锂、锆、锶、铷、铯、铌、钽、锗、镓、铟、铊、铪、铼、镉、硒、碲	原矿或者选矿	2%～10%
非金属矿产	矿物类	高岭土	原矿或者选矿	1%～6%
		石灰岩	原矿或者选矿	1%～6%或者每吨（或者每立方米）1～10元
		磷	原矿或者选矿	3%～8%
		石墨	原矿或者选矿	3%～12%
		萤石、硫铁矿、自然硫	原矿或者选矿	1%～8%
		天然石英砂、脉石英、粉石英、水晶、工业用金刚石、冰洲石、蓝晶石、硅线石（矽线石）、长石、滑石、刚玉、菱镁矿、颜料矿物、天然碱、芒硝、钠硝石、明矾石、砷、硼、碘、溴、膨润土、硅藻土、陶瓷土、耐火粘土、铁钒土、凹凸棒石粘土、海泡石粘土、伊利石粘土、累托石粘土	原矿或者选矿	1%～12%
		叶腊石、硅灰石、透辉石、珍珠岩、云母、沸石、重晶石、毒重石、方解石、蛭石、透闪石、工业用电气石、白垩、石棉、蓝石棉、红柱石、石榴子石、石膏	原矿或者选矿	2%～12%
		其他粘土（铸型用粘土、砖瓦用粘土、陶粒用粘土、水泥配料用粘土、水泥配料用红土、水泥配料用黄土、水泥配料用泥岩、保温材料用粘土）	原矿或者选矿	1%～5%或者每吨（或者每立方米）0.1～5元
	岩石类	大理岩、花岗岩、白云岩、石英岩、砂岩、辉绿岩、安山岩、闪长岩、板岩、玄武岩、片麻岩、角闪岩、页岩、浮石、凝灰岩、黑曜岩、霞石正长岩、蛇纹岩、麦饭石、泥灰岩、含钾岩石、含钾砂页岩、天然油石、橄榄岩、松脂岩、粗面岩、辉长岩、辉石岩、正长岩、火山灰、火山渣、泥炭	原矿或者选矿	1%～10%
		砂石	原矿或者选矿	1%～5%或者每吨（或者每立方米）0.1～5元
	宝玉石类	宝石、玉石、宝石级金刚石、玛瑙、黄玉、碧玺	原矿或者选矿	4%～20%
水气矿产		二氧化碳气、硫化氢气、氦气、氡气	原矿	2%～5%
		矿泉水	原矿	1%～20%或者每立方米1～30元

续表

税目		征税对象	税率
盐	钠盐、钾盐、镁盐、锂盐	选矿	3%～15%
	天然卤水	原矿	3%～15%或者每吨（或者每立方米）1～10元
	海盐		2%～5%

三、 应纳税额的计算

资源税应纳税额的计算

（一） 计税依据

资源税的计税依据为应税产品的销售额或者销售数量。

资源税应税产品的销售额，按照纳税人销售应税产品向购买方收取的全部价款确定，不包括增值税税款。

计入销售额中的相关运杂费用，凡取得增值税发票或者其他合法有效凭据的，准予从销售额中扣除。相关运杂费用是指应税产品从坑口或者洗选（加工）地到车站、码头或者购买方指定地点的运输费用、建设基金以及随运销产生的装卸、仓储、港杂费用。

应税产品的销售数量，包括纳税人开采或者生产应税产品的实际销售数量和自用于应当缴纳资源税情形的应税产品数量。

（二） 应纳税额的计算

资源税的应纳税额，按照应税资源的销售额或者销售数量和规定的单位税额计算。

应税产品为矿产品的，包括原矿和选矿产品。纳税人以自采原矿（经过采矿过程采出后未进行选矿或者加工的矿石）直接销售，或者自用于应当缴纳资源税情形的，按照原矿计征资源税。纳税人以自采原矿洗选加工为选矿产品（通过破碎、切割、洗选、筛分、磨矿、分级、提纯、脱水、干燥等过程形成的产品，包括富集的精矿和研磨成粉、粒级成型、切割成型的原矿加工品）销售，或者将选矿产品自用于应当缴纳资源税情形的，按照选矿产品计征资源税，在原矿移送环节不缴纳资源税。对于无法区分原生岩石矿种的粒级成型砂石颗粒，按照砂石税目征收资源税。

资源税法规定有从量计征和从价计征两种计征方式。

1. 从量计征

实行从量计征的有：地热、其他粘土、矿泉水。计算公式为：

应纳税额＝应税资源产品的销售数量×适用税率

例 7-1

某开采企业202×年9月计划开采陶粒用粘土6 000立方米，实际开采6 200立方米，计划销售5 500立方米，实际销售5 800立方米，适用的税额为0.7元/立方米。 计算该矿山当月应纳资源税税额。

解析：

资源税是以销售数量来计算缴纳的，而不是以生产数量来计算的。

应纳税额＝5 800×0.7＝4 060（元）

例7－2

某矿泉水生产企业，202×年9月销售矿泉水20 000立方米，适用的税额为3元/立方米。 计算该企业本月应纳资源税税额。

解析：

矿泉水的计征方式是从量计征，以原矿为征税对象。

应纳税额＝20 000×3＝60 000（元）

2. 从价计征

实行从价计征的有：除地热、其他粘土、矿泉水税目以外的其他税目。计算公式为：

应纳税额＝应税资源产品的销售额（不含增值税）×适用税率

例7－3

某油田某月开采原油10 000吨，全部销售，每吨的销售价格为3 000元，原油资源税税率为6%。 计算其当月应纳资源税税额。

解析：

能源矿产从价计征，税率为6%。

应纳税额＝10 000×3 000×6％＝1 800 000（元）

3. 一般情况下课税数量的确定方法

（1）纳税人开采或者生产应税产品销售的，以销售数量为课税数量。

（2）纳税人开采或者生产应税产品自用的，按视同销售的自用（非生产用）数量为课税数量。纳税人自用应税产品应当缴纳资源税的情形，包括纳税人以应税产品用于非货币性资产交换、捐赠、偿债、赞助、集资、投资、广告、样品、职工福利、利润分配或者连续生产非应税产品等。

但是，自用于连续生产应税产品的，不缴纳资源税。

（3）纳税人申报的应税产品销售额明显偏低且无正当理由的，或者有自用应税产品行为而无销售额的，主管税务机关可以按下列方法和顺序确定其应税产品销售额：

1）按纳税人最近时期同类产品的平均销售价格确定。

2）按其他纳税人最近时期同类产品的平均销售价格确定。

3）按后续加工非应税产品销售价格，减去后续加工环节的成本利润后确定。

4）按应税产品组成计税价格确定：

组成计税价格＝成本×（1＋成本利润率）÷（1－资源税税率）

上述公式中的成本利润率由省、自治区、直辖市税务机关确定。

5）按其他合理方法确定。

4．纳税人外购应税产品购进金额或购进数量的确定方法

纳税人应当准确核算外购应税产品的购进金额或者购进数量，未准确核算的，一并计算缴纳资源税。

（1）纳税人以外购原矿与自采原矿混合为原矿销售，或者以外购选矿产品与自产选矿产品混合为选矿产品销售的，在计算应税产品销售额或者销售数量时，直接扣减外购原矿或者外购选矿产品的购进金额或者购进数量。

（2）纳税人以外购原矿与自采原矿混合洗选加工为选矿产品销售的，在计算应税产品销售额或者销售数量时，按照下列方法进行扣减：

准予扣减的外购应税产品购进金额（数量）＝外购原矿购进金额（数量）×（本地区原矿适用税率÷本地区选矿产品适用税率）

不能按照上述方法计算扣减的，按照主管税务机关确定的其他合理方法进行扣减。

纳税人核算并扣减当期外购应税产品购进金额、购进数量，应当依据外购应税产品的增值税发票、海关进口增值税专用缴款书或者其他合法有效凭据。

例 7-4

某从事铁矿开采的企业，属于一般纳税人。202×年9月将自采的铁原矿洗选加工成铁选矿后销售，取得销售收入90万元（含运杂费4.5万元，运杂费已开具增值税发票），另直接销售自采原矿，取得销售收入30万元（含运杂费1万元，运杂费已开具增值税发票），铁原矿适用税率为2%，铁选矿适用税率为1.5%。计算该企业本月资源税应纳税额。

解析：

纳税人自采的铁原矿移送加工铁选矿，在移送环节不用申报缴纳资源税，在铁选矿销售环节，申报缴纳资源税。纳税人将自采的铁原矿直接销售的，在销售环节申报缴纳资源税。纳税人既销售原矿又销售选矿，应分别核算两者的销售额。计入销售额中的相关运杂费用，凡取得增值税发票或者其他合法有效凭据的，准予从销售额中扣除。相关运杂费用是指应税产品从坑口或者洗选（加工）地到车站、码头或者购买方指定地点的运输费用、建设基金以及随运销产生的装卸、仓储、港杂费用。

应纳税额＝（300 000－10 000）×2%＋（900 000－45 000）×1.5%
＝5 800＋12 825＝18 625（元）

 【想一想】

应税资源产品在销售或自用（视同销售）时缴纳了资源税，还需要缴纳增值税吗？

资源税税收优惠

四、资源税的征收管理

（一）资源税的减免规定

根据国民经济和社会发展需要，国务院对有利于促进资源节约集约利用、保护环境等情形可以规定免征或者减征资源税，报全国人民代表大会常务委员会备案。目前，《资源税法》规定了六项减免事项，包括两项免征和四项减征资源税情形，同时授权地方对两种情形决定免征或者减征资源税。

1. 免税项目

（1）开采原油以及在油田范围内运输原油过程中用于加热的原油、天然气免征资源税。

（2）煤炭开采企业因安全生产需要抽采的煤成（层）气免征资源税。

2. 减税项目

（1）从低丰度油气田开采的原油、天然气，减征 20% 资源税。（低丰度油气田，包括陆上低丰度油田、陆上低丰度气田、海上低丰度油田、海上低丰度气田。陆上低丰度油田是指每平方千米原油可开采储量丰度低于 25 万立方米的油田；陆上低丰度气田是指每平方千米天然气可开采储量丰度低于 2 亿 5 000 万立方米的气田；海上低丰度油田是指每平方千米原油可开采储量丰度低于 60 万立方米的油田；海上低丰度气田是指每平方千米天然气可开采储量丰度低于 6 亿立方米的气田。）

（2）高含硫天然气、三次采油和从深水油气田开采的原油、天然气，减征 30% 资源税。

高含硫天然气，是指硫化氢含量在每立方米 30 克以上的天然气。三次采油，是指二次采油后继续以聚合物驱、复合驱、泡沫驱、气水交替驱、二氧化碳驱、微生物驱等方式进行采油。深水油气田，是指水深超过 300 米的油气田。

（3）稠油、高凝油减征 40% 资源税。

稠油，是指地层原油粘度大于或等于每秒 50 毫帕或原油密度大于或等于每立方厘米 0.92 克的原油。高凝油，是指凝固点高于 40℃ 的原油。

（4）从衰竭期矿山开采的矿产品，减征 30% 资源税。

衰竭期矿山，是指设计开采年限超过 15 年，且剩余可开采储量下降到原设计可开采储量的 20% 以下或者剩余开采年限不超过 5 年的矿山。衰竭期矿山以开采企业下属的单个矿山为单位确定。

【小提示】

　　纳税人开采或者生产同一应税产品，其中既有享受减免税政策的，又有不享受减免税政策的，按照免税、减税项目的产量占比等方法分别核算确定免税、减税项目的销售额或者销售数量。

3. 授权地方的减税、免税项目

（1）纳税人开采或者生产应税产品过程中，因意外事故或者自然灾害等原因遭受重大损失。

（2）纳税人开采共伴生矿、低品位矿、尾矿。

上述免征或者减征资源税的具体办法，由省、自治区、直辖市人民政府提出，报同级人民代表大会常务委员会决定，并报全国人民代表大会常务委员会和国务院备案。

 【想一想】

中外合作开采油气资源是否缴纳资源税？

 【练一练】

单选题：下列各项中免缴纳资源税的是（ ）。

A. 进口的原油 B. 出口的原油

C. 开采原油过程中用于加热的原油 D. 开采原油过程中用于修井的原油

（二） 资源税的申报与缴纳

1. 资源税的申报

纳税人发生资源税纳税义务后，应在规定的期限内向税务机关申报，履行纳税义务。纳税申报是税务机关据以核定应纳税额的依据之一。依照法规，资源税纳税人必须向主管税务机关报送《财产和行为税纳税申报表》，扣缴义务人应按规定履行代扣、代缴的申报手续。

2. 资源税的缴纳

（1）纳税义务发生时间。

即评即测

资源税

纳税义务发生时间是指纳税人发生应税行为，应当承担纳税义务的起始时间。根据纳税人的生产经营、货款结算方式和资源税征收集中的情况，其纳税义务发生时间可以分为以下几种情况：

1）纳税人采取分期收款结算方式的，其纳税义务发生时间为销售合同规定的收款日期的当天。

2）纳税人采取预收货款结算方式的，其纳税义务发生时间，为发出应税产品的当天。

3）纳税人采取其他结算方式的，其纳税义务发生时间，为收讫销售款或者取得索取销售款凭据的当天。

4）纳税人自产自用应税产品的纳税义务发生时间，为移送使用应税产品的当天。

5）扣缴义务人代扣代缴税款的纳税义务发生时间，为支付货款的当天。

（2）纳税期限。

纳税期限是纳税人发生纳税义务后缴纳税款的期限。资源税按月或者按季申报缴纳；不能按固定期限计算缴纳的，例如不定期开采矿产品的纳税人，可以按次申报缴纳。

纳税人按月或者按季申报缴纳的，应当自月度或者季度终了之日起十五日内，向税务机关办理纳税申报并缴纳税款；按次申报缴纳的，应当自纳税义务发生之日起十五日内，向税务机关办理纳税申报并缴纳税款。

（3）纳税地点。

资源税纳税地点为应税产品开采地或者生产地的税务机关。

第二节 城镇土地使用税

城镇土地使用税是对在城市、县城、建制镇和矿区范围内拥有土地使用权的单位和个人，按其实际占用的土地面积和规定的土地等级征收的一种级差资源税。开征城镇土地使用税，有利于通过经济手段加强对土地的管理，变土地的无偿使用为有偿使用，促进合理、节约使用土地，提高土地使用效益；理顺国家与土地使用者之间的分配关系。现行城镇土地使用税的基本规范，是 2019 年 3 月 2 日国务院修改并颁布的《中华人民共和国城镇土地使用税暂行条例》。

城镇土地使用

一、城镇土地使用税的纳税义务人

在城市、县城、建制镇、工矿区范围内使用土地的单位和个人，为城镇土地使用税的纳税人，包括国有企业、集体企业、私营企业、股份制企业、外商投资企业、外国企业以及其他企业和事业单位、社会团体、国家机关、军队以及其他单位；所称个人，包括个体工商户以及其他个人。

税法根据用地者的不同情况，对纳税人做了如下具体规定：

（1）城镇土地使用税由拥有土地使用权的单位和个人缴纳。

（2）拥有土地使用权的单位和个人不在土地所在地的，其土地的实际使用人和代管人为纳税人。

（3）土地使用权未确定或权属纠纷未解决的，由实际使用人纳税。

（4）土地使用权共有的，由共有各方分别纳税。

几个人或几个单位共同拥有一块土地的使用权，这块土地的城镇土地使用税的纳税人应是对这块土地拥有使用权的每一个人或每一个单位；并应以其实际使用的土地面积占总面积的比例，分别计算缴纳土地使用税。

二、城镇土地使用税的征税范围

城镇土地使用税的征税范围，包括在城市、县城、建制镇和工矿区内的国家所有和集体所有的土地。

上述城市、县城、建制镇和工矿区分别按以下标准确认：

（1）城市是指经国务院批准设立的市。

（2）县城是指县人民政府所在地。

（3）建制镇是指经省、自治区、直辖市人民政府批准设立的建制镇。

（4）工矿区是指工商业比较发达、人口比较集中、符合国务院规定的建制镇标准，但尚未设立建制镇的大中型工矿企业所在地，工矿区须经省、自治区、直辖市人民政府批准。

上述城镇土地使用税的征税范围中，城市的土地包括市区和郊区的土地，县城的土地是指县人民政府所在地的城镇的土地，建制镇的土地是指镇人民政府所在地的土地。

建立在城市、县城、建制镇和工矿区以外的工矿企业则无须缴纳城镇土地使用税。

另外，自 2009 年 1 月 1 日起，公园、名胜古迹内的索道公司经营用地，应按规定缴纳城镇土地使用税。

三、 城镇土地使用税的税率

城镇土地使用税采用定额税率，即采用有幅度的差别税额，按大、中、小城市和县城、建制镇、工矿区分别规定每平方米城镇土地使用税年应纳税额。具体标准如表 7 - 2 所示。

表 7 - 2 城镇土地使用税税率表

级别	人口（人）	每平方米税额（元）
大城市	50 万以上	1.5～30
中等城市	20 万～50 万	1.2～24
小城市	20 万以下	0.9～18
县城、建制镇、工矿区		0.6～12

在经济落后地区，城镇土地使用税的适用税额标准可适当降低，但降低额不得超过上述规定最低税额的 30%。经济发达地区的适用税额标准可以适当提高，但须报财政部批准。

四、 应纳税额的计算

（一） 计税依据

城镇土地使用税以纳税人实际占用的土地面积（平方米）为计税依据。

纳税人实际占用的土地面积，以房地产管理部门核发的土地使用证书与确认的土地面积为准；尚未核发土地使用证书的，应由纳税人据实申报土地面积，据以纳税，待核发土地使用证后再作调整。

（二） 应纳税额的计算方法

城镇土地使用税的应纳税额可以通过纳税人实际占用的土地面积乘以该土地所在地段的适用税额求得。其计算公式为：

全年应纳税额＝实际占用应税土地面积（平方米）×适用税额

例 7 - 5

　　设在某城市的米飞公司使用土地面积为 20 000 平方米。经税务机关核定，该土地为应税土地，每平方米年税额为 5 元。请计算其全年应纳的城镇土地使用税税额。

　　解析：

　　　　年应纳城镇土地使用税税额＝20 000×5＝100 000（元）

　　土地使用权由几方共有的，由共有各方按照各自实际使用的土地面积占总面积的比例，分别计算缴纳土地使用税税额。

【练一练】

　　计算题：某公司与政府机关共同使用一栋共有土地使用权的建筑物。该建筑物占用土地面积 2 000 平方米（公司与机关的占用比例为 4∶1），该公司所在市城镇土地使用税单位税额每平方米 5 元。计算该公司应纳城镇土地使用税税额。

　　多选题：根据城镇土地使用税法律制度的规定，下列各项中，可以作为城镇土地使用税计税依据的有（　　　）。

　　A. 省政府确认的单位测定的面积

　　B. 土地使用证书确认的面积

　　C. 以纳税人申报的面积为准，核发土地使用证后做调整

　　D. 税务部门规定的面积

五、　城镇土地使用税的征收管理

（一）　城镇土地使用税的减免税规定

　　（1）国家机关、人民团体、军队自用的土地。如国家机关、人民团体的办公楼用地、军队的训练场用地等。

　　（2）由国家财政部门拨付事业经费的单位自用的土地。如学校的教学楼、操场、食堂等占用的土地。

　　（3）宗教寺庙、公园、名胜古迹自用的土地。如举行宗教仪式等的用地和寺庙内的宗教人员生活用地、供公共参观游览的用地及其管理单位的办公用地。

【小提示】

　　以上单位的生产、经营用地和其他用地，如公园、名胜古迹中附设的营业单位如影剧院、茶社等不属于免税范围，应按规定缴纳城镇土地使用税。

　　（4）市政街道、广场、绿化地带等公共用地。

　　（5）直接用于农、林、牧、渔业的生产用地。

（6）经批准开山填海整治的土地和改造的废弃土地，从使用的月份起免缴土地使用税5年至10年。

（7）非营利性医疗机构、疾病控制机构和妇幼保健机构等卫生机构自用的土地，免征城镇土地使用税。对营利性医疗机构自用的土地自2000年起免征城镇土地使用税3年。

（8）企业办的学校、医院、托儿所、幼儿园，其用地能与企业其他用地明确区分的，免征城镇土地使用税。

（9）免税单位无偿使用纳税单位的土地（如公安、海关等单位使用铁路、民航等单位的土地），免征城镇土地使用税。

（10）为了体现国家的产业政策，支持重点产业的发展，对石油、电力、煤炭等能源用地，民用港口、铁路等交通用地和水利设施用地，三线调整企业、盐业、采石场、邮电等一些特殊用地划分了征免税界限和给予政策性减免税照顾。

（11）其他优惠。

除上述法定减免外，省、自治区、直辖市地方税务局有一定的减免权限，可以在权限范围内确定减免的城镇土地使用税。

【练一练】

单选题：根据城镇土地使用税法律制度的规定，下列城市用地中，不属于城镇土地使用税免税项目的是（　　）。

A. 公园自用的土地　　　　　　　B. 市政街道公共用地

C. 国家机关自用的土地　　　　　D. 企业生活区用地

（二）城镇土地使用税的申报与缴纳

1. 城镇土地使用税的申报

城镇土地使用税的纳税人应依据税务机关规定的期限，填写《财产和行为税纳税申报表》，将其占用土地的权属、位置、用途、面积和税务机关规定的其他内容，据实向当地税务机关办理纳税申报登记，并提供有关的证明文件资料。纳税人新征用的土地，必须于批准新征用之日起30日内申报登记。纳税人如有地址变更、土地使用权属转换等情况，从转移之日起，按规定期限办理申报变更登记。

2. 城镇土地使用税的缴纳

（1）纳税义务发生时间。

纳税人购置新建商品房，自房屋交付使用之次月起，缴纳城镇土地使用税。

纳税人购置存量房，自办理房屋权属转移、变更登记手续，房地产权属登记机关签发房屋权属证书之次月起，缴纳城镇土地使用税。

纳税人出租、出借房产，自交付出租、出借房产之次月起，缴纳城镇土地使用税。

房地产开发企业自用、出租、出借本企业建造的商品房，自房屋使用或交付之次月起计征城镇土地使用税。

即评即测

城镇土地使用税

纳税人新征用的耕地，自批准征用之日起满 1 年时开始缴纳土地使用税。

纳税人新征用的非耕地，自批准征用次月起缴纳土地使用税。

（2）纳税期限。

城镇土地使用税实行按年计算、分期缴纳的征收方法，具体纳税期限由省、自治区、直辖市人民政府确定。各省、自治区、直辖市税务机关结合当地情况，一般分别确定按月、季、半年或 1 年等不同的期限缴纳。

（3）纳税地点。

城镇土地使用税在土地所在地缴纳。

纳税人使用的土地不属于同一省、自治区、直辖市管辖的，由纳税人分别向土地所在地的税务机关缴纳城镇土地使用税；在同一省、自治区、直辖市管辖范围内，纳税人跨地区使用的土地，其纳税地点由各省、自治区、直辖市地方税务局确定。

第三节　耕地占用税

耕地占用税是对占用耕地建房或从事其他非农业建设的单位和个人，就其实际占用的耕地面积征收的一种税。它属于对特定土地资源占用课税。现行耕地占用税的基本规范，是 2018 年 12 月 29 日第十三届全国人民代表大会常务委员会第七次会议通过的《中华人民共和国耕地占用税法》，以及 2019 年 8 月 29 日财政部、税务总局、自然资源部、农业农村部、生态环境部联合发布的《中华人民共和国耕地占用税法实施办法》。

耕地占用税

一、耕地占用税的纳税义务人

凡是在我国境内占用耕地（用于种植农作物的土地）建设建筑物、构筑物或者从事非农业建设的单位和个人，都是耕地占用税的纳税义务人。所称"单位"，包括国有企业、集体企业、私营企业、股份制企业、外商投资企业、外国企业以及其他企业和事业单位、社会团体、国家机关、军队以及其他单位；所称"个人"，包括个体工商户以及其他个人。

（1）经批准占用耕地的，纳税人为农用地转用审批文件中标明的建设用地人。

（2）农用地转用审批文件中未标明建设用地人的，纳税人为用地申请人，其中用地申请人为各级人民政府的，由同级土地储备中心、自然资源主管部门或政府委托的其他部门、单位履行耕地占用税申报纳税义务。

（3）未经批准占用耕地的，纳税人为实际用地人。

二、耕地占用税的征税范围

耕地占用税的征税范围包括纳税人为建设建筑物、构筑物或从事非农业建设而占用的国家所有和集体所有的耕地。占用园地、林地、草地、农田水利用地、养殖水面、渔业水域滩涂以及其他农用地建设建筑物、构筑物或者从事非农业建设的，应按规定缴纳耕地占用税。具体包括：

（1）园地，包括果园、茶园、橡胶园以及种植桑树、可可、咖啡、油棕、胡椒、药材等其他多年生作物的园地。

（2）林地，包括乔木林地、竹林地、红树林地、森林沼泽、灌木林地、灌丛沼泽以及疏林地、未成林地、迹地、苗圃等林地，但不包括城镇村庄范围内的绿化林木用地，铁路、公路征地范围内的林木用地，以及河流、沟渠的护堤林用地。

（3）草地，包括天然牧草地、沼泽草地、人工牧草地，以及用于农业生产并已由相关行政主管部门发放使用权证的草地。

（4）农田水利用地，包括农田排灌沟渠及相应附属设施用地。但占用耕地建设农田水利设施的，不缴纳耕地占用税。

（5）养殖水面，包括人工开挖或者天然形成的用于水产养殖的河流水面、湖泊水面、水库水面、坑塘水面及相应附属设施用地。

（6）渔业水域滩涂，包括专门用于种植或者养殖水生动植物的海水潮浸地带和滩地，以及用于种植芦苇并定期进行人工养护管理的苇田。

> 【小提示】
>
> 占用园地、林地、草地、农田水利用地、养殖水面、渔业水域滩涂以及其他农用地建设建筑物、构筑物或者从事非农业建设的，应按规定缴纳耕地占用税。但占用园地、林地、草地、农田水利用地、养殖水面、渔业水域滩涂以及其他农用地建设直接为农业生产服务的生产设施的，不缴纳耕地占用税。占用耕地建设农田水利设施的，不缴纳耕地占用税。耕地占用税是一次性征收的税种，同一块耕地的耕地占用税一般只征收一次。

三、耕地占用税的税率

我国的不同地区之间人口和耕地资源的分布极不平衡，有些地区人口稠密，耕地资源相对匮乏；而有些地区则人烟稀少，耕地资源比较丰富。各地区之间的经济发展水平也有很大差异。考虑到不同地区之间客观条件的差别以及与此相关的税收调节力度和纳税人负担能力方面的差别，耕地占用税在税率设计上采用了地区差别定额税率（见表7-3）。对税率规定如下：

（1）人均耕地不超过 1 亩的地区（以县、自治县、不设区的市、市辖区为单位，下同），每平方米为 10～50 元。

（2）人均耕地超过 1 亩但不超过 2 亩的地区，每平方米为 8～40 元。

（3）人均耕地超过 2 亩但不超过 3 亩的地区，每平方米为 6～30 元。

（4）人均耕地超过 3 亩的地区，每平方米为 5～25 元。

表 7-3　各省、自治区、直辖市耕地占用税平均税额表

地区	每平方米平均税额（元）
上海	45
北京	40
天津	35
江苏、浙江、福建、广东	30
辽宁、湖北、湖南	25
河北、安徽、江西、山东、河南、重庆、四川	22.5
广西、海南、贵州、云南、陕西	20
山西、吉林、黑龙江	17.5
内蒙古、西藏、甘肃、青海、宁夏、新疆	12.5

各地区耕地占用税的适用税额，由省、自治区、直辖市人民政府根据人均耕地面积和经济发展等情况，在上述规定的税额幅度内提出，报同级人民代表大会常务委员会决定，并报全国人民代表大会常务委员会和国务院备案。各省、自治区、直辖市耕地占用税适用税额的平均水平，不得低于《中华人民共和国耕地占用税法》所附"各省、自治区、直辖市耕地占用税平均税额表"规定的平均税额。

在人均耕地低于 0.5 亩的地区，适用税额可以适当提高，但提高的部分不得超过上述规定税额的 50%。占用基本农田的，在财政、税务主管部门规定的当地适用税率的基础上加按 150% 征收。

四、应纳税额的计算

（一）计税依据

耕地占用税以纳税人实际占用的耕地面积为计税依据，以每平方米为计量单位。耕地面积如以亩计量，则换算公式为：1 亩＝666.67 平方米。

（二）应纳税额的计算

耕地占用税以纳税人实际占用的耕地面积为计税依据，按照规定的适用税额一次性征收。其计算公式为：

应纳税额＝实际占用耕地面积（平方米）×适用税额

例7-6

某市一家企业新占用19 800平方米耕地用于工业建设，所占耕地适用的定额税率为20元/平方米。计算该企业应纳的耕地占用税。

解析：

应纳税额＝19 800×20＝396 000（元）

例7-7

202×年9月甲公司开发住宅社区，经批准共占用耕地100 000平方米，其中1 000平方米兴建幼儿园，4 000平方米修建学校。已知耕地占用税适用税率为30元/平方米。请计算甲公司应缴纳耕地占用税税额。

解析：

幼儿园和学校用地免征耕地占用税。

应纳税额＝（100 000－1 000－4 000）×30＝2 850 000（元）

五、耕地占用税的征收管理

（一）耕地占用税的减免税规定

1. 免征耕地占用税
（1）军事设施占用耕地。
（2）学校、幼儿园、社会福利机构、医院机构占用耕地。
2. 减征耕地占用税
（1）铁路线路、公路线路、飞机场跑道、停机坪、港口、航道、水利工程占用耕地，减按2元/平方米的税额征收耕地占用税。

根据实际需要，国务院财政、税务主管部门会同其他有关部门并报国务院批准后，可以对上述规定的情形免税或者减征耕地占用税。

（2）农村居民在规定用地标准以内占用耕地新建自用住宅，按照当地适用税额减半征收耕地占用税；其中农村居民经批准搬迁，新建自用住宅占用耕地不超过原宅基地面积的部分，免征耕地占用税。

（3）农村烈士遗属、因公牺牲军人遗属、残疾军人以及符合农村最低生活保障条件的农村居民，在规定用地标准以内新建自用住宅，免征耕地占用税。

（4）根据国民经济和社会发展的需要，国务院可以规定免征或者减征耕地占用税的其他情形，报全国人民代表大会常务委员会备案。

免征或者减征耕地占用税后，纳税人改变原占地用途，不再属于免征或者减征耕地占用税情形的，应当按照当地适用税额补缴耕地占用税。

【练一练】

单选题：根据耕地占用税法律制度的规定，下列关于耕地占用税征税范围的表述中不正确的是（   ）。

A. 张某占用自家的鱼塘建造住房，应征收耕地占用税

B. 医疗机构内职工住房占用耕地，免征耕地占用税

C. 临县苹果园区建设直接为苹果生产服务的生产设施占用农用地的，不征收耕地占用税

D. 居民点内部的绿化林木用地不征收耕地占用税

多选题：根据耕地占用税法律制度的规定，下列关于耕地占用税税收优惠的表述中，正确的有（   ）。

A. 军事设施占用耕地免征耕地占用税

B. 养老院占用耕地减半征收耕地占用税

C. 农村居民经批准搬迁，新建自用住宅占用耕地不超过原宅基地面积的部分，免征耕地占用税

D. 农村烈士遗属、因公牺牲军人遗属、残疾军人以及符合农村最低生活保障条件的农村居民，在规定用地标准以内新建自用住宅，免征耕地占用税

即评即测

耕地占用税

（二）耕地占用税的申报与缴纳

耕地占用税由地方税务机关负责征收。

耕地占用税的纳税义务发生时间为纳税人收到自然资源主管部门办理占用耕地手续的书面通知的当日。自然资源主管部门凭耕地占用税完税凭证或者免税凭证和其他有关文件发放建设用地批准书。

纳税人应当自纳税义务发生之日起 30 日内申报缴纳耕地占用税。

税务机关应当与相关部门建立耕地占用税涉税信息共享机制和工作配合机制。县级以上地方人民政府自然资源、农业农村、水利等相关部门应当定期向税务机关提供农用地转用、临时占地等信息，协助税务机关加强耕地占用税征收管理。

第四节 烟叶税

烟叶税是以纳税人收购烟叶的收购金额为计税依据征收的一种税。制定烟叶税政策是按照国家农村税费改革和税制建设的总体要求，通过征收烟叶税取代原烟叶特产农业税，来实现烟叶税制的转变，完善烟草税制体系，保证地方财政收入稳定，引导烟叶种植和烟草行业的健康发展。现行烟叶税的基本规范是 2017 年 12 月 27 日第十二届全国人民代表大会常务委员会第三十一次会议通过，2018 年 7 月 1 日起施行的《中华人民共和国烟叶税法》。

烟叶税

一、 烟叶税的纳税义务人

在中华人民共和国境内从事收购烟叶（指晾晒烟叶、烤烟叶）的单位为烟叶税的纳税人，应当依法缴纳烟叶税。具体包括依照《中华人民共和国烟草专卖法》的规定有权收购烟叶的烟草公司或者受其委托收购烟叶的单位。

二、 烟叶税的税率

烟叶税实行比例税率，税率为20%。

实行20%的比例税率，主要是考虑到烟叶属于特殊的专卖品，其税率不宜存在地区间的差异，否则会形成各地之间的不公平竞争，不利于烟叶种植的统一规划和烟叶市场、烟叶收购价格的统一。

三、 应纳税额的计算

（一） 计税依据

烟叶税的计税依据为纳税人收购烟叶实际支付的价款总额，包括纳税人支付给烟叶销售者的烟叶收购价款和价外补贴。对价外补贴统一暂按烟叶收购价款的10%计征。10%的规定，只是税务机关为了征收增值税的管理方便而规定的一个比例。

烟叶收购金额＝烟叶收购价款×（1＋10%）

（二） 应纳税额的计算

烟叶税的应纳税额按照纳税人收购烟叶的收购金额和规定的税率计算。

应纳税额＝烟叶收购金额×税率＝烟叶收购价款×（1＋10%）×税率

例7-8

A烟厂从烟农手中收购一批烟叶，货物已验收入库，收购价款80 000元，请问A烟厂购进烟叶应纳的烟叶税额是多少？

解析：

烟叶收购金额＝80 000×（1＋10%）＝88 000（元）

应纳烟叶税额＝88 000×20%＝17 600（元）

【想一想】

烟厂购进烟叶准予抵扣增值税进项税额吗？

四、 烟叶税的征收与管理

（一） 纳税义务发生时间

烟叶税的纳税义务发生时间为纳税人收购烟叶的当天。"收购烟叶的当天"具体是指纳税人向烟叶销售者付讫收购烟叶款项或者开具收购烟叶凭据的当天。

即评即测

烟叶税

（二） 纳税期限

烟叶税按月计征，纳税人应当于纳税义务发生月终了之日起 15 日内申报并缴纳税款，具体纳税期限由主管税务机关核定。

（三） 纳税地点

纳税人收购烟叶，应当向烟叶收购地的主管税务机关（县级税务局或者其指定的税务分局、所）申报纳税。

【练一练】

单选题：根据烟叶税法律制度的规定，下列表述中不正确的是（　　）。

A. 烟叶税的征税范围包括晾晒烟叶、烤烟叶

B. 烟叶税的计税依据是纳税人收购烟叶实际支付的价款总额

C. 烟叶税的纳税人为收购烟叶的单位

D. 烟叶税的纳税义务发生时间为收购烟叶当月终了之日起 15 日内

第五节　环境保护税

现行环境保护税的基本规范是于 2016 年 12 月 25 日第十二届全国人民代表大会常务委员会第二十五次会议通过，2018 年 10 月 26 日第十三届全国人民代表大会常务委员会第六次会议修正的《中华人民共和国环境保护税法》。

环境保护税

一、 环境保护税的纳税义务人

在中华人民共和国领域和中华人民共和国管辖的其他海域，直接向环境排放应税污染物的企业事业单位和其他生产经营者为环境保护税的纳税人。对上述环境保护税纳税人按照规定征收环境保护税，不再缴纳排污费。

二、　环境保护税的征税范围

（1）应税污染物指规定的大气污染物、水污染物、固体废物和噪声。

（2）有下列情形之一的，不属于直接向环境排放污染物，不缴纳相应污染物的环境保护税：

1）企业事业单位和其他生产经营者向依法设立的污水集中处理、生活垃圾集中处理场所排放应税污染物的。

2）企业事业单位和其他生产经营者在符合国家和地方环境保护标准的设施、场所储存或者处置固体废物的。

（3）依法设立的城乡污水集中处理、生活垃圾集中处理场所超过国家和地方规定的排放标准向环境排放应税污染物的，应当缴纳环境保护税。

（4）企业事业单位和其他生产经营者储存或者处置固体废物不符合国家和地方环境保护标准的，应当缴纳环境保护税。

三、　环境保护税的税目、税额

环境保护税的税目税额，依照《环境保护税税目税额表》执行。

四、　环境保护税的计税依据

应税污染物的计税依据，按照下列方法确定：

（1）应税大气污染物按照污染物排放量折合的污染当量数确定。

（2）应税水污染物按照污染物排放量折合的污染当量数确定。

（3）应税固体废物按照固体废物的排放量确定。

（4）应税噪声按照超过国家规定标准的分贝数确定。

五、　环境保护税应纳税额的计算

应税大气污染物的应纳税额＝污染当量数×具体适用税额

应税水污染物的应纳税额＝污染当量数×具体适用税额

应税固体废物的应纳税额＝固体废物排放量×具体适用税额

应税噪声的应纳税额＝超过国家规定标准的分贝数对应的具体适用税额

应税大气污染物、水污染物、固体废物的排放量和噪声的分贝数，按照下列方法和顺序计算：

（1）纳税人安装使用符合国家规定和监测规范的污染物自动监测设备的，按照污染物自动监测数据计算。

（2）纳税人未安装使用污染物自动监测设备的，按照监测机构出具的符合国家有关规定和监测规范的监测数据计算。

（3）因排放污染物种类多等原因不具备监测条件的，按照国务院环境保护主管部门规定的排污系数、物料衡算方法计算。

（4）不能按照以上方法计算的，按照省、自治区、直辖市人民政府环境保护主管部门规定的抽样测算的方法核定计算。

六、 环境保护税的税收优惠政策

下列情形，暂予免征环境保护税：

（1）农业生产（不包括规模化养殖）排放应税污染物的。

（2）机动车、铁路机车、非道路移动机械、船舶和航空器等流动污染源排放应税污染物的。

（3）依法设立的城乡污水集中处理、生活垃圾集中处理场所排放相应应税污染物，不超过国家和地方规定的排放标准的。

（4）纳税人综合利用的固体废物，符合国家和地方环境保护标准的。

（5）国务院批准免税的其他情形。

 【练一练】

单选题：下列有关环境保护税法律制度的表述中，错误的是（　　　）。

A. 工业噪声声源一个月内超标不足 15 天的，减半计算应纳税额

B. 昼、夜均超标的环境噪声，昼、夜分别计算应纳税额，累计计征

C. 船舶、航空器等流动污染源排放应税污染物的暂免征收

D. 规模化养殖排放应税污染物的暂免征收

即评即测

环境保护税

七、 环境保护税的征收管理

环境保护税由税务机关依照《中华人民共和国税收征收管理法》和《中华人民共和国环境保护税法》的有关规定征收管理。

（1）纳税义务发生时间为纳税人排放应税污染物的当日。

（2）纳税期限：环境保护税按月计算，按季申报缴纳。不能按固定期限计算缴纳的，可以按次申报缴纳。纳税人按季申报缴纳的，应当自季度终了之日起15日内，向税务机关办理纳税申报并缴纳税款。纳税人按次申报缴纳的，应当自纳税义务发生之日起15日内，向税务机关办理纳税申报并缴纳税款。

（3）纳税地点为应税污染物排放地的税务机关。

本章小结

税种	纳税义务人	征税范围	税率	应纳税额计算
资源税	在中华人民共和国领域和中华人民共和国管辖的其他海域开发应税资源的单位和个人	包括能源矿产、金属矿产、非金属矿产、水气矿产和盐类，共计 5 大类，共 164 个税目	根据不同的资源品目分别实行固定税率和幅度税率	从量计征：应纳税额=销售数量×适用税率 从价计征：应税税额=销售额（不含增值税）×适用税率
城镇土地使用税	在城市、县城、建制镇、工矿区范围内使用土地的单位和个人	城市的土地包括市区和郊区的土地，县城的土地是指县人民政府所在地	城镇土地使用税采用定额税率，即采用有幅度的差别税额。按大、中、小城市和县城、建制镇、工矿区分别规定每平方米城镇土地使用税年应纳税额	全年应纳税额=实际占用应税土地面积（平方米）×适用税额
耕地占用税	凡是在我国境内占用耕地（用于种植农作物的土地）建设建筑物、构筑物或者从事非农业建设的单位和个人	纳税人为建设建筑物、构筑物或从事非农业建设而占用的国家所有和集体所有的耕地	根据人均耕地面积的不同，采用幅度定额税率	应纳税额=实际占用耕地面积（平方米）×适用定额税率
烟叶税	在中华人民共和国境内收购烟叶（指晾晒烟叶、烤烟叶）的单位为烟叶税的纳税人，应当依法缴纳烟叶税	晾晒烟叶、烤烟叶	实行比例税率20%	收购金额=收购价款×（1+10%） 应纳税额=烟叶收购金额×税率
环境保护税	在中华人民共和国领域和中华人民共和国管辖的其他海域，直接向环境排放应税污染物的企业事业单位和其他生产经营者为环境保护税的纳税人	大气污染物、水污染物、固体废物和噪声污染物；依法设立的城乡污水集中处理、生活垃圾集中处理场所超过国家和地方规定的排放标准向环境排放应税污染物的；企业事业单位和其他生产经营者贮存或者处置固体废物不符合国家和地方环境保护标准的	定额税率	应纳税额=计税依据×具体适用税额

第八章

财产类税

🎯 学习目标

知识目标：

1. 理解房产税和车船税的纳税人、征税范围、税率；

2. 掌握房产税和车船税应纳税额的计算方法；

3. 了解房产税和车船税的征收管理及税收优惠。

能力目标：

1. 正确判断房产税和车船税的纳税人、征税范围和适用税率；

2. 正确计算房产税和车船税的应纳税额。

素养目标：

1. 通过对财产税制的学习，树立合法纳税、公平负担的税收观念，认识到房产税在调节财富分配和房地产市场中的作用，培养社会责任感、法治意识和可持续发展观念；

2. 树立积极履行社会责任、支持地方发展的观念，培养节能减排、理性消费的意识，理解房产税和车船税作为地方税种，对于地方公共服务和基础设施建设的支持作用；

3. 培养按照财产价值和使用情况合理纳税的意识，理解税收的公平性原则。

📊 学习导航

财产税指以法人和自然人拥有的财产数量或者财产价值为征税对象的一类税收，财产税税源稳定，通过征税可以调节财富的分配，抑制财产过于集中于少数人的趋势，体现社会分配的公正性，防止税收的流失，是一种辅助性税种。

本章主要内容包括房产税和车船税的纳税人、税率、征税范围和应纳税额的计算等。本章重点是房产税和车船税应纳税额的计算，难点是房产税从租计征和从价计征的区分。

【案例导入】元华公司委托某施工企业建造一幢办公楼，工程于 2023 年 12 月完工，2024 年 1 月办妥（竣工）验收手续，4 月付清全部工程价款。根据房产税法律制度的规定，元华公司的该幢办公楼的房产税纳税义务发生时间是哪天？

知识框架图

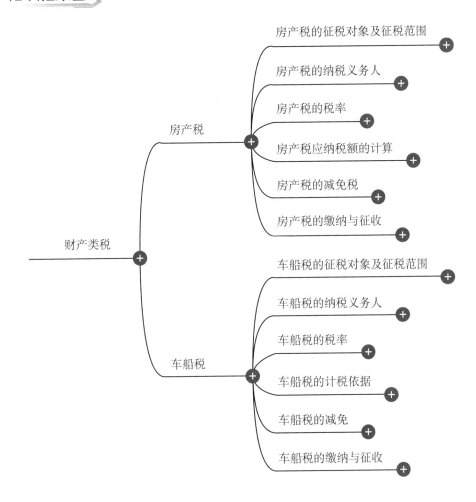

財产类税

房产税
- 房产税的征税对象及征税范围 +
- 房产税的纳税义务人 +
- 房产税的税率 +
- 房产税应纳税额的计算 +
- 房产税的减免税 +
- 房产税的缴纳与征收 +

车船税
- 车船税的征税对象及征税范围 +
- 车船税的纳税义务人 +
- 车船税的税率 +
- 车船税的计税依据 +
- 车船税的减免 +
- 车船税的缴纳与征收 +

第一节 房产税

房产税是以城市、县城、建制镇和工矿区的房屋财产为征税对象，按房屋的余值或租金收入向房屋产权所有人征收的一种税。

一、房产税的征税对象及征税范围

房产税的征税对象是房产。所谓房产，是指以房屋形态表现的财产。房屋是指有屋面和结构（有墙或两边有柱），能够遮风避雨，可供人们在其中生产、工作、学习、娱乐或储藏物资的场所。围墙、烟囱、水塔、

房产税税收要素

变电塔、油池油柜、酒窖菜窖、酒精池、室外游泳池、玻璃暖房、砖瓦石灰窑以及各种油气罐等不属于房产，不征收房产税。

房产税的征税范围包括城市、县城、建制镇和工矿区的房屋。其中，城市是指国务院批准设立的市，具体区域为市区、郊区和市辖县县城，不包括农村。县城是指未设立建制镇的县人民政府所在地。建制镇是指经省、自治区、直辖市人民政府批准设立的建制镇。征税范围为镇人民政府所在地，不包括所辖的行政村。工矿区是指工商业比较发达，人口比较集中，符合国务院规定的建制镇标准，但尚未设立镇建制的大中型工矿企业所在地。

二、 房产税的纳税义务人

房产税以在征税范围内的房屋产权所有人为纳税人。具体规定如下：

（1）产权属于国家所有的，由经营管理单位纳税；产权属于集体和个人所有的，由集体单位和个人纳税。

（2）产权出典的，由承典人纳税。产权出典是指产权所有人将房屋、生产资料等的产权，在一定期限内典当给他人使用而取得资金的一种融资业务。由于在房屋出典期间，产权所有人已无权支配房屋，因此，税法规定对房屋具有支配权的承典人为纳税人。

（3）产权所有人、承典人不在房屋所在地的，由房产代管人或使用人纳税。

（4）产权未确定及租典纠纷未解决的，由房产代管人或使用人纳税。所谓租典纠纷，是指产权所有人在房产出典和租赁关系上，与承典人、租赁人发生各种争议，特别是权利和义务的争议悬而未决。

（5）应税单位和个人无租使用其他单位的房产，由使用人代为缴纳房产税。

房地产开发企业建造的商品房，在出售前，不征收房产税，但对出售前房地产开发企业已使用或出租、出借的商品房应按规定征收房产税。

三、 房产税的税率

我国现行房产税实行比例税率。具体有两种：

（1）依据房产余值计算缴纳的，税率为 1.2%。

（2）依据房产租金收入计算缴纳的，税率为 12%。对个人出租住房，不区分用途，一律按 4% 的税率征收房产税。对企事业单位、社会团体以及其他组织按市场价格向个人出租用于居住的住房，减按 4% 的税率征收房产税。

房产税应纳税额
的计算

四、 房产税应纳税额的计算

（一） 房产税的计税依据

房产税采用从价计征。计税办法分为按计税余值计税和按租金收入计税两种。

1. 对经营自用的房屋，以房产的计税余值作为计税依据

房产余值是房产的原值减除规定比例后的剩余价值。扣除比例由各省、自治区人民政府在税法规定的 10%～30% 减除幅度内自行确定。

（1）房产原值是指纳税人按照会计制度的规定，在账簿"固定资产"科目中记载的房屋原价。凡按会计制度的规定在账簿中记载有房屋原价的，应以房屋原价按规定减除一定比例后作为房产余值计征房产税；没有记载房屋原价的，按照上述原则，并参照同类房屋确定原值，按规定计征房产税。

自 2009 年 1 月 1 日起，对依照房产原值计税的房产，不论是否记载在会计账簿固定资产科目中，均应按照房屋原价计算缴纳房产税。房屋原价应根据国家有关会计制度规定进行核算。对纳税人未按国家会计制度规定核算并记载的，应按规定予以调整或重新评估。

自 2010 年 12 月 29 日起，对按照房产原值计税的房产，无论会计上如何核算，房产原值均应包含地价，包括为取得土地使用权支付的价款、开发土地发生的成本费用等。宗地容积率低于 0.5 的，按房产建筑面积的 2 倍计算土地面积，并据此确定计入房产原值的地价。

【想一想】

纳税人对原有房屋进行改建、扩建的应如何处理？

【练一练】

单项选择题：根据房产税法律制度的规定，下列各项中，不予免征房产税的是（　　）。

A. 名胜古迹中附设的经营性茶社　　B. 公园自用的办公用房
C. 个人所有的唯一普通居住用房　　D. 国家机关的职工食堂

（2）房产原值应包括房屋不可分割的各种附属设备或一般不单独计算价值的配套设施。主要有暖气、卫生、通风、照明、煤气等设备；各种管线，如蒸汽、石油、给排水等管道及电力、电信、电缆导线；电梯、升降机、过道、晾台等。属于房屋附属设备的水管、下水道、暖气管、煤气管等应从最近的探视井或三通管算起，计算原值；电灯网、照明线从进线盒联接管算起，计算原值。

（3）对于更换房屋附属设备和配套设施的，在将其价值计入房产原值时，可扣减原来相应设备和设施的价值；对附属设备和配套设施中易损坏，需要经常更换的零配件，更新后不再计入房产原值，原零配件的原值也不扣除。

（4）在房产税征收范围内的具备房屋功能的地下建筑，包括与地上房屋相连的地下建筑以及完全建在地面以下的建筑、地下人防设施等，均应依照有关规定计算征收房产税。

2. 对于出租的房屋，以租金收入为计税依据

房屋的租金收入是房屋产权所有人出租房产使用权所得的报酬，包括货币收入和实物收入。对以劳务或其他形式作为报酬抵付房租收入的，应根据当地同类房屋的租金水平，确定租金标准，依率征收。

3. 投资联营以及融资租赁房产的计税依据

（1）对于以房产投资联营，投资者参与投资利润分红，共担风险的，按房产的计税余

值为计税依据。

对于以房产投资，收取固定收入，不承担联营风险的按租金收入作为计税依据。

（2）对于融资租赁房屋的情况，应以房产余值作为计税依据。

4. 居民住宅区内业主共有的经营性房产的计税依据

对于居民住宅区内业主共有的经营性房产，由实际经营（包括自营和出租）的代管人或使用人缴纳房产税。自营的，依照房产原值减除10%～30%后的余值计征；租赁的依照租金计征。

（二）房产税应纳税额的计算

1. 以房产余值为计税依据

应纳房产税＝应税房产原值×（1－规定的扣除率）×1.2%

例8-1

某企业202×年自有经营用房屋价值2 000万元，同时安装采暖、制冷等设备100万元，试计算该企业应纳的房产税税额。（扣除率为30%）

解析：

应纳房产税税额＝（2 000＋100）×（1－30%）×1.2%＝17.64（万元）

 【练一练】

某企业202×年固定资产账簿上记载房屋原值为500万元，当地规定的扣除比例为20%。计算该企业应纳房产税税额。

2. 从租计征的计算

应纳房产税税额＝房产租金收入×12%

例8-2

某企业有两栋房屋出租给其他公司做经营用房，年租金收入300万元，试计算该企业应纳房产税税额。

解析：

应纳房产税税额＝300×12%＝36（万元）

 【练一练】

某居民有房屋7间，202×年该居民将其中的3间出租给他人做商店，租金按当年营业收入的5%收取，商店年营业收入40万元，同时将剩余房屋出租给别人居住，收取租金4万元，计算该居民202×年应纳房产税税额。

房产税税收优惠

五、 房产税的减免税

（一） 国家机关、 人民团体、 军队自用的房产免税

"人民团体"是指经国务院授权的政府部门批准设立或登记备案并由
国家拨付行政事业费的各种社会团体。"自用的房产"是指这些单位的办公用房和公务
用房。

（二） 由国家财政部门拨付事业经费的单位自用的房产免税

事业单位自用的房产，是指这些单位本身的业务用房。

实行差额预算管理的事业单位，虽然有一定的收入，但收入不够本身经费开支的部
分，还要由国家财政部门拨付经费补助。因此，对实行差额预算管理的事业单位，也属于
是由国家财政部门拨付事业经费的单位，对其本身自用的房产免征房产税。

（三） 宗教寺庙、 公园、 名胜古迹自用的房产

宗教寺庙自用的房产，是指举行宗教仪式等的房屋和宗教人员使用的生活用房屋。

公园、名胜古迹自用的房产，是指供公共参观游览的房屋及其管理单位的办公用
房屋。

【想一想】

对于公园、名胜古迹中附设的营业单位所使用的房产以及出租的房产是否征收房
产税?

（四） 个人所有非营业用的房产

根据《房产税暂行条例》的规定，个人所有的非营业用的房产免征房产税。因此，对
个人所有的居住用房，不分面积多少，均免征房产税，但是对于个人所有的营业用房或出
租等自用的房产，应按照规定征收房产税。

（五） 经财政部批准免税的其他房产

（1）企业及企业主管部门所属的学校、医院、疗养院、托儿所、幼儿园自用的房产，
比照由国家财政部门拨付事业经费的单位自用的房产，免征房产税，如与企业或企业主管
部门的房产划分不清的，应照章征收房产税。

（2）经有关部门鉴定，对毁损不堪居住的房屋和危险房屋，在停止使用后，可免征房
产税。

（3）行政单位和由国家财政部门拨付事业经费的事业单位举办的培训班，无论是否收
取培训费，其自用的房产免征房产税。企业及其主管部门举办的培训班自用的房产比照企

业及企业主管部门所属学校自用的房产免征房产税。

（4）私立学校、诊所、托儿所、幼儿园自用的房产免征房产税。用于营业、出租、出包、借给企业使用的房产，应照章征收房产税。

（5）大专院校和其他各类学校为学生提供实验场所以及以勤工俭学为主的校办企业，其自用的房产，可免征房产税。

（6）孤、寡老人靠出租房屋收入维持基本生活的，可凭当地居委会、乡村证明，向所在地地方税务机关申请，经主管税务分局批准，可给予减征或免征房产税的照顾。

（7）铁道部所属铁路运输企业自用的房产，继续免征房产税。

（8）老年服务机构自用的房产免征房产税。

（9）对房地产开发企业建造的商品房，在出售前不征收房产税。但对出售前房地产开发企业已使用或出租、出借的商品房应按规定征收房产税。

（10）天然林保护工程相关房产免税。

（11）按照政府规定价格出租的公有住房和廉租住房可以暂免征收房产税。

（12）在基建工地建造的为工地服务的各种临时性房屋，在施工期间可以免征房产税。

（13）自 2019 年 1 月 1 日至 2027 年 12 月 31 日，对农产品批发市场、农贸市场（包括自有和承租，下同）专门用于经营农产品的房产，暂免征收房产税。对同时经营其他产品的，按其他产品与农产品交易场地面积的比例确定征免房产税。

农产品批发市场、农贸市场的行政办公区、生活区，以及商业餐饮娱乐等非直接为农产品交易提供服务的房产、土地，不属于优惠范围，应按规定征收房产税。

（14）自 2019 年 1 月 1 日至 2027 年 12 月 31 日，对国家级、省级科技企业孵化器、大学科技园和国家备案众创空间自用以及无偿或通过出租等方式提供给在孵对象使用的房产、土地，免征房产税。

六、房产税的缴纳与征收

（一）房产税纳税义务发生时间

（1）纳税人将原有房产用于生产经营的，从生产经营之月起缴纳房产税。

（2）纳税人自行新建房屋用于生产经营的，从建成之次月起缴纳房产税。

（3）纳税人委托施工企业建设房屋的，从办理验收手续之次月起缴纳房产税。纳税人在办理手续前已经使用或出租、出借新建房屋的，应从使用或出租、出借新建房屋的当月起缴纳房产税。

即评即测

房产税

（4）纳税人购置新建商品房的，自房屋交付使用之次月起缴纳房产税。

（5）纳税人购置存量房的，自办理房屋权属转移变更登记手续，房地产权属登记机关签发房屋权属证书之次月起缴纳房产税。

（6）纳税人出租、出借房产的，自交付出租、出借房产之次月起缴纳房产税。

（7）房地产开发企业自用、出租、出借本企业建造的商品房的，自房屋使用或交付之次月起缴纳房产税。

（8）纳税人因房产的实物或权利状态发生变化而依法终止房产税纳税义务的，其应纳税款的计算截止到房产的实物或权利状态发生变化的当月末。

（二） 房产税的纳税期限

房产税实行按年征收、分期缴纳的方法，具体纳税期限由省、自治区、直辖市人民政府确定。各地一般规定按季或按半年缴纳一次，数额小的也可按年缴纳。

（三） 房产税的纳税地点

房产税在房产所在地缴纳。房产不在同一地方的纳税人，应按房产的坐落地点分别向房产所在地的税务机关纳税。

第二节 车船税

车船税是指对我国境内的车辆和船舶的所有人或者管理人的车辆和船舶，按照规定税目和税额计算征收的一种税。

一、 车船税的征税对象及征税范围

车船税的课税对象是车辆、船舶，具体是指：

车船税

（1）依法应当在车船登记管理部门登记的机动车辆和船舶；

（2）依法不需要在车船登记管理部门登记的在单位内部场所行驶或者作业的机动车辆和船舶。

车辆包括乘用车、商用车、半挂牵引车、三轮汽车、低速载货汽车、挂车、专用作业车、轮式专用机械车、摩托车。

船舶，是指各类机动、非机动船舶以及其他水上移动装置，但是船舶上装备的救生艇筏和长度小于 5 米的艇筏除外。其中，机动船舶是指用机器推进的船舶；拖船是指专门用于拖（推）动运输船舶的专业作业船舶；非机动驳船，是指在船舶登记管理部门登记为驳船的非机动船舶；游艇是指具备内置机械推进动力装置，长度在 90 米以下，主要用于游览观光、休闲娱乐、水上体育运动等活动，并应当具有船舶检验证书和适航证书的船舶。

二、 车船税的纳税义务人

在中华人民共和国境内属于《车船税税目税额表》规定的车辆、船舶的所有人或者管理人，为车船税的纳税人，应当缴纳车船税。

从事机动车第三者责任强制保险业务的保险机构为机动车车船税的扣缴义务人，应当在收取保险费时依法代收车船税，并出具代收税款凭证。

三、车船税的税率

车船税设置了乘用车、商用车、挂车、其他车辆、摩托车和船舶6大类税目，均采用有幅度的定额税率（见表8-1）。由各省、自治区、直辖市人民政府制定具体实施办法，报财政部、国家税务总局备案。

表8-1 车船税税目税额表

税目		计税单位	计税依据	年基准税额（元）	备注
乘用车〔按发动机汽缸容量（排气量）分档〕	1.0升（含）以下的	每辆	辆数	60～360	核定载客人数9人（含）以下
	1.0升以上至1.6升（含）的			300～540	
	1.6升以上至2.0升（含）的			360～660	
	2.0升以上至2.5升（含）的			660～1 200	
	2.5升以上至3.0升（含）的			1 200～2 400	
	3.0升以上至4.0升（含）的			2 400～3 600	
	4.0升以上的			3 600～5 400	
商用车	客车	每辆	辆数	480～1 440	核定载客人数9人以上，包括电车
	货车	整备质量每吨	整备质量吨位数	16～120	包括半挂牵引车、三轮汽车和低速载货汽车等
挂车		整备质量每吨	整备质量吨位数	按照货车税额的50%计算	
其他车辆	专用作业车	整备质量每吨	整备质量吨位数	16～120	不包括拖拉机
	轮式专用机械车	整备质量每吨		16～120	
摩托车		每辆	辆数	36～180	
船舶	机动船舶	净吨位每吨	净吨位数	3～6	拖船、非机动驳船分别按照机动船舶税额的50%计算
	游艇	艇身长度每米	艇身长度	600～2 000	

四、 车船税的计税依据

（一） 车船税的计税依据

车船税以车船的计税单位数量为计税依据。《车船税法》按车船的种类和性能，分别确定每辆、整备质量每吨、净吨位每吨和艇身长度每米为计税单位。具体如下：

（1）乘用车、商务客车和摩托车，以辆数为计税依据。

（2）商用货车、挂车、专用作业车和轮式专用机械车，以整备质量每吨数为计税依据。

（3）机动船舶，以净吨位数为计税依据。

（4）游艇以艇身长度为计税依据。

（二） 应纳税额的计算

（1）乘用车、客车和摩托车的应纳税额＝辆数×适用税额。

（2）货车、挂车、专用作业车和轮式专用机械车的应纳税额＝整备质量吨位数×适用税额。

（3）机动船舶的应纳税额＝净吨位数×适用税额。

（4）拖船和非机动驳船应纳税额＝净吨位数×适用税额×50％。

（5）游艇应纳年税额＝艇身长度×适用税额。

（6）购置的新车船，购置当年应纳税额的计算公式为：应纳税额＝年应纳税额÷12×应纳税月份数。

例 8-3

莱特公司 202×年拥有机动船舶 10 艘，每艘净吨位为 150 吨；非机动驳船 5 艘，每艘净吨位为 80 吨。已知机动船舶适用年基准税额为每吨 3 元，请计算莱特公司当年应缴纳车船税税额。

解析：

机动船舶的应纳税额＝10×150×3＝4 500（元）

非机动驳船按照机动船舶税额的 50％计算。

非机动驳船的应纳税额＝5×80×3×50％＝600（元）

全年应纳税额＝4 500＋600＝5 100（元）

 【练一练】

多项选择题：根据车船税法律制度的规定，以下属于车船税征税范围的有（　　）。

A. 用于耕地的拖拉机　　　　　　B. 用于接送员工的客车

C. 用于休闲娱乐的游艇　　　　　D. 供企业经理使用的小汽车

某集团公司有 3 辆游艇，艇身长度为 24 米，假设每米税额 1 200 元，请问年应纳车船税税额为多少？

（7）保险机构代扣代缴车船税和滞纳金的计算。

1）购买短期交强险的车辆：

当年应缴＝计税单位×年单位税额×应纳税月份数÷12

2）已向税务机关缴税的车辆或税务机关已经批准减免税的车辆：

减税车辆应纳税额＝减税前的应纳税额×（1－减税幅度）

3）滞纳金的计算：

每一年度欠税应加收的滞纳金＝欠税金额×滞纳天数×5‰

五、 车船税的减免

（一） 一般规定

（1）捕捞、养殖渔船。

（2）军队、武装警察部队专用的车船。

（3）警用车船。

（4）悬挂应急救援专用号牌的国家综合性消防救援车辆和国家综合性消防救援船舶。

（5）依照法律规定应当予以免税的外国驻华使领馆、国际组织驻华代表机构及其有关人员的车船。

（二） 特殊规定

对节约能源、使用新能源的车船可以减征或者免征车船税；对受严重自然灾害影响纳税困难以及有其他特殊原因确需减税、免税的，可以减征或者免征车船税。具体办法由国务院规定，并报全国人民代表大会常务委员会备案。

六、 车船税的缴纳与征收

（一） 纳税义务发生时间

（1）车船税纳税义务发生时间为取得车船所有权或者管理权的当月。

（2）购置的新车船，购置当年的应纳税额自纳税义务发生的当月起按月计算。

（3）已缴纳车船税的车船在同一纳税年度内办理转让过户的，不另纳税，也不退税。

即评即测

车船税

（二） 纳税期限

车船税按年申报，分月计算，一次性缴纳。纳税年度为公历 1 月 1 日至 12 月 31 日。

（三）　纳税地点

车船税的纳税地点为车船的登记地或者车船税扣缴义务人所在地。

依法不需要办理登记的车船，车船税的纳税地点为车船的所有人或者管理人所在地。

本章小结

税种	纳税义务人	征税范围	税率	应纳税额计算
房产税	房产税以在征税范围内的房屋产权所有人为纳税人	城市、县城、建制镇和工矿区的房屋	比例税率：12%和1.2%	（1）以房产余值为计税依据：应纳房产税＝应税房产原值×（1－规定的扣除率）×1.2%；（2）从租计征的计算：应纳房产税＝房产租金收入×12%
车船税	在中华人民共和国境内属于《车船税税目税额表》规定的车辆、船舶的所有管理人，为车船税的纳税人	车辆、船舶，具体是指：（1）依法应当在车船登记管理部门登记的机动车辆和船舶。（2）依法不需要在车船登记管理部门登记的在单位内部场所行驶或者作业的机动车辆和船舶	均采用有幅度的定额税率	应纳税额＝计税单位×定额税率

第**九**章

行为类税

🎯 学习目标

知识目标：

1. 理解印花税、契税、土地增值税、车辆购置税和城市维护建设税的纳税人、征税范围和税率；

2. 掌握印花税、契税、土地增值税、车辆购置税和城市维护建设税应纳税额的计算方法；

3. 了解印花税、契税、土地增值税、车辆购置税和城市维护建设税的征收管理及税收优惠。

能力目标：

1. 正确判断印花税、契税、土地增值税、车辆购置税、城市维护建设税的纳税义务人、征税范围和税率；

2. 正确计算印花税、契税、土地增值税、车辆购置税、城市维护建设税的应纳税额。

素养目标：

1. 通过学习车辆购置税，结合我国交通能源战略转型、推进生态文明建设、支持新能源汽车产业发展的战略，认识到技术强国的重要性，培养爱国情怀；

2. 签订合同后必须缴纳印花税，是企业和个人遵守法律、合规经营的体现，通过学习，培养契约精神；

3. 通过介绍土地增值税税率，理解税收在调控土地市场、防止土地资源浪费中的作用，理解税收的公平原则；

4. 通过介绍城市维护建设税，培养积极参与城市建设的社会责任意识。

📖 学习导航

行为税是对特定行为征收的一种税，只有发生特定行为才需要缴纳相应的税，税源零星，具有临时性和偶然性，是一种辅助性税种，在实际划分时界限常常不是特别明显。行为税能有效地配合国家的政治经济政策，引导人们的行为方向，针对性强，可弥补其他税种调节的不足。

　　本章的主要内容包括印花税、契税、土地增值税、车辆购置税和城市维护建设税的纳税人、税率、征税范围及应纳税额的计算等。本章重点是各税种应纳税额的计算，难点是印花税的税目及计税依据，土地增值税扣除项目的确定和计算。

　　【案例导入】李某原有两套住房，202×年11月，出售其中一套，成交价格为270万元（不含增值税）；将另一套以市场价格260万元（不含增值税）与谢某的住房进行了等价置换；又以300万元（不含增值税）购置了一套新住房，已知契税的税率为3%。根据契税法律制度的规定，计算李某应纳契税税额。

　　202×年10月，飞达公司销售房产取得不含增值税售价5 000万元，扣除项目金额合计为3 000万元，已知适用的土地增值税税率为40%，速算扣除系数为5%。计算飞达公司应纳土地增值税税额。

知识框架图

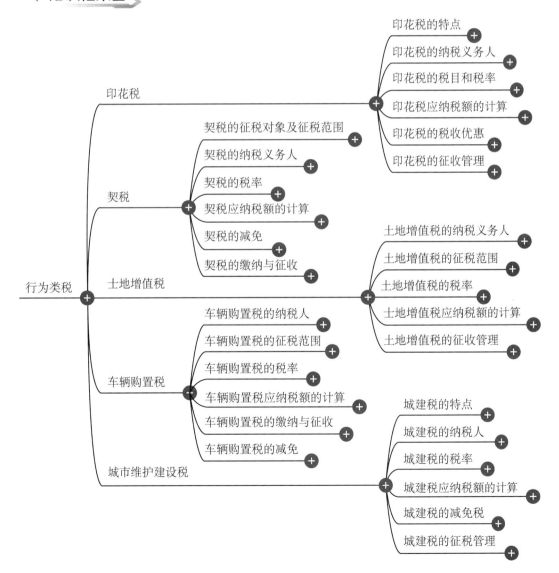

第一节 印花税

印花税是一个很古老的税种，早在1624年，荷兰政府为了解决当时发生的经济危机，提出要用增加税收的办法来解决支出的困难，于是开征了印花税。印花税由于税源广、税率低，对于纳税人来说负担也轻，因此很快便成为世界各国普遍征收的一个税种。

印花税，是对经济活动和经济交往中书立、使用、领受具有法律效力的凭证的单位和个人征收的一种税。印花税是一种具有行为税性质的凭证税。凡发生书立、使用、领受应税凭证的行为，就必须依照印花税法的有关规定履行纳税义务。中华人民共和国第十三届全国人民代表大会常务委员会第二十九次会议通过《中华人民共和国印花税法》，自2022年7月1日起施行。

一、 印花税的特点

（一） 覆盖面广

印花税规定的征税范围广泛，凡税法列举的合同或具有合同性质的凭证、产权转移书据、营业账簿及权利、许可证照等，都必须依法纳税。印花税法的附件《印花税税目税率表》共包括四大类：书面合同（11小类）、产权转移书据（4小类）、营业账簿及证券交易。

（二） 税率低，税负轻

印花税的最高税率为1‰，最低税率为0.05‰。

（三） 纳税人自行完税

印花税与其他税种不同，实行"三自"的纳税办法。即纳税人在书立、使用、领受应税凭证、发生纳税义务的同时，先根据凭证所载计税金额和应适用的税目税率，自行计算其应纳税额；再由纳税人自行购买印花税票，并一次足额黏贴在凭证上；最后由纳税人按规定对已粘贴的印花税票自行注销或者画销。至此，纳税人的纳税义务才算履行完毕。而对于其他税种，则一般先由纳税人申报纳税，再由税务机关审核确定其应纳税额，然后由纳税人办理缴纳税款手续。

印花税纳税人

二、 印花税的纳税义务人

在中华人民共和国境内书立应税凭证、进行证券交易的单位和个人，为印花税的纳税人。

所称单位和个人，是指国内各类企业、事业、机关、团体、部队以及中外合资企业、合作企业、外资企业、外国公司和其他经济组织及其在华机构等单位和个人。

上述单位和个人,按照书立、使用应税凭证的不同,可以分别确定为立合同人、立据人、立账簿人、使用人和各类电子应征税凭证的签订人。

(1)立合同人。立合同人指合同的当事人。所谓当事人,是指对凭证有直接权利义务关系的单位和个人,但不包括合同的担保人、证人、鉴定人。各类合同的纳税人是立合同人。各类合同,包括买卖、融资租赁、运输、仓储保管、借款、财产保险、技术合同或者具有合同性质的凭证。所称具有合同性质的凭证,是指具有合同效力的协议、契约、合约、单据、确认书及其他各种名称的凭证。

(2)立据人。产权转移书据的纳税人是立据人。

(3)立账簿人。营业账簿的纳税人是立账簿人。所谓立账簿人,是指设立并使用营业账簿的单位和个人。例如,企业单位因生产、经营需要,设立了营业账簿,该企业即为纳税人。

(4)使用人。在国外书立、领受,但在国内使用的应税凭证,其纳税人是使用人。

(5)各类电子应税凭证的签订人。即以电子形式签订的各类应税凭证的当事人。

凭证的当事人,即对凭证有直接权利与义务关系的单位和个人,均应就其所持凭证依法纳税。

【小提示】

证券交易印花税对证券交易的出让方征收,不对受让方征收。

 印花税的税目和税率

印花税征收范围

(一)税目

印花税的税目,是指印花税法明确规定的应当纳税的项目,它具体划定了印花税的征税范围。一般来说,列入税目的就要征税,未列入税目的就不征税。印花税共有17个税目。如表9-1所示。

表9-1 印刷税税目税率表

合同(指书面合同)	借款合同	借款金额的万分之零点五	指银行业金融机构、经国务院银行业监督管理机构批准设立的其他金融机构与借款人(不包括同业拆借)的借款合同
	融资租赁合同	租金的万分之零点五	
	买卖合同	价款的万分之三	指动产买卖合同(不包括个人书立的动产买卖合同)
	承揽合同	报酬的万分之三	
	建设工程合同	价款的万分之三	
	运输合同	运输费用的万分之三	指货运合同和多式联运合同(不包括管道运输合同)
	技术合同	价款、报酬或者使用费的万分之三	不包括专利权、专有技术使用权转让书据

续表

合同（指书面合同）	租赁合同	租金的千分之一	不包括再保险合同
	保管合同	保管费的千分之一	
	仓储合同	仓储费的千分之一	
	财产保险合同	保险费的千分之一	
产权转移书据	土地使用权出让书据	价款的万分之五	转让包括买卖（出售）、继承、赠与、互换、分割
	土地使用权、房屋等建筑物和构筑物所有权转让书据（不包括土地承包经营权和土地经营权转移）	价款的万分之五	
	股权转让书据（不包括应缴纳证券交易印花税的）	价款的万分之五	
	商标专用权、著作权、专利权、专有技术使用权转让书据	价款的万分之三	
营业账簿		实收资本（股本）、资本公积合计金额的万分之二点五	
证券交易		成交金额的千分之一	自2023年8月28日起，证券交易印花税实施减半征收

知识链接

印花税是对经济活动中书立的应税凭证和进行证券交易行为所征收的一种税。2022年7月1日，《中华人民共和国印花税法》（以下简称《印花税法》）正式实施。1988年8月6日国务院发布的《中华人民共和国印花税暂行条例》（以下简称《暂行条例》）同时废止。税法将《暂行条例》和证券交易印花税有关规定上升为法律，总体上保持现行税制框架和税负水平基本不变，适当简并税目税率、减轻税负。《印花税法》规定，需要缴纳印花税的明细税目共有四大类17个方面。

（二）税率

印花税的税率设计，遵循税负从轻、共同负担的原则，所以，税率比较低。

印花税适用比例税率，有0.05‰、0.3‰、0.25‰、0.5‰、1‰五档。

四、 印花税应纳税额的计算

印花税应纳
税额的计算

印花税的计税依据为各种应税凭证上所记载的计税金额。

（1）应税合同的计税依据，为合同所列的金额，不包括列明的增值税税款。

（2）应税产权转移书据的计税依据，为产权转移书据所列的金额，不包括列明的增值税税款。

（3）应税营业账簿的计税依据，为账簿记载的实收资本（股本）、资本公积合计金额。

（4）证券交易的计税依据，为成交金额。

同一应税凭证载有两个以上税目事项并分别列明金额的，按照各自适用的税目税率分别计算应纳税额；未分别列明金额的，从高适用税率。

同一应税凭证由两方以上当事人书立的，按照各自涉及的金额分别计算应纳税额。

已缴纳印花税的营业账簿，以后年度记载的实收资本（股本）、资本公积合计金额比已缴纳印花税的实收资本（股本）、资本公积合计金额增加的，按照增加部分计算应纳税额。

应纳税额＝应税凭证计税金额×适用税率

例 9-1

某企业于 2023 年成立，按税务局要求开设了账簿，账簿中所载实收资本为 500 万元，2024 年由于业务发展，新增注册资本，账簿中所载实收资本为 800 万元，请计算该企业 2024 年应纳印花税税额。

解析：

2024 年企业应对新增的注册资本部分纳税。 营业账簿适用税率为 0.25‰。

2024 年应纳印花税税额＝（8 000 000－5 000 000）×0.25‰＝750（元）

例 9-2

某企业 202×年 2 月开业，当年发生以下有关业务事项：领受房屋产权证、工商营业执照、土地使用证各 1 件；与其他企业订立转移专有技术使用权书据 1 份，所载金额为 100 万元；订立产品买卖合同 1 份，所载金额为 200 万元；订立借款合同 1 份，所载金额为 400 万元；企业记载资金的账簿，"实收资本""资本公积"两项合计金额为 800 万元；其他营业账簿 10 本。 试计算该企业当年应纳印花税税额。

解析：

对于权利、许可证照按件免征印花税；对于各种合同，按合同所载事项不同分别适用不同税率，计算出分项税额后，再合并计算当年应纳税额。

（1）专有技术转移书据适用税率为 0.3‰。

应纳税额＝1 000 000×0.3‰＝300（元）

（2）购销合同适用税率为 0.3‰。

应纳税额＝2 000 000×0.3‰＝600（元）

（3）借款合同适用税率为 0.05‰。

　　应纳税额＝4 000 000×0.05‰＝200（元）

（4）营业账簿适用税率为 0.25‰。

　　应纳税额＝8 000 000×0.25‰＝2 000（元）

（5）其他营业账簿免税。

（6）当年企业应纳印花税税额：

　　应纳印花税税额＝300＋600＋200＋2 000＝3 100（元）

五、　印花税的税收优惠

下列凭证免征印花税：

（1）应税凭证的副本或者抄本。

（2）依照法律规定应当予以免税的外国驻华使馆、领事馆和国际组织驻华代表机构为获得馆舍书立的应税凭证。

（3）中国人民解放军、中国人民武装警察部队书立的应税凭证。

（4）农民、家庭农场、农民专业合作社、农村集体经济组织、村民委员会购买农业生产资料或者销售农产品书立的买卖合同和农业保险合同。

（5）无息或者贴息借款合同、国际金融组织向中国提供优惠贷款书立的借款合同。

（6）财产所有权人将财产赠与政府、学校、社会福利机构、慈善组织书立的产权转移书据。

（7）非营利性医疗卫生机构采购药品或者卫生材料书立的买卖合同。

（8）个人与电子商务经营者订立的电子订单。

根据国民经济和社会发展的需要，国务院对居民住房需求保障、企业改制重组、破产、支持小型微型企业发展等情形可以规定减征或者免征印花税，报全国人民代表大会常务委员会备案。

印花税征收管理

六、　印花税的征收管理

（一）　纳税方法

印花税实行自行计算、自行贴花、一次贴足、多贴不退不抵的纳税方式。由纳税人根据规定自行计算应纳税额，购买并一次贴足印花税票（以下简称"贴花"）的缴纳办法。印花税还可以委托代征，税务机关委托经由发放或者办理应税凭证的单位代为征收印花税税款。

（二）　纳税义务发生时间

印花税的纳税义务发生时间为纳税人书立应税凭证或者完成证券交易的当日。

证券交易印花税扣缴义务发生时间为证券交易完成的当日。

（三）纳税地点

纳税人为单位的，应当向其机构所在地的主管税务机关申报缴纳印花税；纳税人为个人的，应当向应税凭证书立地或者纳税人居住地的主管税务机关申报缴纳印花税。不动产产权发生转移的，纳税人应当向不动产所在地的主管税务机关申报缴纳印花税。

【练一练】

多项选择题：根据印花税法律制度的规定，下列各项中，属于印花税征收范围的有（   ）。

A. 审计咨询合同

B. 财产保险合同

C. 技术中介合同

D. 建设工程分包合同

即评即测

印花税

第二节 契税

契税是以所有权发生转移变动的不动产为征税对象，向产权承受人征收的一种行为税。2020 年 8 月 11 日，中华人民共和国第十三届全国人民代表大会常务委员会第二十一次会议通过并公布《中华人民共和国契税法》（以下简称《契税法》），自 2021 年 9 月 1 日起施行。

一、契税的征税对象及征税范围

（一）契税的征税对象

契税以在我国境内转移土地、房屋权属的行为作为征税对象。

契税

（二）契税的征税范围

（1）土地使用权出让。

（2）土地使用权转让，包括出售、赠与、互换（不包括土地承包经营权和土地经营权的转移）。

（3）房屋买卖、赠与、互换。

（4）以作价投资（入股）、偿还债务、划转、奖励等方式转移土地、房屋权属的。

二、契税的纳税义务人

在中华人民共和国境内转移土地、房屋权属，承受的单位和个人为契税的纳税人。

三、契税的税率

在税率设计上，契税采用幅度比例税率。目前，我国采用 3%～5% 的幅度比例，各省、自治区、直辖市在这个范围内可以自行确定各自的适用税率。

四、契税应纳税额的计算

（一）契税的计税依据

（1）土地使用权出让、出售，房屋买卖，为土地、房屋权属转移合同确定的成交价格，包括应交付的货币以及实物、其他经济利益对应的价款。

（2）土地使用权互换、房屋互换，为所互换的土地使用权、房屋价格的差额。

土地使用权交换、房屋交换，交换价格不相等的，由多交付货币、实物、无形资产或者其他经济利益的一方缴纳税款。交换价格相等的，免征契税。

（3）土地使用权赠与、房屋赠与以及其他没有价格的转移土地、房屋权属行为，为税务机关参照土地使用权出售、房屋买卖的市场价格依法核定的价格。

纳税人申报的成交价格、互换价格差额明显偏低且无正当理由的，由税务机关依照《中华人民共和国税收征收管理法》的规定核定。

（二）应纳税额的计算

应纳契税＝计税依据×税率

例 9-3

王某从李某处购买一所住房，成交价格为 150 000 元；王某将该住房与赵某的两室一厅住房交换，并支付赵某换房差价款 50 000 元。试计算王某、李某、赵某的相关行为应缴纳契税税额。假定该省的契税税率为 3%。

解析：

王某作为购买方，应按成交价缴纳契税，与赵某换房支付差价，按差价缴纳契税。

应缴纳契税＝150 000×3%＋50 000×3%＝6 000（元）

李某作为房屋卖方不缴纳契税。

赵某换入李某房屋未支付差价，故不缴纳契税。

【练一练】

单项选择题：根据契税法律制度的规定，下列各项中，属于契税纳税人的是（　　）。

A. 获得住房奖励的个人　　　　　　　B. 转让土地使用权的企业

C. 继承父母汽车的子女　　　　　　　D. 出售房屋的个体工商户

汇川公司一技术员购买一套住房，成交价格为 60 万元。因该技术员贡献大，企业又奖励他一套住房，价值 50 万元，该技术员应纳契税为多少？（税率为 3%）

五、 契税的减免

《契税法》对契税的减免，做了如下规定：

（1）国家机关、事业单位、社会团体、军事单位承受土地、房屋权属用于办公、教学、医疗、科研、军事设施。

（2）非营利性的学校、医疗机构、社会福利机构承受土地、房屋权属用于办公、教学、医疗、科研、养老、救助。

（3）承受荒山、荒地、荒滩土地使用权用于农、林、牧、渔业生产。

（4）婚姻关系存续期间夫妻之间变更土地、房屋权属。

（5）法定继承人通过继承承受土地、房屋权属。

（6）依照法律规定应当予以免税的外国驻华使馆、领事馆和国际组织驻华代表机构承受土地、房屋权属。

根据国民经济和社会发展的需要，国务院对居民住房需求保障、企业改制重组、灾后重建等情形可以规定免征或者减征契税，报全国人民代表大会常务委员会备案。

省、自治区、直辖市可以决定对下列情形免征或者减征契税：

（1）因土地、房屋被县级以上人民政府征收、征用，重新承受土地、房屋权属。

（2）因不可抗力灭失住房，重新承受住房权属。

六、 契税的缴纳与征收

（一） 契税纳税义务发生时间

契税的纳税义务发生时间，为纳税人签订土地、房屋权属转移合同的当日，或者纳税人取得其他具有土地、房屋权属转移合同性质凭证的当日。

税务机关应当与相关部门建立契税涉税信息共享和工作配合机制。自然资源、住房城乡建设、民政、公安等相关部门应当及时向税务机关提供与转移土地、房屋权属有关的信息，协助税务机关加强契税征收管理。

（二） 纳税期限

纳税人应当在依法办理土地、房屋权属登记手续前申报缴纳契税。

即评即测

契税

【小提示】

《契税法》将契税申报和缴纳时间合二为一，减轻了纳税人的负担，促进了纳税人纳税遵从，提高了税收征管效率。

（三）契税的纳税地点

契税在土地、房屋所在地的税务征收机关缴纳。

第三节 土地增值税

土地增值税是对转让国有土地使用权、地上建筑物及其附着物并取得收入的单位和个人，就其转让房地产所取得的增值额征收的一种税。土地属于不动产，对土地课税是一种古老的税收形式，也是各国普遍征收的一个税种。现行土地增值税的基本规范，是1993年12月13日国务院颁布的，于2011年修订的《中华人民共和国土地增值税暂行条例》。

土地增值税的概念及征税范围

一、土地增值税的纳税义务人

土地增值税的纳税义务人为转让国有土地使用权、地上建筑物及其附着物并取得收入的单位和个人，包括各类企业、事业单位、国家机关和社会团体、部队、个体工商户及国内其他单位和个人，还包括外商投资企业、外国企业及外国机构、华侨、港澳台同胞及外国公民等。

二、土地增值税的征税范围

（1）土地增值税只对转让国有土地使用权的行为课税，转让非国有土地和出让国有土地的行为均不征税。

农村和城市郊区的土地除由国家法律规定属于国家所有的以外，均属集体所有，为非国有土地。国有土地出让是指国家以土地所有者的身份将土地使用权在一定年限内让与土地使用者，并由土地使用者向国家支付土地出让金的行为。

（2）土地增值税是对国有土地使用权及其地上的建筑物和附着物的转让行为征税。

这里所说的"地上的建筑物"，是指建于土地上的一切建筑物，包括地上地下的各种附属设施。这里所说的"附着物"，是指附着于土地上的不能移动或一经移动即遭损坏的物品。

（3）土地增值税只对有偿转让的房地产征税，对以继承、赠与等方式无偿转让的房地产，则不予征税。

对房产所有人、土地使用权所有人将房屋产权、土地使用权赠与直系亲属或承担直接赡养义务人的行为，房产所有人、土地使用权所有人通过中国境内非营利的社会团体、国家机关将房屋产权、土地使用权赠与教育、民政和其他社会福利、公益事业的行为，均不征税。

三、 土地增值税的税率

征收土地增值税的主要目的在于抑制房地产的投机、炒卖活动，限制滥占土地的行为，并适当调节纳税人的收入分配，保障国家权益。

税率设计的基本原则是：增值多的多征，增值少的少征，无增值的不征。按照这个原则，土地增值税实行四级超率累进税率。最低税率为30％，最高税率为60％（见表9-2）。

表9-2 土地增值税四级超率累进税率表

级数	增值额与扣除项目金额的比率	税率（％）	速算扣除系数（％）
1	不超过50％的部分	30％	0
2	50％至100％的部分	40％	5
3	100％至200％的部分	50％	15
4	超过200％的部分	60％	35

 【比一比】

超率累进税率与超额累进税率有何异同？

 【练一练】

单项选择题：根据土地增值税法律制度的规定，下列各项中，属于土地增值税纳税人的是（　　）。

A. 承租商铺的张某

B. 出让国有土地使用权的某市政府

C. 接受房屋捐赠的某学校

D. 转让厂房的某企业

四、 土地增值税应纳税额的计算

（一）计税依据

土地增值税应纳税额的计算

土地增值税以纳税人转让房地产所取得的增值额为计税依据，增值额是指纳税人转让房地产的收入减除按税法规定的扣除项目金额后的余额。用公式表示为：

$$增值额＝不含增值税的转让房地产取得的收入总额－扣除项目金额$$

因此，要确定土地增值税的增值额，关键在于正确确定转让房地产所取得的收入额和扣除项目金额。

1. 应税收入额的确定

纳税人转让房地产所取得的收入，是指转让房地产所取得的各种收入，包括货币收入、实物收入和其他收入在内的全部价款及有关的经济利益。取得的收入为外币的，应当以取得收入当天或当月 1 日国家公布的市场汇价折合成人民币，据以计算土地增值税税额。当月以分期收款方式取得的外币收入，也应按实际收款日或收款当月 1 日国家公布的市场汇价折合成人民币。

2. 扣除项目及其金额的确定

（1）取得土地使用权所支付的金额。

取得土地使用权所支付的金额是指纳税人为取得土地使用权支付的地价款和按国家统一规定缴纳的有关费用之和。其中，"取得土地使用权所支付的金额"可以有三种确认形式：

1）以出让方式取得土地使用权的，为支付的土地出让金；

2）以行政划拨方式取得土地使用权的，为转让土地使用权时按规定补缴的出让金；

3）以转让方式取得土地使用权的，为向原土地使用权人实际支付的地价款。

"有关费用"是指纳税人在取得土地使用权过程中为办理有关手续，按国家统一规定缴纳的有关登记、过户手续费。

（2）房地产开发成本。

房地产开发成本是指纳税人房地产开发项目实际发生的成本，包括土地的征用及拆迁补偿费、前期工程费、建筑安装工程费、基础设施费、公共配套设施费、开发间接费用等。

（3）房地产开发费用。

房地产开发费用是指与房地产开发项目有关的销售费用、管理费用和财务费用。

对于财务费用中的利息支出，分两种情况加以扣除：

1）纳税人能够按转让房地产项目计算分摊利息支出，并能提供金融机构的贷款证明的，其允许扣除的房地产开发费用为：利息＋（取得土地使用权所支付的金额＋房地产开发成本）×5%以内（注：利息最高不能超过按商业银行同类同期贷款利率计算的金额）。

2）纳税人不能按转让房地产项目计算分摊利息支出或不能提供金融机构贷款证明的，其允许扣除的房地产开发费用为：（取得土地使用权所支付的金额＋房地产开发成本）×10%以内。此外，利息的上浮幅度按国家的有关规定执行，超过上浮幅度的部分不允许扣除；对于超过贷款期限的利息部分和加罚的利息不允许扣除。

（4）与转让房地产有关的税金。

与转让房地产有关的税金是指在转让房地产时缴纳的城市维护建设税、印花税及教育费附加。

其中，房地产开发企业缴纳的印花税列入管理费用，印花税不再单独扣除。其他纳税人缴纳的印花税（按产权转移书据所载金额的 0.5‰贴花）允许在此扣除。

（5）财政部确定的其他扣除项目。

对从事房地产开发的纳税人允许按取得土地使用权时所支付的金额和房地产开发成本之和，加计20％扣除。应特别指出的是：此条优惠只适用于从事房地产开发的纳税人，除此之外的其他纳税人不适用。这样规定是为了抑制炒买炒卖房地产的投机行为，保护正常开发投资者的积极性。

（6）旧房及建筑物的扣除项目。

1）房屋及建筑物的评估价格。这里的评估价格是由政府批准设立的房地产评估机构评定的重置成本价乘以成新度折扣率后的价格。重置成本价的含义是：对旧房及建筑物按转让时的建材价格及人工费计算建造同样面积、层次、结构、同样建设标准的新房及建筑物所花费的成本费用。

2）取得土地使用权所支付的地价款和按国家统一规定缴纳的有关费用。

3）转让环节缴纳的税金。

 【练一练】

多项选择题：根据土地增值税法律制度的规定，下列情形中，纳税人应当进行土地增值税清算的有（   ）。

A. 直接转让土地使用权的

B. 整体转让未竣工决算房地产开发项目的

C. 房地产开发项目全部竣工并完成销售的

D. 取得房地产销售（预售）许可证满2年尚未销售完毕的

计算题：一栋房屋使用近10年，建造时的造价为1 000万元，按转让时的建材及人工费用计算，建同样的新房需花费4 000万元，该房六成新，则该房的评估价格为多少？

（二）特殊情况下房地产评估价格的确定

纳税人有下列情况之一的，需要对房地产进行评估，并以评估价格确定转让房地产收入、扣除项目的金额：

（1）出售旧房及建筑物的。

（2）隐瞒、虚报房地产成交价格的。

（3）提供扣除项目金额不实的。

（4）转让房地产的成交价格低于房地产评估价格，又无正当理由的。

这里所说的房地产评估价格，指由政府批准设立的房地产评估机构根据相同地段、同类房地产进行综合评定的价格。这种评估价格亦须经当地税务机关确认。

（三）应纳税额的计算

土地增值税应纳税额的计算，有定义法和速算法两种方法。我们通常使用速算法，即利用速算扣除数，实行简易办法计算。其计算公式如下：

应纳税额＝增值额×适用税率－扣除项目金额×速算扣除系数

1. 转让土地使用权和出售新建房及配套设施应纳税额的计算

（1）计算增值额。

增值额＝收入额－扣除项目金额

（2）计算增值率。

增值率＝增值额÷扣除项目金额×100％

（3）确定适用税率。

依据计算的增值率，按其税率表确定适用税率。

（4）依据适用税率计算应纳税额。

应纳税额＝增值额×适用税率－扣除项目金额×速算扣除系数

例 9 - 4

某房地产开发公司出售一幢写字楼，收入总额为 10 000 万元。开发该写字楼的有关支出为：支付地价款及各种费用 1 000 万元；房地产开发成本 3 000 万元；财务费用中的利息支出 500 万元（可按转让项目计算分摊并提供金融机构证明）；转让环节缴纳的有关税费共计 555 万元。该单位所在地政府规定的其他房地产开发费用计算扣除比例为 5％。

试计算该房地产开发公司应纳的土地增值税税额。

解析：

（1）计算增值额。

1）取得土地使用权支付的地价及各种费用为 1 000 万元；

2）房地产开发成本为 3 000 万元；

3）房地产开发费用为：500＋（1 000＋3 000）×5％＝700（万元）；

4）允许扣除的税费为 555 万元；

5）从事房地产开发的加计扣除为：（1 000＋3 000）×20％＝800（万元）；

6）允许扣除的项目金额合计＝1 000＋3 000＋700＋555＋800＝6 055（万元）；

7）增值额＝10 000－6 055＝3 945（万元）。

（2）计算增值率。

增值率＝3 945÷6 055×100％＝65.15％

（3）确定适用税率。

计算出的增值率，按税率表确定适用税率为 40％，速算扣除系数为 5％。

（4）依据适用税率计算应纳税额。

应纳税额＝3 945×40％－6 055×5％＝1 275.25（万元）

2. 出售旧房应纳税额的计算

（1）计算评估价格。

（2）汇集扣除项目金额。

（3）计算增值率。

（4）依据增值率确定适用税率。

（5）依据适用税率计算应纳税额。

例 9-5

某工业企业转让一幢 20 世纪 90 年代建造的厂房，当时造价 100 万元。如果按现行市场价的材料、人工费计算，建造同样的房子需 600 万元，该房子为七成新，按 500 万元出售，支付有关税费计 27.5 万元。计算企业转让旧房应缴纳的土地增值税额。

解析：

（1）计算评估价格。

评估价格＝600×70％＝420（万元）

（2）汇集扣除项目金额。

1）允许扣除的税金为 27.5 万元；

2）扣除项目金额合计＝420＋27.5＝447.5（万元）；

3）增值额＝500－447.5＝52.5（万元）。

（3）计算增值率。

增值率＝52.5÷447.5×100％＝11.73％

（4）依据增值率确定适用税率。

计算出的增值率，按税率表确定适用税率为 30％，速算扣除系数为 0。

（5）依据增值率计算应纳税额。

应纳税额＝52.5×30％－447.5×0＝15.75（万元）

五、　土地增值税的征收管理

（一）　土地增值税的减免税规定

纳税人建造普通标准住宅出售，增值额未超过扣除项目金额 20％的，免征土地增值税。但增值额超过扣除项目金额 20％的，应就其全部增值额按规定计税。

因国家建设需要依法征用、收回的房地产，免征土地增值税。这里所指因城市实施规划、国家建设的需要而被政府批准征用的房产或收回的土地使用权。

（二）　土地增值税的申报与缴纳

即评即测

1. 土地增值税的申报

根据《土地增值税暂行条例》的规定，纳税人应自转让房地产合同签订之日起 7 日内，向房地产所在地的主管税务机关办理纳税申报。填写《土地增值税项目登记表》《财产和行为税纳税申报表》并且一并报缴相关资料。

土地增值税

2. 土地增值税的缴纳

（1）纳税义务发生时间。

转让国有土地使用权、地上建筑物及附着物的，为取得收入的当天；以赊销或分期收款方式转让房地产的，为本期收到价款的当天或合同约定本期应收价款日期的当天；采用预收价款方式转让房地产的，为收到预收价款的当天。

（2）纳税期限与地点。

纳税人应在转让房地产合同签订之日起 7 日内向所在地税务机关办理纳税申报，并在税务机关核定的期限内缴纳土地增值税。

土地增值税的纳税地点为房地产所在地的税务机关。这里所说的"房地产所在地"，是指房地产的坐落地。纳税人转让的房地产坐落在两个或两个以上地区的，应按房地产所在地分别申报纳税。

第四节　车辆购置税

车辆购置税是对在我国境内购置规定车辆的单位和个人征收的一种税，它由车辆购置附加费演变而来。2000 年 10 月 22 日国务院常务会议通过《中华人民共和国车辆购置税暂行条例》，2001 年 1 月 1 日起开征车辆购置税。2018 年 12 月 29 日，第十三届全国人民代表大会常务委员会第七次会议通过了《中华人民共和国车辆购置税法》（以下简称《车辆购置税法》），自 2019 年 7 月 1 日起施行。

车辆购置税

车辆购置税为中央税，专用于国道、省道干线公路建设和支持地方道路建设。

一、车辆购置税的纳税人

在中华人民共和国境内购置应税车辆的单位和个人，为车辆购置税的纳税人。购置，是指以购买、进口、自产、受赠、获奖或者其他方式取得并自用应税车辆的行为。

二、车辆购置税的征税范围

车辆购置税的征收范围包括汽车、有轨电车、汽车挂车、排气量超过 150 毫升的摩托车（以下统称"应税车辆"）。

三、车辆购置税的税率

车辆购置税实行从价定率的办法计算应纳税额，税率为 10%。

四、车辆购置税应纳税额的计算

应纳税额＝计税价格×税率

《车辆购置税法》中规定，纳税人购买自用应税车辆的计税价格，依据纳税人购买应税车辆时取得的发票上载明的价格确定。

车辆购置税的计税价格根据不同情况，按照下列规定确定：

（1）纳税人购买自用应税车辆的计税价格，为纳税人实际支付给销售者的全部价款，不包括增值税税款。

（2）纳税人进口自用应税车辆的计税价格，为关税完税价格加上关税和消费税。

（3）纳税人自产自用应税车辆的计税价格，按照纳税人生产的同类应税车辆的销售价格确定，不包括增值税税款。

（4）纳税人以受赠、获奖或者其他方式取得自用应税车辆的计税价格，按照购置应税车辆时相关凭证载明的价格确定，不包括增值税税款。

五、 车辆购置税的缴纳与征收

车辆购置税由税务机关征收，实行一次征收制度，应当一次缴清。购置已征车辆购置税的车辆，不再征收车辆购置税。

（一） 纳税义务发生时间

纳税人购置应税车辆，应当向车辆登记地的主管税务机关申报缴纳车辆购置税；购置不需要办理车辆登记的应税车辆的，应当向纳税人所在地的主管税务机关申报缴纳车辆购置税。车辆购置税的纳税义务发生时间为纳税人购置应税车辆的当日，以纳税人购置应税车辆所取得的车辆相关凭证上注明的时间为准。纳税义务发生时间，按不同的购置方式，按照下列情形确定：

（1）购买自用应税车辆的为购买之日，即车辆相关价格凭证的开具日期。

（2）进口自用应税车辆的为进口之日，即《海关进口增值税专用缴款书》或者其他有效凭证的开具日期。

（3）自产、受赠、获奖或者以其他方式取得并自用应税车辆的为取得之日，即合同、法律文书或者其他有效凭证的生效或者开具日期。

（二） 纳税期限

纳税人购置应税车辆后应当自纳税义务发生之日起 60 日内申报缴纳车辆购置税。

六、 车辆购置税的减免

（1）依照法律规定应当予以免税的外国驻华使馆、领事馆和国际组织驻华机构及其有关人员自用的车辆。

（2）中国人民解放军和中国人民武装警察部队列入装备订货计划的车辆。

（3）悬挂应急救援专用号牌的国家综合性消防救援车辆。

（4）设有固定装置的非运输专用作业车辆。

（5）城市公交企业购置的公共汽电车辆。

根据国民经济和社会发展的需要，国务院可以规定减征或者其他免征车辆购置税的情形，报全国人民代表大会常务委员会备案。

即评即测
车辆购置税

根据《财政部 税务总局 工业和信息化部关于延续和优化新能源汽车车辆购置税减免政策的公告》，2024 年 1 月 1 日至 2025 年 12 月 31 日期间购置的新能源汽车，将继续免征车辆购置税，其中每辆新能源乘用车的免税额不超过 3 万元。2026 年 1 月 1 日至 2027 年 12 月 31 日期间购置的新能源汽车，将减半征收车辆购置税，其中每辆新能源乘用车的减税额不超过 1.5 万元。

【练一练】

单项选择题：根据车辆购置税法律制度的规定，下列车辆中，不属于车辆购置税免税项目的是（   ）。

A. 外国驻华使馆的自用小汽车

B. 设有固定装置的非运输专用作业车辆

C. 城市公交企业购置的公共汽电车辆

D. 个人购买的经营用小汽车

第五节　城市维护建设税

城市维护建设税（以下简称"城建税"），是国家对缴纳增值税、消费税（以下简称"二税"）的单位和个人就其实际缴纳的"二税"税额为计税依据而征收的一种税。2020 年 8 月 11 日由中华人民共和国第十三届全国人民代表大会常务委员会第二十一次会议通过并公布《中华人民共和国城市维护建设税法》，自 2021 年 9 月 1 日起施行。

城市维护建设税

一、城建税的特点

城市维护建设税与其他税种相比较，具有下述特点。

（一）属于一种附加税

城市维护建设税与其他税种不同，没有独立的征税对象或税基，而是以增值税、消费税"二税"实际缴纳的税额之和为计税依据，随"二税"同时附征，本质上属于一种附加税。

（二） 征收范围较广

由于增值税、消费税在我国现行税制中属于主体税种，而城市维护建设税又是其附加税，原则上讲，只要缴纳增值税、消费税的纳税人都要缴纳城市维护建设税，因此城建税的征收范围较广。

二、 城建税的纳税人

城建税的纳税义务人，是指负有缴纳增值税、消费税义务的单位和个人。

三、 城建税的税率

城市维护建设税根据纳税人所在地区的不同，适用税率有所区别：纳税人所在地在市区的，税率为7%；纳税人所在地在县城、镇的，税率为5%；纳税人所在地不在市区、县城或镇的，税率为1%。

对下列两种情况，可按纳税人缴纳"二税"所在地的规定税率就地缴纳城市维护建设税：

（1） 由受托方代收、代扣"二税"的单位和个人，按受托方所在地的税率确定。

（2） 流动经营等无固定纳税地点的单位和个人，按照实际经营地的税率确定。

四、 城建税应纳税额的计算

（一） 计税依据

城建税的计税依据是纳税人实际缴纳（而非应当缴纳）的增值税、消费税税额，以及出口货物、劳务或者跨境销售服务、无形资产增值税免抵税额。纳税人违反"二税"有关税法而加收的滞纳金，不作为城建税的计税依据，但纳税人因偷漏税被查补和被处罚的"二税"，应同时对偷漏的城建税进行补税和缴纳罚款。

对进口货物或者境外单位和个人向境内销售劳务、服务、无形资产缴纳的增值税、消费税税额，不征收城市维护建设税。

（二） 应纳税额的计算

应纳税额＝纳税人实际缴纳的增值税、消费税税额×适用税率

例 9-6

新发公司202×年5月缴纳增值税50万元，消费税10万元，公司所在地区适用城建税税率为7%，计算该企业应纳城建税税额。

解析：

应纳城建税税额＝（50＋10）×7%＝4.2（万元）

五、　城建税的减免税

城建税原则上不单独减免，但因城建税又具附加税性质，当主税发生减免时，城建税也相应发生税收减免。

（1）城建税按减免后实际缴纳的"二税"税额计征，即随"二税"的减免而减免。

（2）对于因减免税而需进行"二税"退库的，城建税也可同时退库。

（3）海关对进口产品代征的增值税、消费税，不征收城建税。

（4）对出口货物、劳务和跨境销售服务、无形资产以及因优惠政策退还增值税、消费税的，不退还已缴纳的城建税。

> 【小提示】
>
> 对"二税"实行先征后返、先征后退、即征即退办法的，除另有规定外，对随"二税"附征的城市维护建设税和教育费附加，一律不予退（返）还。对出口产品退还消费税、增值税的，不退还已缴纳的城市维护建设税。对由于减免增值税、消费税而发生的退税，同时退还已缴纳的城市维护建设税。

六、　城建税的征收管理

（一）　纳税环节

城建税的纳税环节就是纳税人缴纳"二税"的环节。纳税人只要缴纳增值税、消费税，就必须缴纳城建税。

即评即测

城市维护建设税

（二）　纳税地点

纳税人缴纳城建税的地点就是缴纳"二税"的地点。代扣代缴"二税"的，城建税的纳税地点在代扣代缴地。

（三）　纳税期限

由于城建税与"二税"同时缴纳，因此城建税的纳税期限与"二税"的纳税期限一致。

📥 知识链接 ///

教育费附加与城建税都是附加税，它与城建税的纳税人、计税依据、征收管理基本相同，都是以实际缴纳的"二税"税额为计税依据征收的，但是教育费附加的征收率为3%。有的地方还有地方教育费附加，征收率一般是2%。

【练一练】

判断题：对出口货物退还增值税、消费税的，应同时退还已缴纳的城市维护建设税。（ ）

 本章小结 >>>

税种	纳税义务人	征税范围	税率	应纳税额计算
印花税	印花税的纳税义务人，是在中国境内书立、使用、领受印花税法所列举的凭证并应依法履行纳税义务的单位和个人	经济合同类；产权转移书据；营业账簿；	（1）比例税率为，分别是 0.005%、0.03%、0.05%、0.1%、0.25‰	应纳税额＝应税凭证计税金额×适用税率
契税	在中华人民共和国境内发生转移土地、房屋权属行为并承受土地、房屋权属的单位和个人	在我国境内的单位和个人转移土地使用权和房屋权属的行为	采用幅度比例税率。目前，我国采用3%～5%的幅度比例	应纳契税＝计税依据×税率
土地增值税	为转让国有土地使用权、地上建筑物及其附着物并取得收入的单位和个人	（1）对转让国有土地使用权的行为课税；（2）对国有土地使用权及其地上的建筑物和附着物的转让行为征税；（3）对有偿转让的房地产征税	土地增值税实行四级超率累进税率。最低税率为30%，最高税率为60%	应纳税额＝增值额×适用税率－扣除项目金额×速算扣除系数
车辆购置税	在中华人民共和国境内购置应税车辆的单位和个人	汽车、有轨电车、汽车挂车、排气量超过150毫升的摩托车	车辆购置税实行从价定率的办法计算应纳税额，税率为10%	应纳税额＝计税价格×税率
城市维护建设税	负有缴纳增值税、消费税义务的单位和个人	实际缴纳增值税、消费税税额	地区差别比例税率：市区为7%；县城、镇为5%；其他为1%	应纳税额＝纳税人实际缴纳的增值税、消费税税额×适用税率

第十章
税收征收管理

学习目标

知识目标：

1. 理解税务登记的相关内容；

2. 理解账簿、凭证管理相关规定；

3. 掌握纳税申报对象、内容、期限、方式；

4. 掌握发票管理相关规定；

5. 理解应纳税额的核定；

6. 掌握税款征收的原则、方式和制度；

7. 了解税务检查相关内容；

8. 熟悉违反税收相关法律、法规后应负的法律责任。

能力目标：

1. 能办理工商登记和税务登记，完成企业设立登记相关业务；

2. 能正确领购企业需要的发票；

3. 会填写各税种纳税申报表。

素养目标：

1. 依法纳税"诚"为贵，和谐社会"信"是金，树立诚信纳税、遵纪守法的价值观和严谨细致的工作作风；

2. 国是井，税为水，水足井盈则家兴，水稀井枯则家败，通过分析税收对经济发展、市场调控的影响，提高对税收政策的经济分析和应用能力；

3. 强调依法索取票据是维护消费者合法权益的重要手段，努力成为有责任感和法律意识的公民；

4. 树立诚信经营、依法纳税与社会责任不分家的观念，培养诚实守信、如实申报的纳税观念，反对任何形式的逃税、骗税行为，树立法治精神与合规意识。

🏛 学习导航

　　税收征管制度是营商环境的重要组成部分，良好的税收征管制度有利于企业开展经营活动，提高生产效率，从而推动经济发展，不仅可以支持国内企业的良好发展，也可以吸引境外高质量企业。

　　税收征管法是程序法，是税务机关对税收进行管理的重要依据，这部法律的根本任务是调整税收征纳双方的关系，规范税收征收管理。

　　本章主要阐述了税收征管体制中的税务登记、账簿、凭证管理、纳税申报、税款征收、税务检查和与税收相关的法律责任。本章重点是掌握征纳双方的权利和义务，难点是税款征收。

　　税收征收管理法是有关税收征收管理法律规范的总称，包括《中华人民共和国税收征收管理法》（以下简称《税收征收管理法》）及其实施细则。我国现行的税收征管法于1992年9月4日第七届全国人民代表大会通过，于2001年4月28日第九届全国人民代表大会修订，并于2001年5月1日起实施。

　　《税收征收管理法》共有六章，分别是总则、税务管理（包括税务登记、账簿、凭证管理、纳税申报）、税款征收、税务检查、法律责任和附则。2013年和2015年全国人民代表大会常务委员会对《税收征收管理法》又进行过两次修订。现行版本为2015年4月24日第十二届全国人民代表大会常务委员会第十四次会议修正。

　　凡依法由税务机关征收的各种税收的征收管理，均适用《税收征收管理法》。《税收征收管理法》第九十条规定，关税及海关代征税收的征收管理，依照法律、行政法规的有关规定执行。海关主要代征进口环节的货物劳务税，包括增值税和消费税。

　　【案例导入】小李今年大学毕业，应聘到一个新成立的企业工作。老板让她办理企业的注册登记工作。请问小李需要去哪里办理，要办理哪些手续？

知识框架图

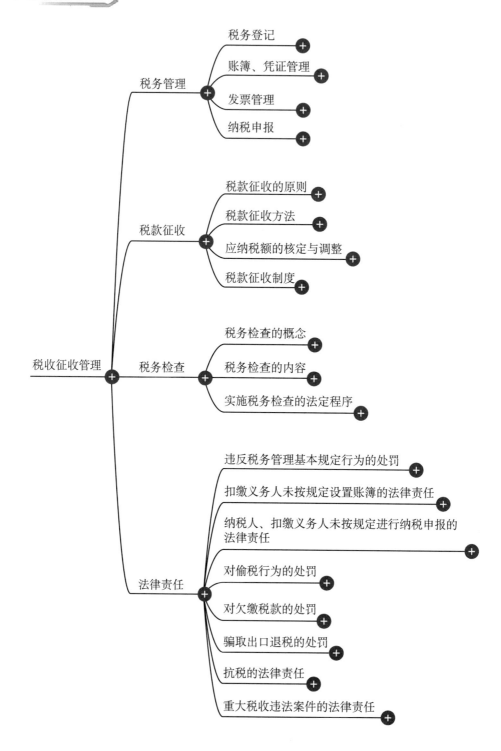

第一节 税务管理

税务管理从狭义上讲是税务机关依据国家税收政策法规所进行的税款征收活动，从广义的角度来说，是国家及其税务机关依据客观经济规律和税收分配特点，对税收分配的全过程进行决策、计划、组织、监督和协调，以保证税收职能得以实现的一种管理活动。

一、税务登记

税务登记，是税务机关对纳税人的设立、变更、歇业以及生产经营范围实行法定登记的一项管理制度，其内容主要包括设立登记、变更登记、停业与复业登记、注销登记、外出经营报验登记、证照管理、非正常户处理等。它是整个税收征收管理的首要环节。

税务登记

办理税务登记是纳税人的法定义务。

国家机关、个人和无固定生产经营场所的流动性农村小商贩，不办理税务登记。

【想一想】

小刘在工作中注意到，从事生产、经营的纳税人到银行开立存款账户时要持营业执照证件原件，开立账户后要将账号向税务机关报告。小刘想，法律做这样规定的意义，一定是为了防止个别纳税人逃避税务机关的监管进行偷税吧。[1]

你认为小刘的想法是否正确？你是怎么想的呢？

解析：小刘的想法正确。

利用银行系统降低税收管理成本，防止偷税已经被许多国家的实践证明是有效的。《税收征收管理法》规定纳税人需持税务登记证件开设账户，并向税务机关报告其全部账号，在账户和税务登记证件中互相登记号码，将设立账户与税务登记管理联系起来，增强了银行在税源监控中的作用，提高了税务登记证的法律地位。

（一）设立（开业）税务登记

2015年《政府工作报告》要求建立统一社会信用代码制度，这是推动社会信用体系建设的一项重要改革措施，也是进一步深化商事制度改革，实现"三证合一、一照一码"的基础和前提。工商部门自2015年10月1日起实施，实现"三证合一、一照一码"。所谓"三证合一"，就是将企业依次申请的工商营业执照、组织机构代码证和税务登记证三证合为一证，提高市场准入效率。

---

[1] 财政部会计资格评价中心．经济法基础．北京：经济科学出版社，2008：238．有改动。

在"三证合一"的基础上，2016年6月30日，国务院办公厅发布了《关于加快推进"五证合一、一照一码"登记制度改革的通知》（国办发〔2016〕53号），从2016年10月1日起正式实施"五证合一、一照一码"，五证合一是指：工商营业执照、组织机构代码证、税务登记证、社会保险登记证和统计登记证"五证合一"登记制度。"五证合一"是由工商行政管理部门（现为市场监督管理部门）核发一个加载法人和其他组织统一社会信用代码的营业执照，即"一照一码"登记模式。企业的社会信息代码即企业的身份证号码。

企业拿到营业执照后，还需要到税务机关把相关信息补充完整，确认申报信息准确后，由税务机关对企业进行税种认定、一般纳税人或者小规模纳税人资格认定，可以享受的税收优惠认定等，需要企业提供相关资料才能被审批备案。

税务登记完成后企业才能领购发票和纳税申报。

随着国家简政放权的进一步落实，越来越多的证合并了，如昆明市2017年9月宣布：将公安、住建、商务、交运、旅游等23个部门的50个涉企证照事项统一整合到营业执照上，自9月29日起，企业只需填写"一张表格"、向"一个窗口"提交"一套材料"，经工商（市场监管）部门审核通过后，核发加载统一社会信用代码的营业执照。

多证合一在更大范围、更深层次实现了信息共享和业务协同，巩固和扩大了"三证合一"登记制度改革成果，为企业开办和成长提供便利化服务，降低创业准入的制度性成本，优化营商环境。

 【练一练】

多项选择题：下列执照和证件中，属于"五证合一，一照一码"登记制度改革范围的有（　　）。

A. 组织机构代码证　　　　　　B. 安全生产许可证

C. 税务登记证　　　　　　　　D. 社会保险登记证

（二）变更登记

从事生产、经营的纳税人，税务登记内容发生变化的，到市场监督管理机关办理变更登记。对于工商登记已采集信息，税务机关不再重复采集；其他必要涉税基础信息，可在企业办理有关涉税事宜时，及时采集，陆续补齐。发生变化的，由企业直接向税务机关申报变更，税务机关及时更新税务系统中的企业信息。

（三）注销登记

纳税人发生解散、破产、撤销以及其他情形，依法终止纳税义务的，应当在向市场监督管理机关或者其他机关办理注销登记前，持有关证件向原税务登记机关申报办理注销税务登记；按照规定不需要在市场监督管理机关或者其他机关办理注册登记的，应当自有关机关批准或者宣告终止之日起15日内，持有关证件向原税务登记机关申报办理注销税务登记。

纳税人在办理注销税务登记前，应当向税务机关结清应纳税款、滞纳金、罚款，缴销发票、税务登记证件和其他税务证件。

已实行"多证合一、一照一码"登记模式的企业办理注销登记，须先向税务主管机关申报清税，填写《清税申报表》。税务机关确认纳税人结清所有税务事项后，向纳税人出具《清税证明》，提示其凭《清税证明》办理工商登记注销。

（四） 停业、 复业登记

实行定期定额征收方式的个体工商户需要停业的，应当在停业前向税务机关申报办理停业登记。纳税人的停业期限不得超过1年。

纳税人在申报办理停业登记时，应如实填写《停业复业报告书》，说明停业理由，停业期限，停业前的纳税情况和发票的领、用、存情况，并结清应纳税款、滞纳金、罚款。税务机关应收存其税务登记证件及副本、发票领购簿、未使用完的发票和其他税务证件。

纳税人在停业期间发生纳税义务的，应当按照税收法律、行政法规的规定申报缴纳税款。

纳税人应当于恢复生产经营之前，向税务机关申报办理复业登记，如实填写《停业复业报告书》，领回并启用税务登记证件、发票领购簿及其停业前领购的发票。

纳税人停业期满不能及时恢复生产经营的，应当在停业期满前向税务机关提出延长停业登记申请，并如实填写《停业复业报告书》。

（五） 外出经营报验登记

纳税人首次在经营地办理涉税事宜时，向经营地税务机关报验跨区域涉税事项。纳税人跨省（自治区、直辖市和计划单列市）临时从事生产经营活动的，向机构所在地的税务机关填报《跨区域涉税事项报告表》。纳税人在省（自治区、直辖市和计划单列市）内跨县（市）临时从事生产经营活动的，是否实施跨区域涉税事项报验管理由各省（自治区、直辖市和计划单列市）税务机关自行确定。

区域涉税事项报验管理的有效期：按跨区域经营合同执行期限作为有效期限；合同延期的，纳税人可向经营地或机构所在地的税务机关办理报验管理有效期限延期手续。

纳税人跨区域经营活动结束后，只需要向经营地税务机关反馈经营活动税收情况，不需要另行向机构所在地的税务机关反馈。纳税人经营结束后，应当结清经营地的税务机关的应纳税款以及其他涉税事项，向经营地的税务机关填报《经营地涉税事项反馈表》。

（六） 非正常户处理

已办理税务登记的纳税人未按照规定的期限申报纳税，在税务机关责令其限期改正后，逾期不改正的，税务机关应当派员实地检查，查无下落并且无法强制其履行纳税义务的，由检查人员制作非正常户认定书，存入纳税人档案，税务机关暂停其税务登记证件、发票领购簿和发票的使用。

纳税人被列入非正常户超过3个月的，税务机关可以宣布其税务登记证件失效，其应纳税款的追征仍按《税收征收管理法》及其实施细则的规定执行。

（七） 证照管理

税务机关对税务登记证件实行定期验证和换证制度。纳税人应当在规定的期限内持有关证件到主管税务机关办理验证或者换证手续。

纳税人应当将税务登记证件正本在其生产、经营场所或者办公场所公开悬挂，接受税务机关的检查。

纳税人、扣缴义务人遗失税务登记证件的，应当自遗失税务登记证件之日起 15 日内，书面报告主管税务机关，如实填写《税务登记证件遗失报告表》，并将纳税人的名称、税务登记证件名称、税务登记证件号码、税务登记证件有效期、发证机关名称在税务机关认可的报刊上刊登遗失声明，凭报刊上刊登的遗失声明向主管税务机关申请补办税务登记证件。

账簿、凭证

二、账簿、凭证管理

账簿是纳税人、扣缴义务人连续地记录其各种经济业务的账册或簿籍，主要是指总账、明细账、日记账以及其他辅助性账簿。总账、日记账应当采用订本式。

凭证是纳税人用来记录经济业务，明确经济责任，并据以登记账簿的书面证明。凭证一般有原始凭证和记账凭证两种。

从事生产、经营的纳税人应当自领取营业执照或者发生纳税义务之日起 15 日内，按照国家有关规定设置账簿。从事生产、经营的纳税人应当自领取税务登记证件之日起 15 日内，将其财务、会计制度或者财务、会计处理办法和会计核算软件报送主管税务机关备案。

纳税人、扣缴义务人按照有关法律、行政法规和国务院财政、税务主管部门的规定设置账簿，根据合法、有效的凭证记账，进行核算。纳税人、扣缴义务人的财务、会计制度或者财务、会计处理办法与国务院或者国务院财政、税务主管部门有关税收的规定抵触的，依照国务院或者国务院财政、税务主管部门有关税收的规定计算应纳税款、代扣代缴和代收代缴税款，即在会计准则与税法有不同规定时，要遵循税法优先原则。

扣缴义务人应当自税收法律、行政法规规定的扣缴义务发生之日起 10 日内，按照所代扣、代收的税种，分别设置代扣代缴、代收代缴税款账簿。账簿、记账凭证、报表、完税凭证、发票、出口凭证以及其他有关涉税资料应当保存 10 年；但是，法律、行政法规另有规定的除外。

生产规模小又确无建账能力的纳税人，可以聘请经批准从事会计代理记账业务的专业机构或经税务机关认可的财会人员代为建账和办理账务。

三、发票管理

发票，是指在购销商品、提供或者接受服务以及从事其他经营活动中，开具、收取的收付款凭证。发票包括纸质发票和电子发票。电子发票与纸质发票具有同等法律效力。目前，国家在全国范围内推广使用电子发票，尤其是数电发票。

数电发票将纸质发票的票面信息全面数字化，通过标签管理将多个票种集成归并为电子发票单一票种，实现全国统一赋码，系统智能赋予发票开具金额总额度，设立税务数字账户实现发票自动流转交付和数据归集。

（一）发票的种类

增值税发票分为增值税专用发票和普通发票。专用发票，是增值税一般纳税人销售应税货物或者提供应税劳务开具的发票，是购买方支付增值税额并可按照增值税有关规定据以抵扣增值税进项税额的凭证。

数电发票通过标签化、要素化，将"7＋10"种制式发票统一为电子发票，涵盖了增值税发票、机动车发票、二手车发票、航空运输电子客票行程单、铁路电子客票、医疗服务发票等。

（二）数电发票的领购

新设立登记的试点纳税人实名验证后，可通过电子发票服务平台开具数电发票，无须办理发票票种核定和发票领用，系统自动赋予开具额度，并根据纳税人行为，动态调整开具金额总额度，实现开业即可开票，无须进行发票验旧操作。

（三）数电发票的使用

纳税人登录电子发票服务平台后，可享受发票开具、交付、查验以及勾选等"一站式"服务。同时，数电发票开具后以 XML 的数据电文形式自动发送至购销双方的税务数字账户。

接收方使用数电发票含有数字签名的 XML 文件进行报销入账归档，可不再另以纸质形式保存。

接收方如果需要以数电发票的 PDF、OFD 格式文件的纸质打印件作为报销入账归档依据的，应当同时保存数电发票含有数字签名的 XML 格式电子文件。

（四）纳税人信用评价及发票领用分类管理制度

纳税信用评价由税务机关每年开展，企业可以在税务局网站查询当年评级情况，评价方式采取年度评价指标得分和直接判级。评价指标包括税务内部信息和外部评价信息。直接判级适用于有严重失信行为的纳税人。

纳税人信用评价

自开展 2020 年度评价时起，调整纳税信用评价计分方法中的起评分规则为：近三个评价年度内存在非经常性指标信息的，从 100 分起评；近三个评价年度内没有非经常性指标信息的，从 90 分起评。

知识链接

经常性指标信息包括涉税申报信息、税（费）款缴纳信息、发票与税控器具信息、登记与账簿信息等 4 个一级指标，非经常性指标信息包括纳税评估、税务审计、反避税调查信息和税务稽查信息 2 个一级指标。

纳税信用管理设 A、B、M、C、D 五级。A 级纳税信用为年度评价指标得分 90 分以上的；B 级纳税信用为年度评价指标得分 70 分以上不满 90 分的；C 级纳税信用为年度评价指标得分 40 分以上不满 70 分的；D 级纳税信用为年度评价指标得分不满 40 分或者直接判级确定的；M 级纳税信用为未发生《信用管理办法》第二十条所列失信行为的新设立企业或评价年度内无生产经营业务收入且年度评价指标得分 70 分以上的企业。

对于税收风险程度较低的纳税人，按需供应发票；对于税收风险程度中等的纳税人，正常供应发票，加强事中、事后监管；对于税收风险程度较高的纳税人，严格控制其发票领用数量和最高开票限额，并加强事中、事后监管。国家税务总局各省、自治区、直辖市和计划单列市税务局应积极探索依托信息技术手段，通过科学设置预警监控指标，有效识别纳税人税收风险程度，并且据此开展发票领用分类分级管理工作。

对于纳税信用 A 级的纳税人，按需供应发票，可以一次领取不超过 3 个月的发票用量。纳税信用 B 级的纳税人可以一次领取不超过 2 个月的发票用量。以上两类纳税人生产经营情况发生变化需要调整发票用量的，按照规定及时办理。

纳入纳税信用管理的企业纳税人，符合法定条件的，可在规定期限内向主管税务机关申请纳税信用修复。主管税务机关自受理纳税信用修复申请之日起 15 个工作日内完成审核，并向纳税人反馈信用修复结果。

纳税信用修复完成后，纳税人按照修复后的纳税信用级别适用相应的税收政策和管理服务措施，之前已适用的税收政策和管理服务措施不作追溯调整。

四、 纳税申报

纳税申报是指纳税人、扣缴义务人为了履行纳税义务，就纳税事项向税务机关书面申报的一种法定手续，也是税务机关办理征税业务、核实应纳税款、开具完税凭证的主要依据。

纳税人、扣缴义务人、代征人应当到当地税务机关购领纳税申报表或者代扣代缴、代收代缴税款报告表，委托代征税款报告表，按照表式内容全面、如实填写，并按规定加盖印章。

扣缴义务人或者代征人应当按照规定报送代扣代缴、代收代缴税款的报告表或者委托代征税款报告表，代扣代缴、代收代缴税款或者委托代征税款的合法凭证，与代扣代缴、代收代缴税款或者委托代征税款有关的经济合同、协议书。

（一）纳税申报的对象

下列纳税人或者扣缴义务人、代征人应当按期向主管国家税务机关办理纳税申报或者代扣代缴、代收代缴税款报告、委托代征税款报告。

（1）依法已向国家税务机关办理税务登记的纳税人。

包括：

1）各项收入均应当纳税的纳税人。

2）全部或部分产品、项目或者税种享受减税、免税照顾的纳税人。

3）当期营业额未达到起征点或没有营业收入的纳税人。

4）实行定期定额纳税的纳税人。

5）应当向国家税务机关缴纳企业所得税以及其他税种的纳税人。

（2）按规定不需要向国家税务机关办理税务登记，以及应当办理而未办理税务登记的纳税人。

（3）扣缴义务人和国家税务机关确定的委托代征人。

（二）纳税申报的内容

纳税申报内容是指法律、行政法规规定的，或者税务机关根据法律、行政法规的规定确定的纳税人、扣缴义务人向税务机关申报应纳或者应解缴税款的内容。主要包括两个方面，一是各税种纳税申报表或者代扣代缴、代收代缴税款报告表；二是与纳税申报有关的资料或证件。

（三）纳税申报期限

纳税人和扣缴义务人都必须在税法规定的期限内办理纳税申报，申报期限一般有按次申报和按期申报两种。各税种的纳税申报期限详见各章。

纳税人、扣缴义务人、代征人按照规定的期限办理纳税申报或者报送代扣代缴、代收代缴税款报告表、委托代征税款报告表确有困难的，可以延期办理。

（四）纳税申报方式

纳税申报

1. 自行申报

纳税人、扣缴义务人、代征人在纳税申报期限内直接到当地主管国家税务机关办理纳税申报、代扣代缴、代收代缴税款或委托代征税款报告。

2. 邮寄申报

纳税人到主管国家税务机关办理纳税申报有困难的，经主管国家税务机关批准，也可以采取邮寄申报，以邮出地的邮戳日期为实际申报日期。

3. 数据电文申报

数据电文申报是指经税务机关批准，纳税人、扣缴义务人通过税务机关确定的电话语音、电子数据交换和网络传输等电子方式办理的纳税申报。目前网上申报是数据电文申报方式的一种主要形式。

4. 简易申报

简易申报是指实行定期定额的纳税人，通过以缴纳税款凭证代替申报或简并征期的一种申报方式。简易申报方式有两种途径：一是纳税人按照税务机关核定的税款按期缴纳入库，以完税凭证代替纳税申报，从而简化纳税人纳税申报的行为；二是纳税人按照税务机关核定的税款和纳税期，3个月、半年或1年申报纳税，从而达到便利纳税的目的。

除上述方式以外，纳税人、扣缴义务人还可以委托注册税务师等有税务代理资质的中介机构或者他人代理申报纳税。

（五）　纳税申报的其他要求

（1）纳税人、扣缴义务人不论当期是否发生纳税义务，除经税务机关批准外，均应按规定办理纳税申报或者报送代扣代缴、代收代缴税款报告表。

（2）纳税人享受减税、免税待遇的，在减税、免税期间应当按照规定办理纳税申报。

（3）纳税人、扣缴义务人按照规定的期限办理纳税申报或者报送代扣代缴、代收代缴税款报告表确有困难，需要延期的，应当在规定的期限内向税务机关提出书面延期申请，经税务机关核准，在核准的期限内办理。经税务机关核准可以延期办理纳税申报、报送事项的，应当在纳税期内按照上期实际缴纳的税额或者税务机关核定的税额预缴税款，并在核准的延期内办理税款结算。纳税人、扣缴义务人因不可抗力，不能按期办理纳税申报或者报送代扣代缴、代收代缴税款报告表的，可以延期办理；但是，应当在不可抗力情形消除后立即向税务机关报告。税务机关应当查明事实，予以核准。

（4）资料要求。纳税人办理纳税申报时，应根据不同情况提供下列有关资料和证件：

1）财务会计报表及说明材料。

2）与纳税有关的合同、协议书及凭证。

3）税控装置的电子报税资料。

4）外出经营活动税收管理证明和异地完税凭证。

5）境内或者境外公证机构出具的有关证明文件。

6）税务机关规定应当报送的其他有关证件、资料。

例 10-1

小刘与小王就延期纳税申报问题进行了热烈的讨论。小刘说："因不可抗力造成申报困难的，纳税人、扣缴义务人无须申请即可延期申报，但需事后报告；纳税人、扣缴义务人遇有其他困难难以按时申报的，要先向税务机关提出延期申请，经税务机关核准后才能延期申报。"小王说："延期申报的含义也就包含了延期纳税。"分析小刘、小王的观点是否正确。[①]

解析：

小刘的观点正确，小王的观点不正确。延期申报与延期纳税没有必然的联系，被核准延期申报并不意味着延期缴纳税款。经税务机关核准可以延期办理纳税申报、报送事项的，应当在纳税期内按照上期实际缴纳的税额或者税务机关核定的税额预缴税款，并在核准的延期内办理税款结算。

（六）　违反纳税申报规定的法律责任

纳税人未按照规定的期限办理纳税申报的，或者扣缴义务人、代征人未按照规定的期限向国家税务机关报送代扣代缴、代收代缴税款报告表的，由国家税务机关责令限期改正，可以处以 2 000 元以下的罚款；逾期不改正的，可以处以 2 000 元以上 10 000 元以下

① 财政部会计资格评价中心. 经济法基础. 北京：经济科学出版社，2008：269.

的罚款。

一般纳税人不按规定申报并核算进项税额、销项税额和应纳税额的，除按上述规定处罚外，在一定期限内取消进项税额抵扣资格和专用发票使用权，其应纳增值税一律按销售额和规定的税率计算征税。

即评即测

税务管理

第二节 税款征收

税款征收是税收征收管理的中心环节，是全部税收征管工作的目的和归宿，在整个税收工作中占据着极其重要的地位。

一、税款征收的原则

（一）唯一征收主体原则

根据税收征管法的规定，除税务机关、税务人员以及经税务机关依照法律、行政法规委托的单位或个人外，任何单位和个人不得进行税款征收活动。代表国家行使征税权力的主体是税务机关。

（二）征收法定原则

税务机关只能依照法律、法规的规定征收税款，未经法定机关和法定程序调整，征纳双方均不得随意变动。

税务机关依照法律、行政法规的规定征收税款，不得违反法律、行政法规的规定开征、停征、多征、少征、提前征收、延缓征收或者摊派税款。

（三）税收优先原则

税务机关征收税款，税收优先于无担保债权，法律另有规定的除外；纳税人欠缴的税款发生在纳税人以其财产设定抵押、质押或者纳税人的财产被留置之前的，税收应当先于抵押权、质权、留置权执行。

纳税人欠缴税款，同时又被行政机关决定处以罚款、没收违法所得的，税收优先于罚款、没收违法所得。税收优先权执行时包括税款及其滞纳金。

二、税款征收方式

税款征收方式是税务机关在组织税款入库过程中对纳税人的应纳税款的计算、征收、缴库等所采取的方法和形式。税款征收方式的确定遵循保证国家税款及时足额入库、方便纳税人、降低税收成本的原则。

税款征收方式

（一）查账征收

查账征收是指税务机关按照纳税人提供的账表所反映的经营情况，依照适用税率计算缴纳税款的方式。这种方式适用于财务会计制度较为健全、能够认真履行纳税义务的纳税单位。这种征收方式主要以纳税人的账簿为征税的主要依据。

（二）查定征收

查定征收是由税务机关根据纳税人的生产设备等情况在正常条件下的生产、销售情况，对其生产的应税产品查定产量和销售额，然后依照税法规定的税率征收的一种方式。这种方式适用于生产规模较小、账册不健全、产品零星、税源分散的小型厂矿和作坊。这种税款的征收方式主要查的是产量与销售额。

（三）查验征收

查验征收是指税务机关对纳税人应税商品，通过查验数量，按市场一般销售单价计算其销售收入并据以征税的方式。这种方式适用于城乡集贸市场的临时经营和机场、码头等场外经销商品的课税。这种方式查的是产品。

（四）定期定额征收

定期定额征收是指税务机关依照法律、法规的规定，依照一定的程序，核定纳税人在一定经营时期内的应纳税经营额及收益额，并以此为计税依据，确定其应纳税额的一种税款征收方式。在这种征收方式下多税种合并征收，主要适用于营业额、所得额不能准确计算的小型工商户。

（五）代扣代缴

代扣代缴是指按照税法规定，负有扣缴义务的法定义务人，负责对纳税人应纳税款进行代扣代缴的方式，即由支付人在向纳税人支付款项时，从所支付的款项中依照税法的规定直接扣收税款。其目的是对零星、分散、不易控制的税源实行源泉控管。如个人所得税采取的就是代扣代缴的征税方式。

（六）代收代缴

代收代缴是指按照税法规定，负有收缴税款的法定义务人，负责对纳税人的税款进行代收代缴的方式，即由与纳税人有经济业务往来的单位和个人在向纳税人收取款项时依照税法的规定收取税款。这种方式一般适用于税收网络覆盖不到或很难控制的领域，如受托加工应征消费税的消费品，由受托方代收代缴的消费税。这种方式适用于零星分散和异地缴纳的税收。

（七）委托代征

委托代征是指受托的有关单位按照税务机关核发的代征证书的要求，以税务机关的名义向纳税人征收零散税款的税款征收方式。

（八）其他方式

其他方式如邮寄申报纳税、自计自填自缴、自报核缴、用网络申报、用 IC 卡纳税等方式。

 【小提示】

代扣代缴和代收代缴征收的区别：前者指持有纳税人收入的单位和个人从持有的纳税人收入中扣缴其应缴税款并向税务机关解缴的行为；后者指与纳税人有经济往来关系的单位和个人借助经济往来关系向纳税人收取其应缴税款并向税务机关解缴的行为。

 【练一练】

单项选择题：根据税收征收管理法律制度的规定，纳税人财务制度不健全，生产经营不固定，零星分散、流动性大，适合采用的征收方式是（　　）。

A. 查账征收　　　　　　　　　B. 查定征收

C. 查验征收　　　　　　　　　D. 定期定额征收

 应纳税额的核定与调整

（一）应纳税额的核定情况

应纳税额的核定与调整

纳税人有下列情形之一的，税务机关有权核定其应纳税额：

（1）依照法律、行政法规的规定可以不设置账簿的。

（2）依照法律、行政法规的规定应当设置账簿但未设置的。

（3）擅自销毁账簿或者拒不提供纳税资料的。

（4）虽设置账簿，但账目混乱或者成本资料、收入凭证、费用凭证残缺不全，难以查账的。

（5）发生纳税义务，未按照规定的期限办理纳税申报，经税务机关责令限期申报，逾期仍不申报的。

（6）纳税人申报的计税依据明显偏低，又无正当理由的。

（二）核定应纳税额的方法

税务机关有权采用下列任何一种方法核定其应纳税额：

（1）参照当地同类行业或者类似行业中经营规模和收入水平相近的纳税人的税负水平

核定。

（2）按照营业收入或者成本加合理的费用和利润的方法核定。

（3）按照耗用的原材料、燃料、动力等推算或者测算核定。

（4）按照其他合理方法核定。

采用上述所列一种方法不足以正确核定应纳税额时，可以同时采用两种以上的方法核定。

纳税人对税务机关采取上述规定的方法核定的应纳税额有异议的，应当提供相关证据，经税务机关认定后，调整应纳税额。

📥 知识链接 ///

多税种综合申报试点

自 2020 年 7 月 1 日起，先后有北京市税务局、上海市税务局和山东省税务局公告企业可以实行综合申报，同时调整了部分税种的纳税期限。

纳税人需申报缴纳企业所得税（预缴）、城镇土地使用税、房产税、土地增值税、印花税中一个或多个税种时，可选择综合申报。综合申报主要适用于企业所得税按实际利润额按季预缴的查账征收企业，暂不涵盖按月预缴企业、核定征收企业和跨地区经营汇总纳税企业。

纳税人可通过电子税务局进行综合申报。

印花税按季或者按次计征。实行按季计征的，纳税人应当于季度终了之日起 15 日内申报并缴纳税款。

城镇土地使用税和房产税实行按季申报缴纳，纳税人应当于季度终了之日起 15 日内申报并缴纳税款。

房地产开发企业转让开发建造的房地产，土地增值税实行按季申报缴纳，纳税人应当于季度终了之日起 15 日内申报并缴纳税款。

四、税款征收制度

（一）延期纳税和滞纳金征收制度

为了保证国家税款的及时入库，督促纳税人按时履行纳税义务，《税收征收管理法》规定：纳税人、扣缴义务人按照法律、行政法规规定或者税务机关依照法律、行政法规的规定确定的期限，缴纳或者解缴税款。

考虑到纳税人在履行纳税义务的过程中可能遇到特殊困难，为了保护纳税人的合法权益，《税收征收管理法》规定：纳税人因有特殊困难，不能按期缴纳税款的，经省、自治区、直辖市税务局批准，可以延期缴纳税款，但是最长不得超过 3 个月。延长期限内免收滞纳金。

税款征收措施

纳税人未按照规定期限缴纳税款的，扣缴义务人未按照规定期限解缴税款的，税务机关除责令限期缴纳外，从滞纳税款之日起，按日加收滞纳税款 0.5‰ 的滞纳金。

应收滞纳金＝滞纳税额×滞纳天数×0.5‰

滞纳税款是指超过纳税期限的最后一天应缴未缴的税款；滞纳天数是指纳税期限届满次日到缴纳税款当天的天数。

例 10－2

某公司 202×年 3 月 5 日应缴纳税款 10 万元，该公司实际于当年 3 月 25 日缴纳，税务机关依法加收该公司滞纳金应为多少？

解析：

该公司滞纳税款的时间为 20 日，从滞纳税款之日起，按日加收滞纳税款 0.5‰ 的滞纳金。

应收滞纳金＝100 000×20×0.5‰＝1 000（元）

（二）税款的补缴和退还

1. 税款的补缴和追缴

（1）因税务机关的责任，致使纳税人、扣缴义务人未缴或者少缴税款的，税务机关在 3 年内可以要求纳税人、扣缴义务人补缴税款，但是不得加收滞纳金。

（2）因纳税人、扣缴义务人计算错误等失误，未缴或者少缴税款的，税务机关在 3 年内可以追征税款、滞纳金；有特殊情况的，追征期可以延长到 5 年。

上述所称特殊情况，是指累计数额在 10 万元以上的。

（3）对偷税、抗税、骗税的，税务机关追征其未缴或者少缴的税款、滞纳金或者所骗取的税款，不受上述规定期限的限制，即可以无限期追征。

2. 多缴税款的退还

（1）纳税人超过应纳税额缴纳的税款，税务机关发现后应当立即退还；纳税人自结算缴纳税款之日起 3 年内发现的，可以向税务机关要求退还多缴的税款并加算银行同期存款利息，税务机关及时查实后应当立即退还；涉及从国库中退库的，依照法律、行政法规有关国库管理的规定退还。

（2）税务机关对依法应当退还纳税人的多缴税款，应于发现或者接到纳税人退还申请之日起 30 日内办理退还手续，也可以按纳税人的要求抵缴下一期应纳税款。对纳税人有欠税的，退还税款和利息应先抵顶欠税。

（3）《税收征收管理法》规定的应加算银行同期存款利息的多缴税款退税，不包括依法预缴税款所造成的结算退税、享受税收优惠政策而产生的出口退税和各种减免退税。

退税利息，按税务机关办理退税手续当天人民银行规定的同期活期存款的利率计算。计息时间从缴纳税款之日起到办理退税手续之日止。

（三）　减税和免税

减税和免税是一种税收优惠，是国家根据一定时期的政治、经济和社会政策的要求而对某些纳税人给予免除部分或全部纳税义务的一种特殊措施。

（1）纳税人可以依照法律、行政法规的规定书面申请减税、免税。

（2）减税、免税的申请须经法律、行政法规规定的减税、免税审查批准机关审批。地方各级人民政府、各级人民政府主管部门、单位和个人违反法律、行政法规规定，擅自做出的减税、免税决定无效，税务机关不得执行，并向上级税务机关报告。

（3）纳税人在享受减税、免税待遇期间，仍应按规定办理纳税申报。

（4）享受减税、免税优惠的纳税人，减税、免税条件发生变化的，应当自发生变化之日起 15 日内向税务机关报告；不再符合减税、免税条件的，应当依法履行纳税义务；未依法纳税的，税务机关应当予以追缴。

（5）减税、免税期满，纳税人应当自期满次日起恢复纳税。

（四）　税收保全措施和税收强制执行措施

1. 税收保全措施

（1）税收保全的概念。

税收保全是税务机关在规定的纳税期限之前，在由于纳税人行为或某种客观原因而导致税款难以保证的情况下而采取的限制纳税人处理或转移商品、货物或其他财产的强制措施。

（2）税收保全的适用条件。

税务机关有根据认为从事生产、经营的纳税人有逃避纳税义务行为的，可以在规定的纳税期之前，责令限期缴纳应纳税款；在限期内发现纳税人有明显的转移、隐匿其应纳税的商品、货物以及其他财产或者应纳税的收入的迹象的，税务机关可以责成纳税人提供纳税担保。如果纳税人不能提供纳税担保，经县以上税务局（分局）局长批准，税务机关可以采取下列税收保全措施：

1）书面通知纳税人开户银行或者其他金融机构冻结纳税人的金额相当于应纳税款的存款。

2）扣押、查封纳税人的价值相当于应纳税款的商品、货物或者其他财产。

纳税人在规定的限期内缴纳税款的，税务机关必须立即解除税收保全措施；限期期满仍未缴纳税款的，经县以上税务局（分局）局长批准，税务机关可以书面通知纳税人开户银行或者其他金融机构从其冻结的存款中扣缴税款，或者依法拍卖或者变卖所扣押、查封的商品、货物或者其他财产，以拍卖或者变卖所得抵缴税款。

纳税人在税务机关采取税收保全措施后，按照税务机关规定的期限缴纳税款的，税务机关应当自收到税款或者银行转回的完税凭证之日起 1 日内解除税收保全。

个人及其所扶养家属维持生活必需的住房和用品，不在税收保全措施的范围之内。

【小提示】

个人所扶养家属，是指与纳税人共同居住生活的配偶、直系亲属以及无生活来源并由纳税人扶养的其他亲属。个人及其所扶养家属维持生活必需的住房和用品不包括机动车辆、金银饰品、古玩字画、豪华住宅或者一处以外的住房。税务机关对单价5 000元以下的其他生活用品，不采取税收保全措施和强制执行措施。

2. 税收强制执行措施

（1）税收强制执行措施的概念。

税收强制执行措施是指纳税人等税收管理相对人在规定的期限内未履行法定义务，税务机关采取法定的强制手段，强迫其履行义务的行为。

（2）税收强制措施的执行条件。

从事生产、经营的纳税人，扣缴义务人未按照规定的期限缴纳或者解缴税款，纳税担保人未按照规定的期限缴纳所担保的税款的，由税务机关责令限期缴纳，逾期仍未缴纳的，经县以上税务局（分局）局长批准，税务机关可以采取下列强制执行措施：

1）书面通知其开户银行或者其他金融机构从其存款中扣缴税款。

2）扣押、查封、依法拍卖或者变卖其价值相当于应纳税款的商品、货物或者其他财产，以拍卖或者变卖所得抵缴税款。

税务机关采取强制执行措施时，对纳税人、扣缴义务人、纳税担保人未缴纳的滞纳金同时强制执行。

个人及其所扶养家属维持生活必需的住房和用品，不在强制执行措施的范围之内。

【比一比】

税收保全与税收强制执行措施的区别和联系是什么？

【练一练】

单项选择题：某企业202×年12月份取得收入500万元，该企业未在规定期限内进行纳税申报，经税务机关责令限期申报，逾期仍未申报。根据税收征收管理法律制度的规定，税务机关有权对该企业（　　）。

A. 采取税收保全措施

B. 责令提供纳税担保

C. 税务人员到企业直接征收税款

D. 核定其应纳税额

解析：纳税人发生纳税义务，未按照规定的期限办理纳税申报，经税务机关责令限期申报，逾期仍不申报的，由税务机关核定其应纳税额。因此答案为D

即评即测

税款征收

第三节　税务检查

税务检查与税务管理、税款征收共同构成了税收征收管理法律制度中的三个重要的环节。管理是基础，征收是核心，检查是保障。纳税人缴纳税款后，税务机关依法实施税务检查，既可以发现税务登记、申报等事前监控中的漏洞和问题，也可以检查核实税款征收的质量，从而成为事后监控的一道重要环节。

税务检查

一、税务检查的概念

税务检查是税务机关依据法律、行政法规的规定对纳税人、扣缴义务人等缴纳或代扣、代收税款及其他有关税务事项进行的审查、稽核、管理监督活动。

税务检查的主体是国家税务机关，是国家赋予税务机关的法定职责。其对象是负有纳税义务的纳税人和负有代扣代缴、代收代缴义务的扣缴义务人。税务检查是一种行政执法检查活动，是税务机关依法对相对人即纳税人、扣缴义务人是否正确履行纳税义务、扣缴税款义务的事实作单方面强制了解的行政执法行为。

二、税务检查的内容

税务机关有权进行下列税务检查：

（1）检查纳税人的账簿、记账凭证、报表和有关资料，检查扣缴义务人代扣代缴、代收代缴税款账簿、记账凭证和有关资料。

（2）到纳税人的生产、经营场所和货物存放地检查纳税人应纳税的商品、货物或者其他财产，检查扣缴义务人与代扣代缴、代收代缴税款有关的经营情况。

（3）责成纳税人、扣缴义务人提供与纳税或者代扣代缴、代收代缴税款有关的文件、证明材料和有关资料。

（4）询问纳税人、扣缴义务人与纳税或者代扣代缴、代收代缴税款有关的问题和情况。

（5）到车站、码头、机场、邮政企业及其分支机构检查纳税人托运、邮寄应纳税商品、货物或者其他财产的有关单据、凭证和有关资料。

（6）经县以上税务局（分局）局长批准，凭全国统一格式的检查存款账户许可证明，查询从事生产、经营的纳税人、扣缴义务人在银行或者其他金融机构的存款账户。税务机关在调查税收违法案件时，经设区的市、自治州以上税务局（分局）局长批准，可以查询案件涉嫌人员的储蓄存款。税务机关查询所获得的资料，不得用于税收以外的用途。

三、　实施税务检查的法定程序

实施税务检查时，检查人员必须在 2 人以上，并出示税务检查证和税务稽查通知书。税务人员进行税务检查时，应当出示税务检查证和税务检查通知书；无税务检查证和税务检查通知书的，纳税人、扣缴义务人及其他当事人有权拒绝检查。税务机关对集贸市场及集中经营业户进行检查时，可以使用统一的税务检查通知书。税务机关的工作人员有责任为被检查人保守秘密。

【练一练】

　　根据税收征收管理法律制度的规定，下列各项中，属于税务机关派出人员在税务检查中应履行的职责有（　　　）。

即评即测

A. 出示税务检查通知书

B. 出示税务机关组织机构代码证

C. 为被检查人保守秘密

D. 出示税务检查证

税务检查税

第四节　法律责任

一、　违反税务管理基本规定行为的处罚

纳税人有下列行为之一的，由税务机关责令限期改正，可以处 2 000 元以下的罚款；情节严重的，处 2 000 元以上 10 000 元以下的罚款：

税收法律责任

（1）未按照规定设置、保管账簿或者保管记账凭证和有关资料的。

（2）未按照规定将财务、会计制度或者财务、会计处理办法和会计核算软件报送税务机关备查的。

（3）未按照规定将其全部银行账号向税务机关报告的。

（4）未按照规定安装、使用税控装置，损毁或者擅自改动税控装置的。

纳税人不办理税务登记的，由税务机关责令限期改正；逾期不改正的，经税务机关提请，由市场监督管理机关吊销其营业执照。

纳税人未按照规定使用税务登记证件，或者转借、涂改、损毁、买卖、伪造税务登记证件的，处 2 000 元以上 10 000 元以下的罚款；情节严重的，处 10 000 元以上 50 000 元以下的罚款。

二、 扣缴义务人未按规定设置账簿的法律责任

扣缴义务人未按照规定设置、保管代扣代缴、代收代缴税款账簿或者保管代扣代缴、代收代缴税款记账凭证及有关资料的，由税务机关责令限期改正，可以处 2 000 元以下的罚款；情节严重的，处 2 000 元以上 5 000 元以下的罚款。

三、 纳税人、扣缴义务人未按规定进行纳税申报的法律责任

纳税人未按照规定的期限办理纳税申报和报送纳税资料的，或者扣缴义务人未按照规定的期限向税务机关报送代扣代缴、代收代缴税款报告表和有关资料的，由税务机关责令限期改正，可以处 2 000 元以下的罚款；情节严重的，可以处 2 000 元以上 10 000 元以下的罚款。

四、 对偷税行为的处罚

纳税人伪造、变造、隐匿、擅自销毁账簿、记账凭证，或者在账簿上多列支出或者不列、少列收入，或者经税务机关通知申报而拒不申报，或者进行虚假的纳税申报，不缴或者少缴应纳税款的，是偷税。对纳税人偷税的，由税务机关追缴其不缴或者少缴的税款、滞纳金，并处不缴或者少缴的税款 50% 以上 5 倍以下的罚款；构成犯罪的，依法追究刑事责任。

扣缴义务人采取上述手段，不缴或者少缴已扣、已收税款，由税务机关追缴其不缴或者少缴的税款、滞纳金，并处不缴或者少缴的税款 50% 以上 5 倍以下的罚款；构成犯罪的，依法追究刑事责任。

为纳税人、扣缴义务人非法提供银行账户、发票、证明或者其他方便，导致未缴、少缴税款或者骗取国家出口退税款的，税务机关除没收其违法所得外，可以处未缴、少缴或者骗取的税款 1 倍以下的罚款。

 【小提示】

"逃避缴纳税款罪"刑事立案追诉标准：

第五十二条 ［逃税案（刑法第二百零一条）］逃避缴纳税款，涉嫌下列情形之一的，应予立案追诉：

（一）纳税人采取欺骗、隐瞒手段进行虚假纳税申报或者不申报，逃避缴纳税款，数额在十万元以上并且占各税种应纳税总额百分之十以上，经税务机关依法下达追缴通知后，不补缴应纳税款、不缴纳滞纳金或者不接受行政处罚的；

（二）纳税人五年内因逃避缴纳税款受过刑事处罚或者被税务机关给予二次以上行政处罚，又逃避缴纳税款，数额在十万元以上并且占各税种应纳税总额百分之十以上的；

（三）扣缴义务人采取欺骗、隐瞒手段，不缴或者少缴已扣、已收税款，数额在十万元以上的。

纳税人在公安机关立案后再补缴应纳税款、缴纳滞纳金或者接受行政处罚的，不影响刑事责任的追究。

资料来源：最高人民检察院 公安部关于公安机关管辖的刑事案件立案追诉标准的规定（二）. 中华人民共和国最高人民检察院。

知识链接

根据《刑法修正案（七）》[①] 第三条的规定，将《刑法》（1997）第二百零一条修改为："纳税人采取欺骗、隐瞒手段进行虚假纳税申报或者不申报，逃避缴纳税款数额较大并且占应纳税额百分之十以上的，处三年以下有期徒刑或者拘役，并处罚金；数额巨大并且占应纳税额百分之三十以上的，处三年以上七年以下有期徒刑，并处罚金。

扣缴义务人采取前款所列手段，不缴或者少缴已扣、已收税款，数额较大的，依照前款的规定处罚。

对多次实施前两款行为，未经处理的，按照累计数额计算。

有第一款行为，经税务机关依法下达追缴通知后，补缴应纳税款，缴纳滞纳金，已受行政处罚的，不予追究刑事责任；但是，五年内因逃避缴纳税款受过刑事处罚或者被税务机关给予二次以上行政处罚的除外。"

五、 对欠缴税款的处罚

纳税人欠缴应纳税款，采取转移或者隐匿财产的手段，妨碍税务机关追缴欠缴的税款的，由税务机关追缴欠缴的税款、滞纳金，并处欠缴税款50%以上5倍以下的罚款；构成犯罪的，依法追究刑事责任。

扣缴义务人应扣未扣、应收而不收税款的，由税务机关向纳税人追缴税款，对扣缴义务人处以应扣未扣、应收未收税款50%以上3倍以下的罚款。

六、 骗取出口退税的处罚

以假报出口或者其他欺骗手段，骗取国家出口退税款的，由税务机关追缴其骗取的退税款，并处骗取税款1倍以上5倍以下的罚款；构成犯罪的，依法追究刑事责任。

对骗取国家出口退税款的，税务机关可以在规定期间内停止为其办理出口退税。

---

① 《中华人民共和国刑法修正案（七）》由第十一届全国人民代表大会常务委员会第七次会议于2009年2月28日通过，自公布之日起施行。

七、 抗税的法律责任

以暴力、威胁方法拒不缴纳税款的，是抗税，除由税务机关追缴其拒缴的税款、滞纳金外，依法追究刑事责任。情节轻微，未构成犯罪的，由税务机关追缴其拒缴的税款、滞纳金，并处拒缴税款 1 倍以上 5 倍以下的罚款。

例 10 - 3

某白酒厂为增值税一般纳税人，2023 年已缴纳增值税 200 万元，消费税 300 万元，城建税 35 万元，企业所得税 50 万元。2024 年税务机关检查中发现该企业在 2023 年账簿上虚列成本费用 150 万元，请问对这种行为应如何界定，如何处罚？

解析：

（1）纳税人采取伪造、变造、隐匿、擅自销毁账簿、记账凭证，在账簿上多列支出，或不列、少列收入等手段，不缴、少缴税款的均属偷税行为。

（2）由于虚列成本费用，则少缴企业所得税，企业所得税税率为 25% 时：偷税数额 = 150 × 25% = 37.5（万元）。

（3）偷税税额占应纳税额比例为：37.5 ÷（37.5 + 200 + 300 + 35 + 50）× 100% = 6.02%。

该纳税人偷税数额虽超过 5 万元，但偷税额占应纳税额不到 10%，按《税收征收管理法》中有关规定处罚：由税务机关追缴其偷税款，处以偷税数额 50% 以上 5 倍以下罚款。

重大税收违法失信
案件信息公布

八、 重大税收违法案件的法律责任

（一） 失信主体标准

重大税收违法案件是指符合下列标准的案件：

"重大税收违法失信主体"（以下简称"失信主体"）是指有下列情形之一的纳税人、扣缴义务人或者其他涉税当事人（以下简称"当事人"）：

（1）伪造、变造、隐匿、擅自销毁账簿、记账凭证，或者在账簿上多列支出或者不列、少列收入，或者经税务机关通知申报而拒不申报或者进行虚假的纳税申报，不缴或者少缴应纳税款 100 万元以上，且任一年度不缴或者少缴应纳税款占当年各税种应纳税总额 10% 以上的，或者采取前述手段，不缴或者少缴已扣、已收税款，数额在 100 万元以上的；

（2）欠缴应纳税款，采取转移或者隐匿财产的手段，妨碍税务机关追缴欠缴的税款，欠缴税款金额 100 万元以上的；

（3）骗取国家出口退税款的；

（4）以暴力、威胁方法拒不缴纳税款的；

（5）虚开增值税专用发票或者虚开用于骗取出口退税、抵扣税款的其他发票的；

（6）虚开增值税普通发票 100 份以上或者金额 400 万元以上的；

（7）私自印制、伪造、变造发票，非法制造发票防伪专用品，伪造发票监制章的；

即评即测

法律责任

（8）具有偷税、逃避追缴欠税、骗取出口退税、抗税、虚开发票等行为，在稽查案件执行完毕前，不履行税收义务并脱离税务机关监管，经税务机关检查确认走逃（失联）的；

（9）为纳税人、扣缴义务人非法提供银行账户、发票、证明或者其他方便，导致未缴、少缴税款 100 万元以上或者骗取国家出口退税款的；

（10）税务代理人违反税收法律、行政法规造成纳税人未缴或者少缴税款 100 万元以上的；

（11）其他性质恶劣、情节严重、社会危害性较大的税收违法行为。

（二）惩戒措施

（1）税务机关对确定的失信主体，纳入纳税信用评价范围的，按照纳税信用管理规定，将其纳税信用级别判为 D 级，适用相应的 D 级纳税人管理措施。

（2）对规定向社会公布信息的失信主体，税务机关将失信信息提供给相关部门，由相关部门依法依规采取失信惩戒措施。

本章小结

税务管理	包括税务登记，账簿、凭证管理，纳税申报
税务登记	税收征收管理的首要环节和基础，包括设立登记，变更、注销登记，停业、复业登记，外出经营报验登记，非正常处理和证照管理等
纳税申报	申报对象、期限、方式、要求；违反申报规定应负相应法律责任
税款征收	税收征收管理的中心环节，是全部税收征管工作的目的和归宿。税款征收应遵循唯一征收主体原则、税收法定原则、税收优先原则。税款征收 8 种方式；延期纳税和滞纳金征收制度；税款的补缴和退还；减税和免税；税收保全措施和税收强制执行措施
税务检查	检查的内容和程序
法律责任	违反税务管理的法律责任；未按规定进行纳税申报的法律责任；偷税的法律责任；逃避追缴欠税的法律责任；骗取国家出口退税款的法律责任；抗税的法律责任

参考文献

［1］徐孟洲．税法原理．北京：中国人民大学出版社，2008．

［2］孟德斯鸠．论法的精神：上卷．张雁深，译．北京：商务印书馆，2005．

［3］金子宏．日本税法．战宪斌，郑林根，等译．北京：法律出版社，2004．

［4］刘剑文，熊伟．税法基础理论．北京：北京大学出版社，2004．

［5］亚当·斯密．国民财富的性质和原因的研究：下卷．郭大力，王亚南，译．北京：商务印书馆，1974．

［6］刘剑文．税法学．4 版．北京：北京大学出版社，2010．

［7］中国注册会计师协会．税法．北京：经济科学出版社，2023．

［8］财政部会计财务评价中心．经济法基础．北京：经济科学出版社，2023．